東アジアの
高齢者ケア
韓国・台湾のチャレンジ

西下彰俊 *nishishita akitoshi*

新評論

はじめに

　外国の社会を研究する時、客観的・中立的な視点から分析することが
いかに難しいかを痛感する。特定の国を研究する動機は、強い興味があ
るからであり、より詳しく理解したいからである。対象とする社会を理
解しようと研究すればするほど、その社会の光だけでなく影にも無意図
的に気付いてしまうことなる。

　私は、これまでスウェーデンの高齢者ケアについて研究を行ってきて
おり、2冊の単著『スウェーデンの高齢者ケア』（新評論、2007年）、『揺
れるスウェーデン』（新評論、2012年）を上梓している。また、1949年
にスウェーデンで初めて高齢者の生活や老人ホームの実態を告発する写
真集を出版したプロレタリア作家のイーヴァル・ロー＝ヨハンソン（Ivar
Lo-Johansson, 1901〜1990）に注目し、彼が1952年に執筆した論説集と
合わせて翻訳を企画し、共著書として『スウェーデン──高齢者福祉改
革の原点』（新評論、2013年）を出版した。

　これまでのスウェーデンの高齢者ケアに関する先行研究は、おしなべ
てスウェーデンの「光」のみに焦点を当てている。私は、客観的・中立
的な視点からスウェーデンの高齢者ケアを説明することが必要不可欠で
あるとの立場から、スウェーデンの高齢者ケアの「影」の部分について
もエビデンスに基づいて論じてきた。

　最近では、オランダが世界中の高齢者ケアのモデルとなり、その国の
「光」だけが紹介されている。日本人特有のメンタリティなのか、日本
の高齢者介護システムを批判するために、ヨーロッパの国を中心に仮想
の「モデル国」を措定するきらいがある。

　そういえば、以前はスウェーデンやデンマークがモデル国であった。もちろん、そうした仮想モデル国が日本より客観的に優れている場合もある。ユニークな組織特性をもつ「ビュートゾルフ」（buurtzorg、2007年開始）や文化的特色のある七つの住居棟から構成される認知症村「ホグウェイ」（hogeweyk、2009年創設）などは優れたシステムであると言える。しかし、不思議なことに、認知症村の月額自己負担額が62万円と高額であることや、相部屋中心でトイレが共同であることなど、ネガティブな部分はほとんど紹介されていない。

　オランダでは、ボランティアを軸とするインフォーマル・ケアに基づく高齢者ケアが拡大しているようであるが、こうした特徴をもつシステムの持続可能性が如何に担保されるのか気にかかるところである。

　モデル国に位置付けるにしても「影」の部分が必ずあるはずであって、総合的に全体を捉えて仮想モデル国を分析研究しなければならない。外国社会の「光」の部分だけを紹介するのみであれば、社会科学としての進歩発展はない。

　本書では、韓国、台湾、日本の高齢者ケアの「光」だけでなく「影」についても明らかにしつつ、客観的に、そして実証的に比較研究を行う。特定の国の「光」だけに焦点を当てることはしない。つまり、「東アジアの高齢者ケアにおけるモデル国を決定する」などといったことは行わない。

　世界の大勢は、財政上の理由があるもののフォーマル・ケアを軸にして高齢者ケアを展開している。本書で分析の対象とする韓国、台湾、日本は、いずれも財政の逼迫という問題を抱えながらも、フォーマル・ケアを質・量ともに充実させ、インフォーマル・ケアで補完する点で共通性を有している。

　なお、韓国と日本については、高齢者ケアのうち在宅ケアに焦点を当てつつ施設ケアにも言及している。一方、台湾については、紙幅の関係上、施設ケアの現状に関しては割愛することとなった。重要なトピック

「徳華療養院」の正面（韓国）　　　　　「愛愛院」の入り口（台湾）

スである高齢者虐待に関しても、台湾については論じることが出来なかったので別稿を参照されたい（西下［2019］pp.217〜261）。

　ところで、須田木綿子、平岡公一、森川美絵編『東アジアの高齢者ケア——国・地域・家族のゆくえ』（東信堂）が2018年に出版されている。私は、同書の書評を担当した（西下［2019］p.318）。同書では、韓国、台湾、日本の高齢者ケアについて第一線の研究者が最新の研究成果を公表している。しかし、取り上げられた各国の介護政策の基本的枠組を紹介する部分が見当たらなかったので、書評のなかでその「物足りなさ」について指摘した。

　本書は、同書のなかで示されなかった韓国、台湾の介護政策の基本的枠組を紹介するという役割も担っている。紙幅の関係で日本の制度紹介は最小限となったが、日本の介護保険に関する先行文献は数多いのでそちらを参照していただきたい。

iv

もくじ

第**3**章 **韓国における在宅サービスと ケアマネジメント** 63

東アジアの高齢者ケア

——韓国・台湾のチャレンジ——

第 1 章

東アジアの高齢者ケア
システムを比較する意味

1）日本・韓国・台湾の高齢化と高齢者ケアの現状

（1）高齢化の現状

　表1－1から表1－4は、日本、韓国、台湾、スウェーデンの高齢化の推移を、1960年から10年刻みで2070年あるいは2110年まで予測した結果を示している。アジアの推計値は、各国とも出生率も死亡率も三つの推計モデル（上位、中位、下位）を設定しており、ここではいずれも中位推計モデルによる推計値を紹介している。なお、スウェーデンは比較のために示している。

　アジア各国とも図1－1（6ページ）から分かるように、急激に高齢化する局面に立っているのが特徴である。そのうち日本は、2010年から2020年の10年間で23.0％から28.9％へ5.9ポイント上昇した。

　韓国と台湾は、どちらも2020年から2030年の10年間で、史上最も急激に高齢化することが予測されている。韓国は15.7％から25.0％へ9.3ポイント、台湾は16.0％から24.0％へ8.0ポイント、それぞれ上昇すると予測されている。両国は、今まさに史上最も急激な高齢化という社会変動のただ中にある。なお、スウェーデンは、1970年の13.8％から1980年の

表1−1　日本における高齢化率の推移

	総人口（万人）	65歳以上人口（万人）	高齢化率（％）
1960	9,341.9	535.0	5.7
1970	1億　372.0	733.1	7.1
1980	1億1,706.0	1,064.7	9.1
1990	1億2,361.1	1,489.5	12.1
2000	1億2,692.6	2,200.5	17.4
2010	1億2,805.7	2,948.4	23.0
2020	1億2,532.5	3,619.2	28.9
2030	1億1,912.5	3,716.0	31.2
2040	1億1,091.9	3,920.6	35.3
2050	1億　192.3	3,840.6	37.7
2060	9,284.0	3,540.3	38.1
2070	8,322.7	3,188.4	38.3
2080	7,429.9	2,839.7	38.2
2090	6,668.1	2,554.7	38.3
2100	5,971.8	2,287.0	38.3
2110	5,343.2	2,051.8	38.4

（出典）国立社会保障・人口問題研究所［2017］日本の将来推計人口。

表1−2　韓国における高齢化率の推移

	総人口（万人）	65歳以上人口（万人）	高齢化率（％）
1960	2,500.3	82.5	3.3
1970	3,192.3	105.3	3.3
1980	3,812.4	144.9	3.8
1990	4,286.9	219.5	5.1
2000	4,700.8	339.5	7.2
2010	4,941.0	545.2	11.0
2020	5,178.1	812.5	15.7
2030	5,192.7	1,298.0	25.0
2040	5,085.5	1,722.4	33.9
2050	4,774.5	1,900.7	39.8
2060	4,283.8	1,881.5	43.9
2065	4,029.3	1,857.0	46.1
2067	3,929.4	1,827.1	46.5

（出典）Kosis, 2019, Population Projections and Summary Indicators

表1－3　台湾における高齢化率の推移

	総人口（万人）	65歳以上人口（万人）	高齢化率（％）
1960	1,079.2	26.8	2.5
1970	1,467.6	42.8	2.9
1980	1,786.6	76.6	4.3
1990	2,040.1	126.9	6.2
2000	2,227.7	192.1	8.6
2010	2,316.2	248.8	10.7
2020	2,343.7	381.3	16.0
2030	2,367.9	568.3	24.0
2040	2,312.9	698.5	30.2
2050	2,168.0	793.5	36.6
2060	1,960.8	784.3	40.0
2070	1,581.3	657.8	41.6

（出典）國家發展委員會人口推估查詢系統［2020］中華民國人口推估（2020至
2070年），p.2，p.42。

表1－4　スウェーデンにおける高齢化率の推移

	総人口（万人）	65歳以上人口（万人）	高齢化率（％）
1960	749.8	88.8	11.8
1970	808.1	111.3	13.8
1980	831.8	136.2	16.4
1990	859.1	152.6	17.8
2000	888.3	153.1	17.2
2010	941.5	173.7	18.5
2020	1,037.9	208.8	20.1
2030	1,085.4	239.1	22.0
2040	1,130.3	264.8	23.4
2050	1,177.6	280.5	24.2
2060	1,220.0	311.5	25.5
2070	1,262.8	324.7	25.7

（出典）　SCB, 2021, Sveriges framtida befolkning 2021-2070

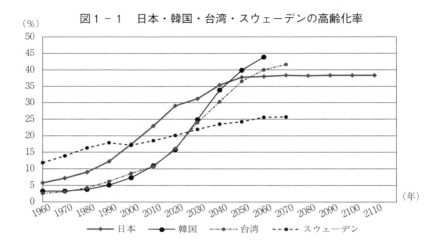

図1－1　日本・韓国・台湾・スウェーデンの高齢化率

16.4％へ2.6ポイント上昇したのが最も急な高齢化であった。

　高齢化の変動には、医学水準の上昇による高齢者の平均余命および健康寿命の伸張や成人病予防の展開、少子化の状況など様々な要因が関与している。韓国や台湾の急激な高齢化には、合計特殊出生率（Total Fertility Rate）の低下が大きく影響している。韓国では0.84と極めて低く、特にソウルでは0.64と少子化が著しい。台湾も韓国ほどではないが、1.0と少子化が進行している。

　急激な高齢化という社会変化の全てが社会保障コストの大きなリスクとは言えないが、高齢者の実数が増えることで認知症高齢者や要介護高齢者のケアニーズが高まるので、高齢化や少子化を注視することが不可欠となる。

（2）日本

　現時点における日本、韓国、台湾の高齢者介護システムのアウトラインを示しておきたい。日本の介護保険制度は2000年にスタートし、「介護の社会化」を理念に置きつつ精緻な要介護認定システムを構築し、専

門職としての介護支援専門員（以下、ケアマネジャーと略す）を創設したことによって、ケアプランに基づく適切なケアマネジメントが行える高齢者介護保障の基盤が整えられた。

　介護給付だけではなく、予防給付を制度に取り込んだこと、在宅サービス、地域密着型サービス、施設サービスのそれぞれに多種類のサービスを配置するというフルスペック型のサービス供給体制を敷いた。その結果、介護総費用が2020年度現在、11兆円に迫るほどの大きなシステムとなってしまった。そして、ついに、急増する介護総費用を抑制するために、予防給付の生活支援サービスが介護保険制度から切り離され、総合事業として地方自治体の事業に移行することとなった。

　また、介護給付に関しては、自己負担が1割の被保険者だけでなく、所得に応じて2割、3割の自己負担となる場合も生じている。ただし、対象となる被保険者の数が数10万規模という比較的少数に留まっており、総費用を抑制する効果は微かである。

　日本独自の要介護認定システムおよびケアマネジメントシステムが開発されたが、これらのシステムの構造的問題点も依然として解消されないまま現在に至っているという部分もある。また、介護保険が創設された時点から現在に至るまで、在宅で介護する家族に介護手当を支給していない点も大きな特徴となっている（ただし、後述するように、当時の自民党政調会長・亀井静香氏の問題提起で始まった極めて限定的な家族介護手当が存在する）。

（3）韓国

　韓国では、在宅サービス、施設サービスの基盤整備が全国的には進んでいないなかで、老人長期療養保険（以下「療養保険」と略）という介護保険制度を2008年にスタートさせた。保険制度の基本的な枠組みは、日本の制度を下敷きにしている。

　しかし、サービス提供事業者がこの療養保険に参入しやすいように条

件を緩くしたために、サービス利用希望者に比してサービス提供事業者が多過ぎるという問題を抱えたままとなっており、特に都市部において、不正な方法でサービス利用希望者を奪い合うという競争がいまだに収まっていない。例えば、韓国では在宅サービス利用時に自己負担が各サービス価格の15％かかるが、これを無料にして契約することを迫るなどである。

　また、韓国には、日本のホームヘルパー（介護職員初任者研修、介護職員実務者研修）や介護福祉士といった専門職が存在しなかったため、療養保護士の資格が創設された。そして、資格取得のインセンティブとして、療養保護士の国家資格を取れば、一定条件のもとであるが、自身の要介護の親や配偶者を介護することで療養保護士として労働したことになり、所属する療養保護士派遣事業者から収入を得ることができる。要するに、「家族療養保護費」という韓国独自の制度が存在することになり、2008年の療養保護制度創設以来、2022年の現在に至るまで存続している。

　後述するように、金智美（慶南大学）によれば、訪問療養サービス（ホームヘルプ・サービス）の30％にも及んでいる。日本には存在しない家族介護手当が、韓国では変則的な形ではあるが存続していると言える。

　韓国では介護保険料が低額に抑えられているため、サービス利用時の自己負担が、在宅で15％、施設で20％と高くなっている。予防給付の制度はなく、また介護給付のサービスのメニューも日本に比べて少ない。例えば、訪問リハビリテーション、居宅療養管理指導、住宅改修などのサービスが含まれていない。

　また、韓国の介護保険では、在宅サービスも施設サービスもサービスの提供事業者が「個人事業主」である場合が多数を占めており、後述するように、結果としてサービス提供の質が相対的に低いというエビデンスがある。在宅サービスについては、事業所数では83％、利用者数では69％、施設サービスについては、事業所数では72％、入所者数では52％

が個人事業主である。

　こうした個人事業主の組織で働く介護職員の労働条件が劣悪なため、当時の文在寅（ムンジェイン）政権（2017年〜2022年）は、各広域地方自治体が2019年から「社会サービス院」という組織を創設し、介護職員を雇い入れ、准公務員化することによって社会サービスの労働環境を改善し、その質を高めようとしていた。大きな課題は、社会サービス院を統括する保健福祉部が消極的であり、根拠法も成立しておらず、財源も不足するという誠に不安定な状態にあることだ。2022年までに介護職員を順調に雇い入れ、准公務員化したとしても、社会サービス労働者全体の10％程度にすぎない。

　韓国の介護保険は、元々日本のシステムと大きく異なる点が二つある。一つは、韓国の保険者が国民健康保険公団1か所だけであること、もう一つは、日本のようなケアマネジャーという専門職を創設しなかった点である。

　多様な在宅サービスを利用する際には、ケアマネジャー作成のケアプランが必要不可欠である。2019年に入り、広域自治体のなかには、社会サービス院として在宅総合サービスセンターを設け、日本流のケアマネジメントを模索する動きもある。しかし、先進自治体だけでなく韓国全体の課題であるだけに、地方を含めた取り組みがなされて然るべきである。

（4）台湾

　台湾では、馬英九（マーインチウ）（国民党）が第6代総統を務めていた2007年に「長期介護10か年プラン1.0」を発表し、在宅介護の基盤整備を進めると同時に介護保険制度の法的整備も進めていた。その後、現在の第7代総統蔡英文（ツァイインウェン）（民進党）に政権が移ったことにより、介護保険に移行するのではなく、税金を財源とする措置制度を続けることになった。

　2022年現在、2017年にスタートした「長期介護10か年計画2.0」が進

行中であり、在宅サービスのさらなる拡充に努めている。日本の地域包括ケアシステムを参考にしたと言われる「Ａ拠点－Ｂ拠点－Ｃ拠点モデル」が全国に普及しているが、地域的な偏在と拠点同士の連携関係に大きな課題が残されている。

「長期介護10か年計画2.0」がスタートした翌年の2018年から、要介護認定システム、ケアマネジメントのシステムが大きく様変わりした。どちらのシステムも日本以上に複雑な仕組みとなっている。

各自治体に設置された長期介護管理センターのケアマネジャー（長期介護管理専員）が調査員としてサービス利用希望者の自宅を訪問し、認定調査項目がインストールされたタブレットに基づいて要介護認定を行い、要介護認定ソフトが、サービスを希望する高齢者本人および介護者に関するケアの課題を「問題リスト」という課題群のなかから選択し明示する。当初、「長期介護10か年計画1.0」では要介護度の区分は３ランクのみであったが、現行の新システムでは８ランク（第１級から第８級）となっている。

ケアマネジメントに関しては、ケアマネジャーとＡ拠点のケースマネジャーがかかわる２元型ケアマネジメントになっている。２元化という道を選んだのは、長期介護管理センターのケアマネジャーが訪問調査とケアプラン作成という重要な仕事を、300人を超えるサービス希望者について行わなければならないという過重労働を解決するためであった。すなわち、Ａ拠点のケースマネジャーがサービス希望者のケアプランを作成することが役割として措定（そてい）されている。

ところが、Ａ拠点が地域的に偏在しているために、長期介護管理センターのケアマネジャーがＡ拠点のケースマネジャーの役割を代行する場合が少なくないという「ねじれ現象」が生じている。賃金が低いと言われているＡ拠点のケースマネジャーにケアプラン作成を委託するようにしたのはコスト節約のためだったとも言われており、これでは本末転倒である。本来的には、ねじれをなくし、役割を固定させて有機的に

連携することが不可欠である。

　以上、２元型ケアマネジメントの弊害を指摘したが、複雑な制度は国民の理解が得られない。そもそも、中枢の役割を担う長期介護管理センターが全国の各地方自治体に110か所（22か所、支所88か所）あるのだから、ケアマネジャーを増員して過酷な労働環境を解消すべきであろう。長期介護管理センターによる１元管理のシステムに戻すべきである。なお、支部の長期介護管理センターは、原住民地域、離島地域、遠隔地域に置かれており、サービス利用が円滑に進むように設置されている。

　ところで、台湾の介護政策は、極めて首尾よくシステム構築が出来ている部分もある。在宅サービスをサービスの種類に応じて大きく四つに分類し、要介護度別（第１級はサービスを利用できない）に介護報酬額を定め、そして所得段階別に自己負担割合を３段階で設定している。このシステムは、介護保険導入後もそのまま使える持続可能な枠組みになっている。

　なお、台湾の介護システムに関連して特筆すべきことは、日本や韓国にはない「住み込み型外国人介護労働者」の存在である。現在全国に25万人おり、そのほとんどが20代から40代の女性である。インドネシア人が圧倒的に多く17万人を占め、フィリピン人、ベトナム人と続いている。

　台湾の中流家庭では、外国人介護労働者を住み込みとして雇用することが多い。住み込みの場合は労働基準法が適用されないため、最低賃金以下の過酷な労働環境で働かざるを得ない場合も多く、その過酷な環境から逃れるために失踪するというケースも少なくない。また、労働者のための個室がない、休日がない、契約内容と異なる仕事を住み込み後に指示されるなど、人権上の問題も決して少なくない。

　1992年以降、こうした住み込み型外国人介護労働者を台湾の要介護高齢者のいる家族が継続的に雇用しており、もはやこうした状況が常態化している。

　以上、日本、韓国、台湾の介護システムのアウトラインと課題を簡単にまとめてきたが、以下の各章では様々な論点について深掘りしていきたい。

2　各国の介護システムを比較する意味

　いずれの国も、介護システムの長所は可能な限り拡大させ、短所・問題点は速やかに解消する方向で政策の改善を図ることを意図している。その意図を速やかに実現するためには、近隣諸国の介護システムを調査研究し、自国の介護システムと比較することが効果的である。

　本来は、日本の厚生労働省、韓国の保健福祉部、台湾の衛生福利部が直接定期的に実質的な情報交換を行い、政策の改善を図るというのが正しい戦略である。すでに官僚レベルでの集まりが年に1度あるが（この会合には、台湾ではなく中国が参加している）、そこでの政策情報の交流が、各国の介護システムの改善に直結しているような効果は現時点では見られない。

　その方法に加えて、ステークホルダーではない研究者が第三者的立場から比較研究を行い、その知見を政策担当者に伝える、つまり政策提言を行うという方法があって然るべきであろう。

　本書は、後者の立場からニュートラルに比較研究を行うものであり、最終的なゴールは各国の介護システムに関する政策や介護制度そのものの再検討や改善のきっかけになることである。

　そうした比較研究を行ううえにおいて最も重要なのは、まず比較対象国の良い政策を確認し、導入を検討することである。後述するように、韓国には認知症に特化した等級が存在しているほか、早期発見、認知症に特化した介護サービスが存在しているが、日本にはこうした仕組みが存在していない。比較することによって対象国の長所を浮き彫りにし、導入のきっかけにすることが出来る。

表1−5　3か国の介護システムの概要

仕組み	日本 介護保険	韓国 老人長期療養保険	台湾 措置
介護システムの開始時期	2000年4月	2008年7月	長期介護プラン1.0 (2007年−2016年) 長期介護プラン2.0 (2017年−2025年)
財源	保険料＋税金	保険料＋税金	税金
保険者	市区町村	国民健康保険公団	—
被保険者	第1号：65歳以上； 第2号：40歳〜64歳	全国民	—
要介護度ランク	(2006年以降) 7段階 要支援2段階 要介護5段階	(2018年以降) 6段階 1〜5等級、認知支援等級	(2018年以降) 8段階 第1級〜第8級
自己負担比率	(2018年以降) 10％・20％・30％	(2008年以降) 在宅：15％ 施設：20％	(2017年以降) 比率は所得やサービスの種類で異なる
根拠法	介護保険法 (1997年公布、2000年施行)	長期療養保険法 (1999年公布、2000年施行)	長期介護サービス法 (2015年公布、2017年施行)
ケアマネジメント	介護支援専門員 (ケアマネジャー)	国民健康保険公団職員	ケアマネジャー (長期介護管理センター)、ケアマネジャー (A拠点)
ケアプランの有無	あり	あり (ただし、公団が作成する標準長期療養利用計画書。2021年6月からは、個人別長期療養利用計画書に名称変更。)	あり
介護手当	なし (例外あり)	条件付きあり	条件付きあり
認知症国家プラン	・オレンジプラン (2012−2014) ・新オレンジプラン (2015−2019) ・認知症施策推進大綱 (2019−2025)	・第1次国家認知症管理総合計画 (2008−2012) ・第2次国家認知症管理総合計画 (2013−2015) ・第3次国家認知症管理総合計画 (2016−2020) ・第4次国家認知症管理総合計画 (2021−2025)	・台湾認知症プラン1.0 (2013−2016) ・台湾認知症プラン2.0 (2018−2025)
認知症対応専門機関	認知症疾患医療センター	認知症中央センター、認知症安心センター	認知症総合ケアセンター、認知症地域サービス拠点

(注) 要介護度の区分、要介護認定の具体的な方法については、各国とも変遷がある。変遷については、各章で説明している。
(出典) 筆者作成。

　一方、台湾には、日本にはない「A拠点－B拠点－C拠点モデル」が存在している。第5章で同モデルの様々な問題点を具体的な形で明らかにするが、地域包括ケアの基本的・実践的な軸として、台湾の「A拠点－B拠点－C拠点モデル」は貴重な枠組みである。

　日本の地域包括ケアシステムは、確かに厚生労働省の示した理念上のモデルとしての機能を有しているが、各地方自治体において、介護サービス、介護予防サービスが、医療と福祉の連携のなかでどのように提供されるべきかについての、具体的かつ包括的なデザインには至っていない。

　厚生労働省は、後期高齢者の状況が各地方自治体で異なることから地域の特性に応じて地域包括ケアを構築すべきとしている。しかし、台湾のような地域の特性を超えた標準的なモデルがあって然るべきである。

　前ページに掲載した表1－5が示すように、各国を比較することによって対象国の光・長所の部分を導入し、自国の介護システムの水準を上げることは出来る。逆に、比較することで対象国の構造的な問題点を学ぶことが出来、同じ轍を踏まないという対処戦略も可能となる。

第 2 章

韓国の老人長期療養
保険制度の諸相

1 老人長期療養保険制度の概要

　本章では、韓国において2008年7月に創設された「老人長期療養保険
制度」(노인 장기 요양 보험 [Long-term Care Insurance] 以下「療養保険」
と略) に関して、制度の概略およびケアマネジメントについて考察する。

　韓国の療養保険は、基本的に日本の介護保険制度のシステムを踏襲し
たものであるが、独自に創設されたユニークな枠組みも存在する。韓国
の療養保険を中心に論じながら、必要に応じて日本の介護保険制度にも
言及し、両国の公的な介護保険制度におけるそれぞれの特色を明らかに
することが狙いである。

(1) 創設の経緯

　日本は、1994年に厚生省内に対策本部を設置し、介護保険の導入につ
いて検討を始めた。介護保険創設の検討経緯については、厚生省高齢者
介護対策本部事務局補佐として介護保険創設検討業務に深く関わった増
田雅暢の『介護保険はどのようにしてつくられたか──介護保険の政策
過程と家族介護者支援の提案』(TAC 出版、2022年) を参照されたい。

　一方、韓国は、1999年に老人長期療養保護政策研究団を設置して介護

保険の検討を始めている。その後、2001年8月、金大中 元大統領（1925
～2009）が、高齢化が確実に進行しつつあることと医療保険財政が逼迫
するなかで、老人保健福祉総合対策の一環として介護保険制度を創設す
ることを提案した。

　次に政権を握った盧武鉉 元大統領も、2003年に公的老人療養保障推
進団を設置している。その後、老人長期療養保険法を制定し、2008年7
月に「老人長期療養保険制度」をスタートさせた（金明中［2019a］pp.4
～5）。

　検討段階では、保険制度の根拠法に関して、老人スバル保険法、国民
長期療養保険法、長期療養保障法など様々な案が政府や国会議員によっ
て示されたが、最終的には障がい者を含めず高齢者だけを対象にするこ
と、医療サービスが一部に含まれるため「療養」という表現を使うこと
になり、老人長期療養保険法として施行されることになった（韓国法制
研究院［2008］pp.29～33）

（2）サービス利用の流れ

　図2-1で示すように、サービス利用に関する流れは以下のようにな
っている。

- 65歳以上の要介護高齢者である被保険者および65歳未満で認知症、脳
  血管障がいなどが原因で介護を必要とする被保険者が、保険者である
  国民健康保険公団に申請する（図内A）。
- 全国で唯一の保険者である国民健康保険公団の職員（社会福祉士また
  は看護師）がサービス利用申請者の自宅を訪問し、認定調査票に基づ
  いて調査を行い、その調査結果に基づいて「標準長期療養利用計画書」
  （以下、利用計画書と略）を作成する（図内B）。これは、2021年6月
  より「個人別長期療養利用計画書」に名称変更している。なお、同利
  用計画書に記載される具体的な内容に関しては第3章で論じる。

図2－1　老人長期療養保険制度の管理・運営

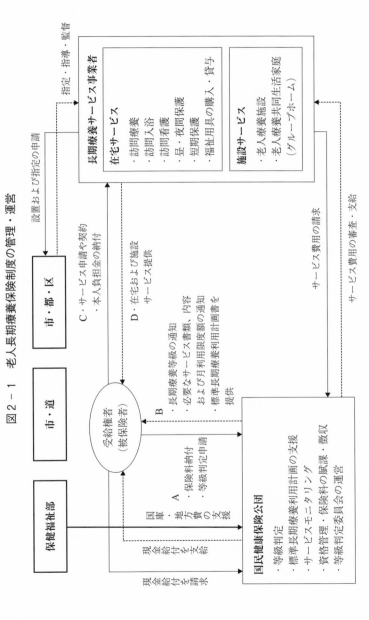

（出典）保健福祉部、老人長期療養保険サイトの図を筆者修正。

　ここで注意すべきことは、利用計画書を作成する職員が認定調査に出向く職員とは異なるという点である（地域本部によっては同じ職員が行う場合もある）。認定調査結果から把握できる範囲の様々な情報から利用計画書が作成されるので、同計画書が、日本のケアマネジャーが本人や家族とニーズについて相談しつつ作成する本来のケアプランになり得ないことは明らかである。

　全体で90項目の認定調査が行われるが、等級判定（日本の要介護認定）に用いられるのは52項目だけである。残りの38項目に関する情報は、同利用計画書を作成する際の参考資料となる。

　調査票の中身についてはすでに紹介されているが（西下［2009］pp.1〜14、林春植ほか編［2010］pp.23〜26、pp.229〜236）、2022年現在の調査票は巻末に示しておいた。なお、日本の介護保険制度の要介護認定概況調査で用いられる質問項目数は全部で74項目であり、全項目が要介護認定において用いられている。

　韓国では、15名で構成される長期療養等級判定委員会（医師等の医療関係者、社会福祉士、市郡区の公務員などで構成）が、①長期療養認定調査票の調査項目の結果と、②公団職員が調査時に記載する特記事項、および③医師の意見書を総合的に検討し、各申請者の等級判定を行っている（西下［2008］pp.17〜18）。

　認定調査後、国民健康保険公団から利用計画書がサービス申請者に送られる。この利用計画書には、認定された等級が明記されている。日本の場合は、この段階でケアマネジャーを選択し、サービスの種類や頻度に関する希望を示すことで同ケアマネジャーがケアプランを作成し、本人の了解を経て契約が行われ、サービス利用がスタートする。

　しかし、韓国では、ケアマネジャーが創設されなかったため、実際のサービス利用までが複雑なものになっている（詳しくは第3章参照）。韓国では、サービス利用希望者である高齢者またはその家族が複数の異なる在宅サービスを希望する場合、最初に電話などでコンタクトを取っ

た事業者が代理的なケアマネジメントを行い（西下 ［2011］ pp.175〜195）、実際の契約に至る（図内 C および D）。施設サービスの場合は、日本同様、施設との直接契約となる。なお、施設サービスのうち、老人療養共同生活家庭がグループホームであるような表記が**図 2 − 1** 内にあるが、この点については本章第 5 節で再び論じることにする。

② 自立支援および在宅高齢者への支援の法的位置づけ

　日本と韓国では、介護保険制度の理念および目的が異なるとの仮説を立てた。介護保険サービスの理念および目的をめぐっては、実は二つの特性に関するモデルが設定できると考える。

　一つは「高齢者本人モデル」である。すなわち、介護保険サービスの提供が、要介護高齢者または認知症高齢者の自立支援および生活の質の向上に資することを第一義的な目的とする考え方である。

　もう一つは「介護者家族モデル」である。同モデルは、介護保険サービスの提供が、要介護高齢者および認知症高齢者を日常的に介護する家族の生活の質の向上を第一義的な目的とする考え方である（西下 ［2020］ p.31、西下 ［2022］ p.22）。

　日本と韓国ではこのモデルが異なるのではないかという問題意識から、まずは韓国の「老人長期療養保険法」の第 1 条を確認してみる。同法第 1 条には次のように書かれている。

「加齢や老人性疾病などにより日常生活を一人で行うことが困難な高齢者などに提供する身体介護または生活援助面での療養介護給付に関する事項を規定して、老後の健康増進および生活の安定を図り、その家族の負担を減らすことによって国民の生活の質の向上を目的とする」

　つまり、家族負担の軽減を主たる目的として介護保険が創設されたと解釈できる。条文の前半では、要介護高齢者・認知症高齢者に対する支援を含みながらも、主たる目的が介護者を含めた家族への負担軽減によ

る支援であることを明言している。

　上記条文では、日常生活を一人で行うことが困難な高齢者などに提供する療養介護を規定して、老後の健康増進、老後の生活安定を図るとされているが、介護を必要とする高齢者に主たる焦点が当たっているとは解釈できない。逆に、家族の負担軽減については具体的に明示されており、このことから筆者は、韓国の老人長期療養保険法が「介護者家族モデル」に立脚していると判断する。

　一方、日本の介護保険法第1条には、次のように目的が示されている。「この法律は、加齢に伴って生ずる心身の変化に起因する疾病等により要介護状態となり、入浴、排せつ、食事等の介護、機能訓練並びに看護及び療養上の管理その他の医療を要する者等について、これらの者が尊厳を保持し、その有する能力に応じ自立した日常生活を営むことができるよう、必要な保健医療サービス及び福祉サービスに係る給付を行うため、国民の共同連帯の理念に基づき介護保険制度を設け、その行う保険給付等に関して必要な事項を定め、もって国民の保健医療の向上及び福祉の増進を図ることを目的とする」

　日本の介護保険法の条文では、要介護高齢者に焦点を当て、「保健医療・福祉サービスを提供することによって尊厳のある自立生活が可能になるように支援することが主たる目的である」と明記されており、介護者家族には全く言及していない。このことから筆者は、日本の介護保険法の条文が「高齢者本人モデル」に立脚していると判断する。

　特徴的な相違は、韓国の介護保険法では、老後に触れつつ介護者家族の支援が主たる目的であるのに対し、日本の介護保険法では、要介護高齢者本人の自立支援が主たる目的であることを強調し、一方介護者家族への支援については全く言及がないことである（増田［2022］p.212）。

　日本、韓国とも、要介護高齢者・認知症高齢者に対する保険制度を有しているが、その根拠法が示す理念には明白な相違が存在すると言える（西下［2020］pp.31～32）。

3）等級分布と長期療養認定点数

（1）認定点数の基になる項目

　韓国の療養保険制度は日本の介護保険制度を踏襲しており、要介護認定の方法も基本的な点では同じである。保険利用を申請すると、国民健康保険公団の調査員が申請者の自宅を訪問し、調査を実施する。そのうち等級判定に使われる項目は52項目であり、具体的には「心身機能12項目」、「認知機能 7 項目」、「問題行動関連機能14項目」、「療養関連機能 9 項目」、「機能訓練機能10項目」である。この52項目が、以下の八つのサービス群に再度分類される。

　①清潔、②排泄、③食事、④機能補助、⑤間接支援、⑥問題行動関連機能、⑦療養関連機能、⑧機能訓練機能（西下［2009］pp.11〜14）

　点数全体の合計が100点満点になるように調整され、この点数に基づいて等級判定がなされ、 1 等級から 5 等級および認知支援等級、等級外が確定する。

　他方、日本では点数化はされず、統計モデル上の要介護認定等基準時間が算出され、その時間数に基づいて「要支援 1 」以下「要介護 5 」までの七つのランクで要介護認定が行われるほか、自立（非該当）も判定される。

（2）等級と点数

　要介護度を示す等級は、2008年 7 月の制度発足から2014年 6 月までは、 1 等級から 3 等級までの 3 ランクが存在した。日本とは異なり、数字が小さいほど要介護度が重度であることを示している。

　老人長期療養保健法施行令第 7 条によれば、 1 等級は、心身の機能障害により日常生活において全面介助を要する者で、長期療養認定点数（以下、認定点数と略）が95点以上の場合である。具体的な状態像は、「全

面介助を要する寝たきり状態」となる（保健福祉部［2017］）。日本の介護保険の「要介護5」に相当する。

　同じく2等級は、心身の機能障害により日常生活において相当部分の介助を要する者で、重度の状態である。認定点数が75点以上94点以下の場合となる。具体的な状態像は、「車椅子使用などで日常生活が可能な状態」である。介護保険の「要介護4」に相当する。

　3等級は、心身の機能障害により日常生活において部分的介助を要する者で、中重度の状態である認定点数が60点以上74点以下の場合となる。具体的な状態像は、「他人の助けを受けて外出可能な状態」である。介護保険の「要介護3」に相当する。

　その後、2014年7月に4等級および5等級が新設され、さらに2018年7月に認知支援等級が創設された。また、2014年には、3等級のうち日常生活動作能力が比較的高い層、要介護度の必要性が小さい層が4等級として分けられている。そして、日常生活動作能力のある認知症高齢者を5等級として認定することとなった。

　4等級は、心身の機能障害により日常生活において一定の部分において介助を要する状態で、認定点数が51点以上59点以下の場合である。日本の介護保険の「要介護2」に相当する。

　5等級は、老人性疾患に該当する認知症患者であり、長期療養認定点数が45点以上50点以下の場合である。そして、軽度認知症（Mild Cognitive Impairment：MCI）を対象とする認知支援等級は、同じく老人性疾患に該当する認知症患者であり、認定点数が44点以下の場合となる（金淏垣［2020］p.186）。

　ただし、5等級も認知支援等級も、医師による認知症の診断が不可欠であり、確定診断がなければ等級外としての扱いとなり、介護保険のサービスを使うことが出来ない。すなわち、50点以下であって認知症に該当しなければ、介護保険サービス以外の高齢者福祉プログラムなどを社会福祉館や老人福祉館などで利用することになる。

（3）等級と自己負担額

　2022年の介護報酬額は、保健福祉部が2021年12月に公表した「告示」（第2021－324号）にすべて基づいている。**表 2 － 1** （26ページ）が示すように、1 等級は在宅サービス利用の場合、1 か月の介護報酬限度額は1,672,700ウォン（167,270円、1 ウォン＝0.1円で計算、以下同）であり、在宅サービス利用時に15％の自己負担額が発生する。限度額までサービスを利用した場合、250,905ウォンの費用が発生する。

　施設サービスのうち老人療養院の場合は、1 等級の 1 日当たりの介護報酬額が74,850ウォンであり、1 か月の自己負担額は449,100ウォンとなる。他方、施設サービスのもう一つのタイプである 1 施設10人未満の老人療養共同生活家庭の場合は、1 等級の 1 日当たりの介護報酬額が65,750ウォンであり、1 か月の自己負担額は394,500ウォンとなる。

　以下、2 等級から 5 等級まで同様に、自己負担割合は在宅ケアサービスが15％、施設ケアサービスが20％となっている。2 等級は、在宅サービス利用の場合、1 か月の介護報酬限度額は1,486,800ウォンであり、限度額までサービスを利用した場合、2,203,020ウォンの費用が発生する。

　施設サービスのうち老人療養院の場合は、2 等級の 1 日当たりの介護報酬額が69,450ウォンであり、1 か月の自己負担額は416,700ウォンとなる。他方、施設サービスのもう一つ、老人療養共同生活家庭の場合は 2 等級の 1 日当たりの介護報酬額が61,010ウォンであり、1 か月の自己負担額は366,060ウォンとなる。

　3 等級は、在宅サービス利用の場合、1 か月の介護報酬限度額は1,350,800ウォンであり、限度額までサービスを利用した場合は202,620ウォンの費用が発生する。

　施設サービスのうち老人療養院の場合は、3 等級の 1 日当たりの介護報酬額が64,040ウォンであり、1 か月の自己負担額は384,240ウォンとなる。他方、施設サービスの老人療養共同生活家庭の場合は、3 等級の 1

日当たりの介護報酬額が56,240ウォンであり、１か月の自己負担額は337,440ウォンとなる。

　４等級は、在宅サービス利用の場合、１か月の介護報酬限度額は1,244,900ウォンであり、限度額までサービスを利用した場合には186,735ウォンの費用が発生する。施設サービスの場合は、どちらの介護施設のタイプも４等級の１日当たりの介護報酬額は３等級の場合と同じである。

　５等級は、在宅サービス利用の場合、１か月の介護報酬限度額は1,068,500ウォンであり、限度額までサービスを利用した場合には160,275ウォンの費用が発生する。施設サービスの場合は、どちらの介護施設のタイプも５等級の１日当たりの介護報酬額は３等級の場合と同じである。

　認知支援等級は、在宅サービス利用の場合、１か月の介護報酬限度額は597,600ウォンであり、限度額までサービスを利用した場合には89,640ウォンの費用が発生する。なお、この等級は、ADL すなわち日常生活動作能力が比較的保たれているので、施設サービスを利用することが出来ない。

　韓国の療養保険では、等級外の認定を受ける申請者が毎年15％から20％程度存在する。等級外の判定を受けた高齢者に関する情報が保険者である国民健康保険公団から当該高齢者の住む市郡区や保健所に伝えられ、行政サービスとして、介護予防や認知症予防の等級外の高齢者にプログラムの利用を促すアプローチを行っている。

　要は、介護保険というフォーマル・ケアシステムからはみ出してしまう高齢者を、地方自治体行政という同じくフォーマルな組織がカバーするという２段重ねのシステムを構築しており、評価に値する。

（４）介護報酬

　表２－１（26ページ）は、各等級における2022年の介護報酬額と長期療養認定点数、2019年および2020年の各等級認定者数、分布の比率などを示したものでもある。韓国の特徴としては、予防給付が療養保険制度

に組み込まれていない点が挙げられる。つまり、日本の「要支援1」や「要支援2」に相当する予防給付は制度化されていないわけで、この点が大きな相違となっている。

　同表から分かるように、介護報酬は要介護度別の分布に大きな偏りがあり、3等級、4等級の比較的軽度を意味する等級の占有率が高い。二つの等級合計で、2019年は71.5％、2020年は71.9％に達している。

　他方、介護のニーズが高い重度の「寝たきり」あるいは「準寝たきり」の高齢者、すなわち1等級および2等級の合計の比率は、2019年17.0％、2020年15.1％と極めて低い。重度の要介護状態の高齢者の割合が低いということは、そもそもの点数の区切り幅が妥当であるかどうかという問題に帰着する。重度の高齢者が適切なサービスが利用出来るように、点数区分を再検討する必要がある。

　では、日本の状況はどうだろうか。**表2−2**（26ページ）は、日本における要介護度別の介護報酬、要介護認定基準時間、認定者数、認定割合を示したものである。要介護認定等基準時間は、あくまで要介護認定プログラムの統計モデル上の概念であり、実際の要介護高齢者が必要とする介護時間を示す尺度ではないことに注意しなければならない。

　第1次判定では、74項目のマークシート認定調査（概況調査）の結果を踏まえて、申請者ごとに要介護認定基準時間が分数で示される。同表は、2020年1月および2021年11月の状況を示しているが、2020年1月では、要介護の認定を受けた高齢者（667.4万人）のうち、最重度の「要介護5」の認定を受けた高齢者は約60万人で12.5％（「要支援1」・「要支援2」を含めた場合には9.0％）、重度の「要介護4」の認定を受けた高齢者は約81.2万人で16.9％（「要支援1」・「要支援2」を含めた場合には12.2％）となっている。

　また、2021年11月では、同じく要介護の認定を受けた高齢者（690.1万人）のうち、最重度の「要介護5」の認定を受けた高齢者は約59.1万人で11.9％（「要支援1」・「要支援2」を含めた場合には8.6％）、「要介

表2－1　韓国の要介護度別介護報酬と認定割合

点数	1等級 95点以上	2等級 75－94点	3等級 60－74点	4等級 51－59点	5等級 45－50点	認知支援等級 44点以下	認定者数合計
2022年の介護報酬 W＝ウォン	1,672,700W	1,486,800W	1,350,800W	1,244,900W	1,068,500W	597,600W	
2020年末	43,040人	86,998人	238,697人	378,126人	91,960人	19,163人	857,984人
比率	5.0%	10.1%	27.8%	44.1%	10.7%	2.2%	100.0%
2019年末	44,504人	86,678人	226,182人	325,901人	73,294人	15,647人	772,206人
比率	5.8%	11.2%	29.3%	42.2%	9.5%	2.0%	100.0%

（出典）韓国国民健康保険公団、『老人長期療養保険統計年報』の各年より筆者作成。

表2－2　日本の要介護度別介護報酬と認定割合

介護報酬	要介護5	要介護4	要介護3	要介護2	要介護1	要支援2	要支援1
介護報酬	36,217単位 (362,170円)	30,938単位 (309,380円)	27,048単位 (270,480円)	19,705単位 (197,050円)	16,765単位 (167,650円)	10,531単位 (105,310円)	5,032単位 (50,320円)
要介護認定等基準時間	110分以上	90－110分	70－90分	50－70分	32－50分	32－50分	25－32分
2021年11月認定者数合計 6,901,043人	591,448人	871,881人	917,852人	1164,994人	1428,217人	953,783人	972,868人
上段は要支援を除いた比率 下段（ ）は含めた比率	11.9% (8.6%)	17.5% (12.6%)	18.5% (13.3%)	23.4% (16.9%)	28.7% (20.7%)	— (13.8%)	— (14.1%)
2020年1月認定者数合計 6,673,718人	600,062人	811,606人	875,224人	1,152,851人	1,351,221人	944,693人	938,061人
上段は要支援を除いた比率 下段（ ）は含めた比率	12.5% (9.0%)	16.9% (12.2%)	18.3% (13.1%)	24.1% (17.3%)	28.2% (20.2%)	— (14.2%)	— (14.1%)

（出典）厚労省、2020、2021、介護事業状況報告書より筆者作成。

護 4 」の認定を受けた高齢者は約87.2万人で17.5％（「要支援 1 」・「要支援 2 」を含めた場合には12.6％）となっている。

　重度の「要介護 4 」と「要介護 5 」を合わせると、2020年、2021年いずれも29.4％と 3 割近くに達しており、韓国に比べると、介護ニーズの高い高齢者への対応が比較的適切になされていることが分かる。

（5）日本の深刻な課題

　日本の介護保険システムにも、深刻な問題が四つ横たわっている。一つ目は、「要支援 2 」と「要介護 1 」の要介護認定等基準時間に関する問題である。**表 2 - 2** から分かるように、「要支援 2 」と「要介護 1 」の要介護認定等基準時間が、どちらも「32分以上50分未満」と同一であり、このことから派生する構造的問題が指摘できる。
「2005年までの要支援が、現行の要支援 1 であり、2005年までの要介護 1 が、現行の要支援 2 と要介護 1 に分割されている。32分以上50分未満という同じ時間幅でありながら、『要支援 2 』は10,531単位、『要介護 1 』は16,765単位となり、サービスを原則 1 割で利用できる範囲が著しく異なる」（下野［2019］pp.42〜43）

　このように述べているのは下野恵子氏（立命館大学 BKC 社系研究機構・客員研究員）で、一体どのような判断を付け加えることで「要支援 2 」と「要介護 1 」が区別できるのかと、強い疑問を投げかけている。

　認知症自立度 II 以上の蓋然性が50％以上であることや、日常の意思決定を行うための認知能力の有無が関係しているようであるが、最終的には各保険者が設置している介護認定審査会が要介護認定結果に関する責任をもっている。もし、二つの要介護度を峻別する判断が各介護認定審査会で異なっているのであれば、恣意性という問題が生じていることになる。判断基準が決まっているのであれば情報公開しなければならない。この点の改善・善処が急務である。

　二つ目は、特に「要介護 3 」以上に関して、要介護認定等基準時間の

時間幅設定と介護報酬単位が比例しておらず、介護報酬単位設定の根拠が分かりづらくなっているという問題である。例えば、同表から分かるように、「要介護2」、「要介護3」、「要介護4」は前述の基準時間が20分と等間隔である。ところが、介護報酬額は「要介護3」は「要介護2」を1.37倍した額になっており、また「要介護4」は「要介護3」を1.14倍した額であって不均等な関係にある。

　三つ目は、要介護認定システムを構築するにあたって前提となった、最も重要な基礎データ収集に関する深刻な問題である。そもそも、根本的な問題が未決のままなのである。

　同じく下野が指摘しているように、現行の要介護認定等基準時間は、介護施設だけの1分間タイムスタディのデータだけに基づいて設定されている。在宅介護の割合が高いにもかかわらず、在宅介護者の1分間タイムスタディが行われていないため、在宅介護者の介護行動は現行の要介護認定等基準時間には全く反映されていない。

　もちろん、在宅介護者の介護行動は多様であり、各要介護高齢者の置かれた状況の影響を強く受ける要素は多々ある。介護施設の介護職員による標準化された行動パターンとは異なるとしても、在宅介護者の1分間タイムスタディは行うべきである。厚生労働省のHPでは、3,400名の1分間タイムスタディを実施したことだけが説明されているが、本来は研究調査の中身を詳細に公開すべきである。

　今後は、現行の要介護認定システム全体を見直し、新たな要介護認定システムを構築しなければならない。その際には、以下の対応が必要不可欠となる。

　まず、三つのタイプの介護施設（特別養護老人ホーム、介護老人保健施設、介護医療院）での全曜日をカバーし、さらに全介護行為を含むタイムスタディを実施することが肝要である。

　タイムスタディというのは、介護職員の介護業務の流れや逸れに伴う困難を1分単位で調査することであり、要介護認定ソフトのプログラミ

ング（アルゴリズム）に入れる重要なデータである。施設介護のタイムスタディだけでなく、訪問介護などの在宅サービスにおけるタイムスタディのデータを集めるべきである。

　現行の要介護認定システムのデータ収集が特定の地域の介護施設数か所だけを対象にしていたという問題点だけでなく、いくつかの介護施設では、タイムスタディ調査を実施する日がたまたま入浴介護のサービスを提供する日ではなかったため、介護負担のデータから入浴サービスが抜けてしまうという「とんでもない欠陥データ」だったと言われている。

　もし、これが事実ならば、タイムスタディの調査設計が杜撰であったと言わざるを得ない。その後のいかなる手続きがすべて客観的科学的であるとしても、最初のデータ収集が不完全であってはならない。

　こうした根本的な改善を行った後、新しいタイムスタディのデータに基づく樹形図を構築することである。要介護認定等基準時間の時間幅の変更などを軸とする新要介護認定システムを構築し、運用することが不可欠である。

　最後の四つ目だが、これも根本的な解決を図るべき問題であるが、現行の74項目の要介護認定調査の各項目の妥当性について再検討が必要である。2000年の介護保険制度創設以来、認定調査票の質問項目は何度も改正されてきた。現在使われている調査票は、「1．身体機能・起居動作群（20項目）」、「2．生活機能群（12項目）」、「3．認知機能群（9項目）」、「4．精神・行動障害群（15項目）」、「5．社会生活への適応群（6項目）」という五つの群と、過去14日間に受けた医療（12項目）から構成されている。

　次ページの**コラム1**で具体的に指摘したように、適切とは言えない項目が二つあり、さらに選択肢が足りない項目が六つある。そのほかにも改善が必要な点がある。後述するように、厚生労働省はケアプランニングおよびケアマネジメント全体の適正化には最大限の力を注いでいる。ところが、ここで指摘した四つの問題点の是正に向けては全く動きがない。

コラム 1

日本の認定調査項目の課題

　日本の要介護認定調査票は74項目から構成されている。1群の第9項目で「片足での立位」の質問がある。介護サービスを希望する足腰が不安定な高齢者にとって、片足を上げるという行為は危険すぎる。直ちに削除すべきである。同群の第12項目で視力を聞いている。視力1項目だけなので、視覚障がいがある申請者は要介護度が軽くなる可能性が高い。再検討が必要である。

　2群の第9項目で「整髪」に関する動作能力を聞いている。男性高齢者のなかには整える髪がない場合も多いので、アンケートであれば非該当となる。要介護認定の質問項目に非該当の項目があるのは問題である。この項目は直ちに削除すべきである。

　3群の第2項目から第7項目は、すべて認知症に関する記憶力の状況、見当識障がいの有無を質問している。曜日や生年月日、年齢が言えるか、自分の名前が言えるか、今の季節を理解しているか、今の場所が言えるかなどについて尋ねている。

　認知症について少し理解があれば、認知症のタイプにかかわらずこうした六つの質問に対して答えることが出来る場合もあれば、出来ない場合もあることは当然の事実である。つまり、記憶や見当識に関する能力の程度は本人のなかで常に変化するのである。しかし、マークシート調査票には、「1.できる」と「2.できない」しか設定されていない。必要不可欠な「時々できる」という選択肢が欠落しているのである。直ちに、この選択肢を入れるべきである。

　加えて、「2.生活機能」の群で、項目の並べ方に違和感を感じる。2群の第5項目が排尿、第6項目が排便に関する質問となっている。その後、第7項目で口腔清潔、第8項目で洗顔について質問している。もう少し上品な配列を検討していただきたい。

　なお、日本の要介護認定調査票の全項目は以下のQRコードで是非確認していただきたい。

（6）日韓の介護報酬

　表2－3（32ページ）は、居宅サービスについて介護度の区分支給限

度額を示している。日本の「要介護5」の介護報酬が362,170円であるのに対し、韓国の在宅サービスの1等級の介護報酬は日本円に換算して167,270円（1,672,700ウォン）である。どちらの等級も「寝たきり」に相当する重度の要介護状態を意味するが、介護報酬上の著しい格差が見られる。

　韓国の物価が日本に比べて安いとしても、介護報酬の比率が46.2％と著しく低いことが分かる。2等級から5等級に関しても、順に、48.1％、49.9％、63.2％、63.7％といずれも低い。また、日本の場合は、要介護度間の介護報酬額に差がつけられており、「要介護5」は「要介護1」の2.2倍となっている一方、韓国の1等級は5等級の1.6倍と傾斜が緩くなっている。要介護度が悪化するに従って必要とする在宅サービスも多様化、深刻化するので、韓国は傾斜を高めるべく、1等級、2等級の介護報酬をアップさせるべきであろう。

　実は、日本に比べて韓国は保険料がかなり低額で、財源規模が小さいことからこのような設計になっており、問題が発生すると考えられる。日本の場合、65歳以上の第1号被保険者の月額保険料の平均は6,000円強であるが、韓国では、2022年現在、保険料が12.27％（2021年は11.52％）と安く、世帯平均保険料は14,446ウォン（約1,445円）程度である（保健福祉部［2021a］）。こうした低率の保険料率を大幅に引き上げなければ、保険あってサービスなしといった状況が今後も続くであろう。

　被保険者が支払う保険料が日韓で異なることだけでなく、税金の投入額の違いもあり、介護保険全体にかかる費用も大きな開きがある。日本の介護保険は、2020年度の総費用として約10兆8,000億円に達している。

　一方、韓国は、2020年で日本円に換算して収入が9,614億円で支出が9,470億円である。収入のうち、政府の税金投入は1,240億円ほどであり、13％程度となっている（保健福祉部［2022］p.786）。

　結局、韓国は日本とは1桁少ない財源で介護保険を運営していることになる。また、一般会計に占める介護保険財政の割合も日本が10％近く

表2－3　日本と韓国の在宅サービスに関する要介護度別介護報酬

日本（2019年10月以降）	介護報酬	韓国（2022年1月以降）	介護報酬	比率
要介護5	362,170円	1等級	167,270円	46.2％
要介護4	309,380円	2等級	148,680円	48.1％
要介護3	270,480円	3等級	135,080円	49.9％
要介護2	197,050円	4等級	124,490円	63.2％
要介護1	167,650円	5等級	106,850円	63.7％
		認知支援等級	59,760円	

（注）韓国の介護報酬額はウォンであるが日本円に換算し（1ウォン＝0.1円）表記している。例えば1等級の介護報酬は、1,672,700ウォンである。
（出典）厚労省HP、保健福祉部告示。

であるのに対し、韓国は1.5％程度にすぎない。日本の介護保険では、財源として国・都道府県・市区町村合計で50％の税金が投入されているのに対して、韓国は国から13％の税金が投入されているにすぎない。結果的に、韓国はスペック限定型の介護保険にならざるをえないことが分かる（西下［2020］p.33）。

4 在宅介護サービスと介護報酬

（1）訪問介護サービス

　表2－4は、韓国の訪問療養（訪問介護）サービスにおける利用時間ごとの介護報酬額を示したものである。2022年現在、30分以上60分未満では15,430ウォン、以下、60分以上は22,380ウォン、90分以上は30,170ウォン、120分以上は38,390ウォン、150分以上は44,770ウォンと決められている。最も長い240分以上では61,950ウォンとなっている。

　1日2時間の訪問療養サービスを利用すると、自己負担額は5,760ウォンとなる。なお、現在は、等級別に1日当たりの療養保護サービスの利用時間が制限されており、1等級、2等級は1日4時間以下、3等級、

4等級は1日3時間以下、5等級は1日2時間以下と定められている。おそらく、軽度者が長時間訪問介護サービスを使うことで自立意欲が阻害されるのを防ぐという意味があるのだろう。

日本の介護保険制度では、訪問介護は、サービス内容に応じて「生活援助」と「身体介護」の2種類に分けられており、

表2−4　訪問療養サービスの介護報酬

単位：ウォン

	2013年	2018年	2022年
30分以上	10,740	13,540	15,430
60分以上	16,350	20,790	22,380
90分以上	21,830	27,880	30,170
120分以上	27,500	35,200	38,390
150分以上	31,110	40,000	44,770
180分以上	34,240	44,220	50,400
210分以上	37,110	48,110	56,170
240分以上	39,740	51,710	61,950

（出典）保健福祉部、2013、告示、第2013-160号；保健福祉部、2018、告示第2016-242号；保健福祉部、2020、告示、第2020-160号；保健福祉部、2022、告示、第2022-160号

それぞれサービス時間の長さに応じて介護報酬が設定されている。韓国も、日本と同じように療養保護サービスを2種類に分けて介護報酬を設定したほうが効率的になると考えられる。

療養保護士を派遣する事業所（センター）数としては、2008年に4,206か所であったものが、2020年には15,412か所と約3.7倍に増加している。ちなみに、2020年の利用者は約46.4万人となっている（国民健康保険公団［2021］p.105）。

（2）昼・夜間保護サービス

次ページに掲載した**表2−5**は、昼・夜間保護サービスに関して、各等級別サービス利用時間ごとの介護報酬額を示したものである。韓国の昼・夜間保護サービスでは、日本のデイサービス同様、食事、体操、ゲームやクイズなどのアクティビティ、リハビリテーションなどのサービスが提供されているが、日本に比べてサービス提供時間が長時間にわたっている点が特徴である。

表2-5　昼・夜間保護サービスの等級別介護報酬

単位：ウォン

【昼・夜間保護】	等級	2016年	2018年	2022年
8時間以上	1等級	44,530	53,390	61,600
	2等級	41,250	49,460	57,070
	3等級	38,080	45,660	52,690
	4等級	37,040	44,410	51,250
	5等級	35,990	43,150	49,790
	認知支援等級	—	43,150	49,790
10時間以上	1等級	49,050	58,820	67,870
	2等級	45,440	54,480	62,870
	3等級	41,980	50,340	58,080
	4等級	40,930	49,070	56,620
	5等級	39,880	47,820	55,180
	認知支援等級	—	43,150	49,790
12時間以上	1等級	52,600	63,070	72,780
	2等級	48,730	58,430	67,420
	3等級	45,020	53,980	62,280
	4等級	43,980	52,730	60,840
	5等級	42,930	51,470	59,400
	認知支援等級	—	43,150	49,790
【認知症対応型昼・夜間保護】				
8時間以上	2等級	51,890	56,510	71,800
	3等級	47,900	52,160	66,270
	4等級	46,590	50,740	64,470
	5等級	45,270	49,300	62,630
	認知支援等級	—	—	62,630
10時間以上	2等級	57,160	62,250	79,100
	3等級	52,800	57,500	73,060
	4等級	51,480	56,060	71,210
	5等級	50,160	54,620	69,400
	認知支援等級	—	—	62,630
12時間以上	2等級	61,290	66,740	84,790
	3等級	56,630	61,670	78,360
	4等級	55,320	60,240	76,530
	5等級	54,000	58,810	74,710
	認知支援等級	—	—	62,630

（注）　3時間以上、および6時間以上というカテゴリーがあり、介護報酬が決められているが、ここでは割愛する。

（出典）保健福祉部、2015、告示第2015-242号；2017、告示第2017-309号；2021、告示第2021-324号。

　日本のデイサービスでは入浴サービスが提供される場合が多いが、韓国では入浴サービスは提供されない。例えば、8時間以上10時間未満でサービスを利用する場合、2022年の1等級の介護報酬は61,600ウォン、2等級では57,070ウォン、3等級では52,690ウォン、4等級では51,250ウォン、5等級および認知支援等級では49,790ウォンとなっている。

　同サービスは、制度発足の2008年では同サービス提供事業所の数が790か所と少なかったが、2020年には4,587か所と5.8倍に増え、利用者は約13.9万人となっている。事業所が増えている背景には、サービス提供事業者にも利用者にもプラスとなる「1.5倍インセンティブ制」（筆者の造語であり、のちに詳述）が影響していると考えられる。

　なお、昼・夜間保護サービスには、同表が示すように認知症専担（対応）型の介護報酬体系が設定されている。ただし、1等級の認知症高齢者には、昼・夜間保護サービスの利用が想定されていない。職員配置の条件が厳しい割に介護報酬が高くないので、認知症対応型昼・夜間保護サービスの利用率は期待されたほど高くなっていない。

（3）短期保護サービス

　次ページの**表2－6**は、短期保護（ショートステイ）サービスの介護報酬を示したものである。同サービスは、「老人長期療養法施行令第36条③」で示されているように、1か月当たり「9日」を上限に、老人福祉施設に短期入所するサービスである。なお、1年間に4回だけ、9日間の利用が延長出来るというルールがある（保健福祉部［2017］）。

　制度発足当時は、短期保護サービスの利用日数について厳しくなかったが、2010年から9日を上限としたため、サービス提供事業者の数が激減した。すなわち、2008年の事業所数は694か所、2009年は1,368か所あったものが、2020年には148か所と激減しているのだ。

　ちなみに、利用者は全国で2,490人である。同サービスは、利用日数に制約があるため利益がなかなか見込めないため、老人療養院に転換し

表2－6　短期保護サービスの等級別介護報酬

単位：ウォン

	2013年	2018年	2022年
1等級	43,590	52,830	60,490
2等級	40,380	48,940	56,020
3等級	37,290	45,200	51,750
4等級	―	44,000	50,380
5等級	―	42,810	49,010

（出典）表2－5と同じ。

た事業所が多かった（宣賢奎［2021］p.45、p.55）

　短期入所の制限日数は、介護保険制度発足後、実は1か月当たり15日であった。韓国には延長制度があり、当時は1年間に15日間の延長が2回認められていた。そのため、1年間に2か月間は短期保護施設に入所し、残り10か月間は、月の半分の15日間を短期保護施設で暮らし、残り15日間は自宅という生活が可能であった。15日から9日への変更は、短期保護サービス本来の利用の形に戻すべきだ、という保健福祉部の意図が感じられる。

　細かな計算になるが、長期療養保険の範囲内でかつては最大210日の短期保護サービスが利用可能であったが、変更後は最大144日の利用に制限されることになった。事業所数が少なく、地域的に偏在していることもあり、普及させることが難しいサービスである。なお、日本の短期保護サービスは連続して30日間利用することが可能となっている。

　2022年の1日当たりの介護報酬は、表2－6が示すように、1等級は60,490ウォン、2等級は56,020ウォンとなっており、以下、51,750ウォン（3等級）、50,380ウォン（4等級）、49,010ウォン（5等級）と続いている。

（4）訪問入浴サービスおよび訪問看護サービス

　訪問入浴サービスには3種類あり、一つは入浴車を利用するケースで、2022年の介護報酬は78,580ウォンである。二つ目は、入浴車を利用するが家庭内で入浴する場合であり、介護報酬は70,850ウォンである。三つ目は入浴車を利用しないケースで、同じく44,240ウォンとなっている。

　訪問入浴サービス全体としては、2008年2,959か所であった事業所が、2020年11,089か所と約3.7倍に増えており、人気のあるサービスと言える。利用者は約9.1万人である。ただし、第1のタイプでは、入浴車まで移動してサービスを受けることになるので、プライバシー確保の面で改善が必要である。

　一方、訪問看護サービスは、医療ニーズのある高齢者にとっては必要不可欠なサービスとなるが、事業所数は増えていない。2022年現在、30分未満の介護報酬は37,840ウォンであり、30分以上60分未満では47,450ウォン、60分以上では57,090ウォンとなっている。

　2008年592か所であった事業所は、2020年で774か所と微増に留まっている。また、利用者のほうも約1.7万人に留まっている。その背景として、利用者が自己負担の少ない訪問介護を選ぶ傾向があること（宣賢奎[2021] p.55）と、医療保険サービスとしての訪問看護を利用する割合が高いことが考えられる。

　総じて、韓国の長期療養保険制度下での在宅サービスの種類に関しては日本とほぼ重なるが、日本とは異なり普及していないサービスもある。2022年時点では、居宅療養管理指導、短期入所療養介護、居宅介護支援、住宅改修などの各サービスが存在していない。多様なニーズに応えるために、こうした各サービスの導入の是非についても検討すべきであろう。

5）施設介護サービスの種類と特徴

（1）老人療養院および老人療養共同生活家庭

　次ページの**表2－7**が示すように、韓国における施設介護サービスは、現在、老人療養院と老人療養共同生活家庭に分けられる。なお、介護施設の分類の変遷については『韓国介護保険制度の創設と展開』（林春植ほか[2010]ミネルヴァ書房）を参照されたい。

表2-7　介護施設の等級別年次別介護報酬の推移　単位：ウォン

		2016年	2018年	2022年
老人療養院	1等級	57,040	65,190	74,850
	2等級	52,930	60,490	69,450
	3等級	48,810	55,780	64,040
	4等級	48,810	55,780	64,040
	5等級	48,810	55,780	64,040
老人療養共同生活家庭	1等級	51,290	56,960	65,750
	2等級	47,590	52,850	61,010
	3等級	43,870	48,720	56,240
	4等級	43,870	48,720	56,240
	5等級	43,870	48,720	56,240
認知症対応型老人療養院	2等級GA型	65,280	74,600	85,650
	2等級NA型	58,750	67,140	77,090
	3～5等級GA型	60,190	68,790	78,980
	3～5等級NA型	54,170	61,910	71,070
認知症対応型老人療養共同生活家庭	2等級	59,000	65,520	75,620
	3～5等級	54,390	60,410	69,730

（出典）保健福祉部、2015、告示第2015-242号；2017、告示第2017-309号；2021、告示第2021-324号。なお、GAとNAは単に違いを意味するだけである。108ページ参照。

　2020年において、老人療養院は全国に3,850か所、入所者は203,037人であり、老人療養共同生活家庭は全国に1,913か所、入所者は21,738人となっている（国民健康保険公団［2021］p.5）。

　老人療養院とは、要介護高齢者が入所するための施設であり、利用者が10名以上の介護施設である。同表では、等級ごとの介護報酬が示されている。2022年の1等級の場合は、1日当たり74,850ウォン、2等級では69,450ウォン、3等級から5等級では64,040ウォンとなっている。

　もう一つの老人療養共同生活家庭は、利用者が5名以上9名以下という少人数の介護施設である。物理的な基準としては、相部屋（多床室）の定員が4人以下であること、また1人当たりの居室面積は6.6m²以上、

入所定員1人当たりの延べ面積は20.5m²以上となっている。そして、療養保護士の基準は入所者3人当たり1人となっている（金明中［2016］p.11）。介護報酬額は、2022年の1等級の場合は65,750ウォン、2等級では61,010ウォン、3等級から5等級では56,240ウォンとなっている。

　先にも挙げた増田雅暢（15ページ参照）は、長期療養保険の仕組みを示すなかで、施設給付の一つとしてグループホームを挙げている（増田［2007］p.38）。しかし増田は、「老人療養共同生活家庭」という表記をしていない。一方、金 貞 任（東京福祉大学教授）は、「老人療養共同生活家庭（グループホーム）」（金貞任［2013］p.48）という表現を使い、韓国の老人療養共同生活家庭が日本の認知症グループホームに相当するかのように示している。

　我が国で高齢者のグループホームと言えば、認知症高齢者グループホームを意味する。しかし、増田も金も、老人療養共同生活家庭が認知症グループホームであるとは断定せず、単にグループホームと説明するのみである。図2−1（17ページ）に示したように、保健福祉部・老人長期療養保険のホームページに老人療養共同生活家庭がグループホームと記載されていることからすれば、研究者がそのままの形で説明してしまうことも無理からぬことかも知れない。

　さらに一歩踏み込んだ解釈をしているのが林春植らである。林らによれば、老人療養共同生活家庭が「脳血管障害・認知症などの老人性疾患により介護が必要な高齢者を、共同生活を営む住居に入所させ、入浴、食事、排泄等の介護その他、必要な日常生活上の世話と機能訓練などを提供する施設」であり、介護保険制度の創設に伴って新設されたこの施設が、日本でいう認知症対応型共同生活介護（グループホーム）に相当する施設であるとしている（林春植ほか［2010］p.39）。

　重要な論点は、韓国の老人療養共同生活家庭という小規模介護施設が、果して認知症グループホームに該当するのかどうかの一点に尽きる。グループホームの定義を確認しつつ、以下で明らかにしたい。

徳華老人療養院

仁川 広域市内にある。社会福祉法人「真覚福祉財団」が2003年に開設した老人療養院で、定員40名のところに32名が入所している（同財団は、ほかに二つの老人療養院を運営している）。全員が女性であり、認知症高齢者が27名となっている。

年齢層は、80代後半が11名、90代前半が10名である。3等級が最も多く14名、以下4等級7名、2等6名、1等級4名、5等級1名である。日常生活動作能力は比較的保たれているが、認知症を罹患しているために療養院側のケア負担は大きい。

職員は全部で26名であり、そのうち療養保護士が16名を占めている（50代が中心）。調理員が3名、看護師が2名、社会福祉士が1名、作業療法士が1名である。また、院長が1名、課長が1名、衛生員が1名といった配置である。

院長と社会福祉士が男性で、24名は女性職員である。長期勤続奨励金については、療養保護士3名、社会福祉士2名、看護師1名がそれぞれ受給している（院長または課長が社会福祉士の資格を有している）。

ベッドの部屋が1階と2階にそれぞれ4室あり、各部屋に2名ないし3名が生活している。韓国の特徴であるオンドル（床暖房）の部屋が各階に3部屋ずつあり、こちらでも2名から3名が生活をしている。

徳華老人療養院の全景

（2）認知症対応型老人療養共同生活家庭の位置づけ

　2016年に、認知症高齢者のための専用居室のある「認知症対応型（専担型）老人療養施設」および「認知症対応型老人療養共同生活家庭」という介護施設が新しく設けられた。この新しい二つのタイプは、第3次認知症管理総合計画（2016年〜2020年）の一環として創設されたものであり、4等級および5等級の創設に続く政府の認知症対策の一環である。

　なお、**表2−7**（38ページ前掲）で示したように、認知症対応型老人療養院の場合は、老人療養院よりも全体的に介護報酬が高く設定されている。施設数はまだ少なく、2020年現在、全国で112か所、入所者1,180人である。1日当たりの介護報酬が、2等級ではGA型が85,650ウォン、NA型が77,090ウォン、3等級から5等級ではGA型が78,980ウォン、NA型が71,070ウォンとなる。なお、1等級は前提として置かれていない（GA型、NA型については108ページ参照）。

　他方、認知症対応型老人療養共同生活介護の場合は、療養院よりも全体的に介護報酬が高く設定されている。なお、認知症対応型療養院と同じく、1等級は前提として置かれていない。

　施設数は認知症対応型療養院よりさらに少なく、2020年現在、全国で25か所、入所者196人である。2019年に34か所あったが、経営難や経営者の健康問題などの理由で廃業となったと考えられる。

　ソウル市内には一か所のみの開設となっており、京畿道に六つある以外は、各自治体に一つないし二つ程度である。開設年度は多様であり、長期療養保険制度が出来た2008年には二か所のみであった。

（3）スウェーデンと日本のグループホームと役割遂行

　そもそも、韓国におけるこの認知症対応型老人療養共同生活家庭は、グループホーム発祥の地であるスウェーデンの基準や日本の認知症グループホームの基準とは質的に異なるものである。グローバル・スタンダ

ードとしてのグループホームは、現時点において韓国には存在しないと判断すべきである。

　というのも、スウェーデンのグループホームや日本のそれの共通条件は、①入居者の住まいが「個室」であり、その家賃が発生すること、②共有の「オープンスペース」があること、③担当の介護職員が比較的少人数で固定されていることなど、ユニットケアの特徴をもつことである（西下［2007］p.35）。

　韓国においても個室ケアの導入が今後検討されるべきであるが、現時点では、個室内でのケアが重要であるという認識に関しては文化の差があるように思われる。

　実は、スウェーデンのグループホームと日本のグループホームには入居者による役割遂行の実行可能性という点において大きな隔たりがある。というのも、役割発揮が実際のケアのなかで遂行されているのは日本のほうである。1990年代にグループホームが創設されたスウェーデンでは、2006年以降、「順序モデル」（筆者の造語）による措置決定が行われているため、極めて重度の要介護高齢者しか「介護の付いた特別住宅」（Särskilda Boendeformer）のグループホーム（ユニット）に入居することが出来ないからである（西下［2012］pp.25～28）。

　なお、順序モデルとは、可能な限り自宅で介護サービスを受けながら生活を継続し、重度の要介護状態になった最終段階でのみ、コミューン（市）の援助判定員によって措置決定がされ、介護の付いた特別住宅への入居が許されるという、スウェーデンだけに見られる原則ルールのことである。2006年にスウェーデンで「特別費用」という罰金制度が創設されてから、順序モデルの原則が結果的に強化されている（西下［2012］pp.30～31）。

　一方、日本の場合は、「選択モデル」（筆者の造語）と呼ぶことが出来る。これは、高齢者が要介護の認定を受ければ、本人が希望する在宅ケアサービスを選ぶことも、施設ケアサービスも選べるという日本のシス

テムである。ただし、日本では、施設ケアのうち特別養護老人ホームの入居に関しては、2016年度から原則的に「要介護 3」以上という制限が設けられたために選択の可能性が低下したので、「制限付き選択モデル」と表現するほうがより正しいであろう。

　順序モデルの原則が一般的となっているスウェーデンでは、重度の要介護高齢者の入居が一般的なので、各入居者がグループホーム内で日常的に必要とされる役割を発揮することが不可能に近い。このような事情から、グループホーム発祥の地であるスウェーデンでは、認知症グループホームが極めて活動性の低い静謐な介護環境となっている。

6）家族療養保護費と家族介護慰労金

（1）家族療養保護費

　韓国の介護保険には、日本には存在しない独自の運用基準として「家族療養保護費」というルールがある（西下［2014］pp.41〜42）。同ルールは、療養保護士の国家資格（理論、実技、実習を各80時間、合計240時間履修後に国家試験に合格する必要がある）をもつ家族が、自らの老親や老いた配偶者の介護をする場合、一定の条件下で、勤務する訪問療養事業所から賃金が支給されるという制度である。

　介護保険が創設された当時は、家族療養保護費の条件は、1 か月に30日間、1 日90分以上120分未満とされ、この条件での家族介護には賃金が発生するというものであった。

「保健福祉家族部長官告示（長期療養給付費用等に関する告示）」によれば、以下のようになっている。

「受給者と同居している療養保護士が提供する訪問療養給付は、所要時間に従って算定するが、1 日最大120分未満とし、夜間および休日に療養保護サービスを提供した場合でも所定の給付基準の算定をする。この

場合の同居家族とは、受給者と同一の住宅で生活する家族（民法779条による）をいう」

　この告示の内容は、療養保護士の資格を所有する場合、自分自身の要介護家族に対して、1日90分の範囲内において訪問療養サービスが提供出来るものであり、そのサービス提供時間が有償の仕事として認定されるという意味である。

　2011年には条件が改正され、「1か月に20日間、1日60分」という条件下で家族療養保護費としてカウントされ、賃金が発生することになった。なお、家族を介護する療養保護士が65歳以上の場合や要介護者が認知症で暴力を振るうなどの問題行動がある場合には、前述の創設時のルール、すなわち1か月に30日間、1日90分が適用される。追記すると、創設時には同居家族の場合に限定されていたが、2011年からは別居家族も適用対象となった。

　例えば、療養保護士の資格をもっている高齢の妻が、2等級である高齢の夫を介護する場合を想定してみよう。訪問療養サービスが毎日90分必要なケースにおいて、2022年時点の介護報酬で費用を計算すると以下のようになる。

　　1日30,170ウォン×30日×在宅サービスの自己負担比率15％
　　＝135,765ウォン

　これが、療養保護士である妻から介護を受けている夫が介護保険サービス利用者として自己負担する金額となる。療養保護士として勤務している訪問療養事業所の時給が13,500ウォンだとすると、家族介護分の療養保護士の1か月の給料は、「1.5時間×13,500ウォン×30日＝60,7500ウォン」となる。

　結局、世帯全体では、家族療養保護費としてカウントされた賃金による収入が471,735ウォン（607,500ウォンから135,765ウォンを引いた差額）、日本円で1か月約47,170円の収入となる。

　家族療養保護費に関する最大の懸念は、療養保護士が老配偶者や老親
を介護する場合、介護サービスを提供したという事実があるかどうかに
ついて確認出来ない点である。すなわち、介護放棄（放任）という名の
虐待が発生していても、それを確認する手段がない点が問題となる。あ
るいは、要介護状態の老親や老配偶者が「自分への介護は不要だから」
と介護を辞退するケースもあると思われるのだが、これについても確認
する術がない。

　後述するように、訪問療養サービス事業所は、15名以上の利用者がい
る場合、社会福祉士を雇用することが義務付けられている。同社会福祉
士は、利用者の自宅を訪問し、サービスの質に関してモニタリングする
ことになっているが、家族療養保護士としての家族が自宅で介護サービ
スを提供していなくても、高齢者本人や配偶者が正直に社会福祉士に話
すことはないであろう。

　日本の介護保険制度には存在しない家族療養保護費については保健福
祉部の内部でも意見が分かれており、「廃止論」と「擁護論」がある（増
田［2014］p.33）。

　筆者は、療養保護サービスが介護の社会化を阻害し、訪問療養事業所
のマーケットを狭めてしまうという理由、そして介護放棄という名の虐
待を温存しかねないという理由から廃止論に与する。一方、増田は、「家
族の介護を評価するほか、介護費用の補填にもなる」（増田［2014］
p.33）として、擁護論の立場に立っている。

　この家族療養保護費の動向について資料を入手した宣 賢 奎（2007年、
共栄大学国際経営学部教授）によれば、2009年時点では療養保護士全体
が102,458名のところ家族療養保護士が26,621名存在し、2010年では、同
じく202,384人に対して家族療養保護士が43,749名存在している。家族療
養保護士比率は、2009年が26.0％、2010年が21.6％となる。なお、2011
年は上半期の比率は20.8％であった。

　同居家族療養保護費について宣は、実際に家族が自宅で親や配偶者の

表2－8　家族療養保護士の推移

単位：％、（　　）内回数

	家族療養保護士	一　般	合　計
2011年6月	33.5（43,791）	66.5（96,208）	100.0（130,532）
2012年6月	36.7（42,469）	63.3（81,374）	100.0（115,858）
2013年6月	34.3（40,623）	65.7（85,491）	100.0（118,413）
2014年6月	31.1（38,710）	68.9（92,742）	100.0（124,489）
2015年6月	29.6（39,789）	70.4（102,004）	100.0（134,623）
2016年6月	28.2（40,178）	71.8（109,348）	100.0（142,235）
2017年6月	28.1（43,725）	71.9（120,375）	100.0（155,520）
2018年6月	28.7（50,559）	72.3（135,703）	100.0（175,984）

（出典）金智美（김지미）、2018、p.78。

　介護を行っているかどうか確認する方法がないので、介護放棄などの高齢者虐待が発生する可能性が高いとして制度改正を求めている。さらに、老人長期療養保険の本来の目的である介護の社会化を阻害する可能性が高い、つまり在宅介護事業者の本来の市場を20％以上も奪っていることから、結果的に介護事業者間の不正な競争を助長する恐れがあるとして制度改正を求めている（宣賢奎［2016］pp.30～31）。

　筆者も同感である。そもそも、老人長期療養保険の政策理念である「介護の社会化」を阻害し、介護放棄という高齢者虐待を助長するような規定を制度の一部として13年以上組み込んでいること自体に構造的な矛盾があり、廃止すべきである。

　確かに、制度発足時には訪問療養保護士の数的確保のためにやむを得ない背景もあったが、すでに数量的には安定的に確保出来ているので、廃止してもよい段階にあると言える。

　金智美（慶南大学）は、保険者である国民健康保険公団に情報公開請求をして家族療養保護費のデータを入手した。それが表2－8であり、大変貴重なデータである。

　こうした家族による訪問療養保護費という特殊な運用が、2011年以降

現在に至るまで全体の 3 割近くを占めている。2011年から2014年までは、順に33.5％、36.7％、34.3％、31.1％と全体の 3 割を超えていた。直近の2018年でも、28.7％と高い水準である。

　こうして見ると、韓国の介護保険に占める家族療養保護費は、もはや例外的な措置とは言えない。

　このように問題が大きいものの、今後は2011年に行われた制限をさらに進め、1 日当たりの時間数を短縮し、日数を減らすというような措置がおそらく取られ、療養保護士として家族を介護することで一部有償労働になるという形態が継続されていくであろう。

（2）家族療養費

　韓国の療養保険制度には、3 種類の特別現金給付が存在する。一つが「家族療養費」と呼ばれる家族介護手当であり、他の 2 種類は「特別療養費」と「療養病院看護費」である。ただし、特別療養費と療養病院看護費は実施されていない。

　制度創設時から実施されているのは家族療養費だけであるが、同手当が支給される条件は以下の三つとなっている。

❶島・僻地などの長期療養機関が著しく不足している地域に住んでいる場合。

❷天災やその他類似の事由により、長期療養機関が提供する長期療養給与を利用するのが難しいと保健福祉部長官が認める場合。

❸感染症の患者として感染の危険性がある者、障害者福祉法第32条の規定による精神障害者、身体の変形（物理的変形は顔面奇形、火傷、ハンセン病に限られる）によって対人忌避事由を満たす者など、身体的・精神的理由によって家族などから長期療養を必要する場合。

　当該要介護高齢者に対して療養サービスを提供する意志のある者が、国民健康保険公団に申請し、同公団の審査を経て家族療養費が支給され

ることになる。意志のある者としては、家族や親戚、近所の人と幅広く認められている。支給額は、2008年の制度発足以来2022年の現在に至るまで、要介護度に関係なく一律月15万ウォン（約15,000円）のままである。なお、家族療養費受給後は、福祉用具の購入と貸与は可能であるが、他のサービスは一切利用出来ない（国民健康保険公団［2021］）。

　家族療養費の実績としては、2017年9,396件、2018年9,642件、2019年10,262件、2020年11,011件と微増の傾向がうかがえる。家族療養費の総額は17億3,540万ウォンに達している（国民健康保険公団［2021］）。

（3）日本の家族介護慰労金支給事業

　一方、日本では、韓国の家族療養保護費に相当するような制度、つまり家族が介護することに対する現金支給があるのだろうか。日本には、普遍的な制度としての手当てではないが、「家族介護慰労金支給事業」という事業が存在している。同事業は、1990年代後半、介護保険制度が検討されるなかで、当時の自民党の政調会長であった亀井静香氏が介護保険制度を批判した際、政府側の妥協案として生まれた事業である（現在も存続している）。

　同事業は、1年間介護保険サービスを利用しなかった世帯について（ただし、年間1週間程度のショートステイ・サービスの利用は認められる）、①「要介護4」または「要介護5」と判定された者が、②市民税非課税世帯であり、かつ③在宅高齢者である者（一定期間以上の医療保険での入院をした者は除く）という条件を満たした場合、10万円ないし12万円が当該介護者に交付されるというものである（自治体によって異なる）。

　増田によれば、2014年度において、全自治体の43％に当たる749自治体で家族介護慰労金支給制度が存在するが、対象者はほとんどいない（増田［2016］p.176、増田［2022］pp.209～210）。

　同事業の実績について筆者が過去に調べたA県B市（高齢化率26％）

の場合では、2014年度 0 件、2015年度 0 件、2016年度 1 件、2017年度 1 件となっており、増田の調査やこの事例からも分かるように、制度は存続するも該当者がほとんどいないという現状を考えれば、当該事業の存続について国全体で見直しを検討すべき時期に来ていると言える。さらに前述の増田は、同事業について「制度設計上も問題が多い制度」としている。

　同慰労金支給事業は、適切な運用が難しいという別の観点からも深刻な問題を抱えている。会計検査院が2015年度、2016年度の慰労金支給事業の運用について18府県の157市町村を抽出して実地調査、書類調査をした結果、16府県66市町村が不適切な運用、すなわち重複給付していることが判明した（会計検査院［2018］）。

　66市町村では、条件を満たす要介護高齢者は819名（全体の4.7％）だけであって、残りの延べ16,284名（95.3％）は、継続的に介護サービスを受給している世帯でありながら（サービス利用の年間平均値は140日に及ぶ）、家族介護慰労金を交付していたのである。つまり、前述の三つの条件に全く一致しない申請者に対して、審査の不備が原因で結果的に 9 億円近い税金を申請者に支給してしまい、経済的な損失をしたことになる。

　まず、家族介護慰労金を申請する家族が、介護保険サービスの利用制限が年間 1 週間程度であることを含めて三つの条件を理解しておく必要があるが（現実問題としては難しいが）、そもそも保険者である市町村側が申請者の申請内容、例えば「要介護 4 」または「要介護 5 」であることや市民税非課税世帯であることは保険者として容易に確認できるはずであり、何故その必要不可欠な確認を怠っていたのかと理解に苦しむ。要介護認定後、全く介護保険と関わらない世帯は別として、申請者担当のケアマネジャーに問い合わせればすぐに介護保険のサービス利用状況は分かるはずである。こうした情報のすり合わせによる 3 条件の確認を怠った責任は極めて重い。

　日本の家族介護慰労金支給制度と異なり、韓国の家族療養保護費は韓国全体の30％弱の利用率があることからして「一般化された制度」と見なせる。現金支給という観点から、日本の家族介護慰労金事業を韓国の家族療養保護費と比較することには論理的に無理がある、と言わざるをえない。

　韓国の研究者のなかには、そうした比較研究を発表しているケースがあるが、比較すること自体無理がある。何故なら、家族介護慰労制度は、各保険者において若干名の受給しかなく、比率を計算しても「０」になるほどの現状であり、一般化された制度と見るのは不可能だからだ。

（４）同居家族による訪問介護

　家族介護慰労金事業だけでなく、日本には、さらに利用者が少ない「同居家族による訪問介護」に関する規定が存在する。

「離島、山間の僻地その他の地域であって、指定訪問介護のみによっては必要な訪問介護の見込み量を確保することが困難であると市町村が認める地域では、『基準該当訪問介護事業者』による同居家族へのサービス提供が以下の５つの要件を満たす場合に認められる。すなわち①利用者が指定訪問介護のみでは必要なサービスの確保が困難と市町村が認める地域に住んでいること、②居宅介護支援事業の介護サービス計画にもとづいて提供されること、③事業所のサービス提供責任者の行う具体的な指示に基づくサービス提供であること、④身体介護（入浴、排泄、食事等の介護）を主な内容としたサービスであること、⑤担当訪問介護員等の同居家族への従事時間が、総従事時間のおおむね２分の１を超えない」（菊池［2010］pp.237〜238）

　このような規定を実施している市町村数は、全国で2001年が28か所、2002年が32か所、2003年が８か所、2007年が５か所、2009年が８か所、2010年が10か所、2011年が８か所となっており、実績はほとんどないとしている（森川ほか［2018］pp.120〜121）。2014年時点でも、同居家族に

よる訪問介護を容認している自治体は僅か九つと少なかった。

　同居家族による訪問介護に関する規定は、全国に1,741ある基礎自治体のうち僅か9か所しか容認してないにもかかわらず、極めて例外的な規定を日本が有することをもって韓国の同居家族療養費規定の存続を正当化させる議論が韓国にあるわけだが、両規定のそうした対応関係との比較にも問題があると言える。

　韓国の同居家族療養費は30％近く利用者があり、日本の同居家族による訪問介護に関する規定は、0.5％（9÷1741）の自治体しか有しない。日本の訪問介護の利用者約100万人に対して、おそらく全国合計で100人を下回るほど稀な同居家族による訪問介護であると言える。

7　昼・夜間保護サービスの特異的性格

（1）保健福祉部の戦略

　韓国の療養保険の在宅サービスのうち、昼・夜間保護サービスだけが特異的な性格を帯びている。何故なら、保健福祉部が2013年1月から、昼・夜間保護サービスに関する特別な増額ルールを創設したからである。

　増額ルールは2種類ある。一つは、後述の認知症専担室における昼・夜間保護サービスを頻回利用する場合であり、1か月当たり15日以上（1日8時間以上）利用した場合には、等級別の介護報酬限度額の70％の追加算定が行われる。認知症専担室は、職員配置が厳しい割に介護報酬が高くないのであまり普及しなかったようだが、2021年1月から等級別の介護報酬限度額の50％増額に変更された。

　もう一つのルールは、制度開始時から存続する一般の昼・夜間保護サービスを頻回利用する場合であり、1か月当たり20日以上（1日8時間以上）利用する場合に、各等級で規定された介護報酬限度額を50％増額とするというルールである（保健福祉部［2019］）。

　なお、この特別ルールは、2021年１月から各等級で規定された介護報酬限度額の20％増額に変更された。変更の理由は、今後もこのサービスの囲い込みによる寡占化が進行する可能性が高いと判断され、それを防止するためである。

　こうした２種類の特別ルール導入の背景には、昼・夜間保護サービスをさらに活性化させるという動機があり、その増額分が昼・夜間保護サービスの利用に限定されないことから、複数の在宅サービスを利用する動機を強化するためであった。増額分は、訪問看護や前述の家族療養保護費のサービスに充当される場合が多い。

　この新ルールが強力なインセンティブとなり、昼・夜間保護サービス提供事業者による20日間（ないしは15日間）の囲い込みが発生した。そもそも、利用者本人である要介護高齢者や認知症高齢者が、同サービスを連日８時間以上利用したいというニーズがあるのかが疑問である。要するに、平日に毎日通って、その場所で８時間以上過ごすということだ。

　この50％増額ルールが20％増額ルールに変更されたのは、高齢者が希望していない過剰なサービスが要介護高齢者に強制的に提供されているのではないかという批判への懸念であった。

　昼・夜間保護サービスは、短期保護サービスと同様、高齢者自身と介護者家族の間でケアニーズが最も先鋭的に対立するサービスなので、本来は日本のように、ケアマネジャーが双方のケアニーズを調整するケアマネジメントが必要不可欠となる。韓国では、こうした場面でケアマネジメントを行うケアマネジャーが制度化されていないので、昼・夜間保護サービス事業者が高齢者に過剰なサービスを提供する実態を防ぐことができなかった。この点が大きな課題となる。

　昼・夜間保護サービスは、韓国において、介護保険制度が導入されるまでほとんど存在しなかった（鳥羽ほか［2019］p.254）。そのため、昼・夜間保護サービスの認知度は今でも低いし、一度利用してもらった要介護高齢者を離すことなく、このサービスに結び付けておきたいという動

機がサービス提供事業者には強く存在している。おまけに、20％増額ルールが存在するので、長期にわたる日数を利用してもらうための説得的な誘いをしようとするのである。

　日帰りで介護を必要とする高齢者を専門機関に預けるという習慣がないなかで、療養保険創設とともに、日本のデイサービスのように６時間から７時間程度利用するという段階の時期を経ずして、朝から夜まで10時間から12時間預けるというサービスの利用の仕方を保健福祉部は制度化した。こうした発想は、前述の「高齢者モデル」ではなく「介護者家族モデル」に基づいていると言わざるをえない。

（２）サービス供給事業者の過剰化問題

　在宅サービスのうち最も利用ニーズが高いのは、前述したように訪問療養サービスである。保健福祉部は、長期療養保険制度をスタートさせる前に、様々な名称で呼ばれ、養成方法も異なっていたホームヘルプ従事者を「療養保護士」として一本化した。そのため、療養保護士の資格を得るために研修を受けなければならなかった（西下［2008］p.24）。また、大量の療養保護士を養成するために、療養保護士養成機関が数多く設けられ、その結果として、療養保護士を派遣する事業所（センター）も数多く開業した。

　療養保険制度がスタートした後、特にソウル市のような大都市部で、「療養保護士養成機関過剰開設問題」、「療養保護士派遣事業所過剰開設問題」、「療養保護士の過剰供給問題」という三つの過剰問題が噴出した。このうち、過剰に供給される療養保護士については、質を高めるために2010年より国家試験が導入されている。

　この国家試験は、年３回、最近は年４回実施されており、筆記試験が35問、実技試験が45問出題されている。合格基準点は、両分野それぞれで60点と設定されているが、試験問題が平易なためか合格率が90％前後と高すぎるため、療養保護士の質を高めるという戦略が成功していると

は言い難い。なお、訪問療養事業所については、開設条件を2010年より厳しくしており、質を高めるための対応策が講じられている。

　韓国では、介護サービスを利用することのできる要介護認定を受けた高齢者が、日本に比べて著しく少なくなっている。韓国では、2020年の認定者数は857,984人であり、同時期の高齢者人口は8,480,208人であった（認定率は10.1％）。それに対し日本では、2020年の認定者数は6,901,043人であり、同時期の高齢者人口は3,617万人であった（認定率は19.1％）。

　韓国は日本の半分強の認定率にすぎない。認定率の低い韓国では、ニーズ（需要）の量に比較して、制度開始当時の基盤整備不足から条件を緩和したために、結果としてサービス供給主体が過剰な数となった。そのため、制度開始以来、過当競争が継続している。

　過当競争は、いわゆるモラル・ハザードを招く元凶であり、在宅サービスの現場では、訪問療養事業所間の競争が激しくなり、利用者の取り合いとなっている。

　自分の事業所を利用すれば自己負担分の15％を無料にする、療養保護士に農作業など無関係な仕事を手伝わせる、おまけとしてテレビをプレゼントするなどと口コミで伝え、不正行為によって利用者を獲得して囲い込むといった、かなり深刻な事態が確認された。もちろん、長期療養保険法において罰則規定があり、保険者である公団のサイトに介護保険にまつわる様々な不正を通報する仕組みがあるわけだが、問題解決の兆しは確認できないと言える。

　一方、過疎地域の長興郡を調査した洪シネによれば、療養保護士が不足しているため、同居者のいる世帯や要介護度が重度の世帯への介護を敬遠しがちであるが、派遣事業者は療養保護士を注意できないという現実がある。強く注意すれば、担当している利用者全員を連れて他の事業者に移ってしまうという（洪［2021］p.22）。

8 サービス提供主体の特異性

（1）個人化するサービス提供事業者

　韓国の介護保険の特徴は、高齢化率が低く基盤整備が進んでないなかで2008年に開始された点にある。2008年当時の高齢化率は10.3％であり、日本の創設時（2000年度）の高齢化率は17.3％であった（金明中［2019a］p.6）。そのため政府は、訪問療養サービスや昼・夜間保護サービスなどについて、在宅サービス提供事業者の設置基準を低く設定し、参入しやすくした。何故なら、当時まだ進んでいなかった基盤整備を促進するための措置として必要だったからである。

　その結果、韓国の介護保険では個人が設置し、経営することが可能な制度設計にせざるをえなかった。日本の介護保険制度では、個人で事業所を開設することができないことからすれば、サービス提供事業者の質の担保という点で制度開始時点で大きな相違があったわけで、2022年現在でもこうした構造的な特徴は変化していない。

　表2－9は、2020年におけるサービスの種提別サービス提供主体の分布を示したものである。在宅サービスについては、訪問介護、訪問入浴、訪問看護、福祉用具の各サービスについて、「個人」経営が80％以上を占めており、大多数に上っていることが分かる。昼・夜間保護サービス、短期保護についても、やや比率は下がるが、個人経営が70％以上を占めている。

　他方、施設サービスは、在宅サービスと事情が少し異なっている。すなわち、老人療養院という介護施設では、「法人」経営の割合が機関数では30％を超え、定員数では45％弱となるものの、「個人」が半数を超えており、最も多い形態となっている。一方、小規模介護施設である老人療養共同生活家庭は、様々な在宅サービスよりも「個人」経営が多く、機関数も定員も90％を超えている。

表2－9　2020年におけるサービスの種類別サービス提供主体の分布

単位：％，（　）内実数

区分			自治体	法人	個人	その他	合計
計		機関数	0.9 (244)	15.3 (3,896)	83.3 (21,158)	0.3 (86)	100.0 (25,384)
		定員	3.2 (11,326)	32.0 (112,569)	64.4 (226,442)	0.2 (996)	100.0 (351,333)
在宅サービス	計	機関数	0.6 (131)	12.9 (2,532)	86.0 (16,886)	0.3 (72)	100.0 (19,621)
		定員	2.0 (2,984)	21.2 (31,026)	76.3 (111,514)	0.4 (632)	100.0 (146,136)
	訪問介護	機関数	0.1 (24)	11.1 (1,717)	88.3 (13,619)	0.4 (52)	100.0 (15,412)
	訪問入浴	機関数	0.1 (17)	10.7 (1,197)	88.7 (9,837)	0.3 (35)	100.0 (11,086)
	訪問看護	機関数	0.3 (3)	15.5 (120)	83.9 (650)	0.1 (1)	100.0 (774)
	昼・夜間保護	機関数	2.6 (120)	22.5 (1,036)	74.4 (3,413)	0.3 (18)	100.0 (4,587)
		定員	1.9 (2,855)	21.2 (30,801)	76.3 (110,534)	0.4 (632)	100.0 (144,822)
	短期保護	機関数	2.7 (4)	25.0 (37)	72.2 (107)	—	100.0 (148)
		定員	8.2 (109)	17.1 (225)	74.5 (980)	—	100.0 (1,314)
	福祉用具	機関数	—	13.3 (260)	86.0 (1,671)	0.5 (10)	100.0 (1,941)
施設サービス	計	機関数	1.9 (113)	23.6 (1,364)	74.1 (4,272)	0.2 (14)	100.0 (5,763)
		定員	4.0 (8,362)	39.7 (81,543)	56.0 (114,928)	0.1 (364)	100.0 (205,197)
	老人療養院	機関数	2.7 (107)	31.1 (1,201)	65.8 (2,534)	0.1 (8)	100.0 (3,850)
		定員	4.4 (8,309)	42.5 (80,125)	52.8 (99,558)	0.1 (310)	100.0 (188,302)
	老人療養	機関数	0.3 (6)	8.5 (163)	90.8 (1,738)	0.3 (6)	100.0 (1,913)
	共同生活家庭	定員	0.3 (53)	8.3 (1,418)	90.9 (15,370)	0.3 (54)	100.0 (16,895)

（出典）国民健康保険公団［2021］，老人長期療養保険統計年鑑［2020］，pp.744～745を筆者改変。

　こうした個人化する介護サービスの提供システムは、韓国の介護体制の大きな特徴の一つである。しかし、個人化したサービス経営は不安定な経営になりやすく、廃業のリスクも高い。提供するサービスの質の維持も、後述するように困難を極めている。国民健康保険公団による定期評価でも、「個人」は「自治体」や「法人」経営に比べて、評価の平均点が顕著に低くなっている。

　日本の介護保険におけるサービス提供事業者については、韓国のような事業者の区分によるデータは存在しない。厚労省の「2021年介護サービス施設・事業所調査結果」によれば、2020年10月現在、訪問介護も通所介護も「営利法人」（会社）が最も多く、訪問介護は69.8％、通所介護は51.8％を占めている。

　2番目に多いのは「社会福祉法人」であり、訪問介護は15.7％、通所介護は36.3％であった。短期入所生活介護（ショートステイ・サービス）の場合はこれらと逆で、社会福祉法人が84.7％、営利法人が10.1％であった。

　施設サービスに関しては、介護老人福祉施設は「社会福祉法人」が圧倒的に多く、95.4％を占めている。一方、介護老人保健施設では「医療法人」が最も多く75.1％、社会福祉法人が15.7％であった。そして、介護医療院では、医療法人が圧倒的に多く90.4％であった（厚生労働省［2022a］）。

　いずれにせよ、在宅サービスも施設サービスも、個人経営が介護保険法上認められていないので存在しない。

　韓国でのこうした個人経営が多数を占める状況は、療養保険にとって大きなリスクを抱えることを意味する。現在、サービスの種類ごとに人件費比率が設定されているが、特に訪問療養サービスの人件費比率が高く設定されたことから、訪問療養サービスセンター（事業所）が廃業に追い込まれるケースが後を絶たない。

　訪問療養サービスだけ人件費支出比率が著しく高く、86.4％と決めら

れている。訪問看護サービスで59.0％、短期保護サービスは58.3％、訪問入浴サービスは49.1％、昼・夜間保護は48.0％と、同比率が60％未満となっている。施設サービスでは、老人療養院が60.2％、老人療養共同生活家庭が64.7％と60％台となっており、対照的である。

　最も一般的な訪問療養サービスに関しては、事業継続のための利益も得にくく不安定な経営にならざるをえないし、廃業リスクも「高い」と言わざるをえない（高橋［2021］p.74）。

（2）社会サービス院の可能性

　文在寅政権（2017年〜2022年）が公約で示した63,000人の雇用創出の一環として、2019年にソウル市を含めた四つの広域自治体で「社会サービス院」が開始された。各自治体がもつ福祉財団に社会サービス院の運営を委託する形で始まったが、果たして、こうした委託方式で雇用創出が可能となるのかと疑問が残る。

　社会サービスの対象は、高齢者福祉だけではなく児童福祉、障がい者福祉、多文化家族福祉など多様である。民間の福祉従事者を準公務員として雇用することで社会サービス全体の質を高めるというのが目標であるが、社会サービス院の運営方針は地方自治体ごとに異なるので、新しい地域格差が生じる可能性が残されている（高橋［2021］p.74）。

　2022年までに25の自治体で社会サービス院が造られると言われているが、そして2021年2月現在、ソウル特別市を含む11の広域自治体で設立・運営されているが（洪［2021］p.14）、こうした社会サービス院が徐々に誕生したとしても韓国の243自治体の全てをカバーするものではない。それを踏まえれば、先述した個人経営が圧倒的多数を占める在宅介護諸サービスの質が低下するという構造的な問題が、短期的に、そして全国的に解消される見込みは低い。

⑨ 介護人材と長期継続奨励金

（1）療養保護士

　在宅介護サービスも施設介護サービスもサービスを提供する主要な人材は、老人長期療養保険制度の創設に合わせて養成された「療養保護士」という専門職である。新しい療養保険制度が始まるまで韓国には、「家庭奉仕員」、「看病人」、「看病助っ人」、「看護助務士」、「ケア福祉士」などといった名称の資格が林立し、混沌としていた（西下［2008］p.24）。

　その後、2008年に「療養保護士1級」と「同2級」が創設された。1級は、保有する国家資格の有無によって「理論」、「実技」、「実習」の研修時間が決められており（合計240時間）、2級は研修時間が半分となっている。

　さらに、2010年になって、療養保護士の専門性を高めるため1級と2級の区分は廃止され、国会議員の提案がきっかけで国家試験合格が必須となった。ところが、合格率が極めて高いために「専門性の担保」という当初の目的が果たせていないといった構造的な問題が存在する。おそらく、療養保護士の労働条件が悪く、離職者が多いために、必要な数の新規スタッフを確保するための方策として、易しい問題が国家試験で出題され続けているのではないかと思われる。

（2）長期継続奨励金

　高齢化が進行する先進諸国において介護人材不足は、共通の深刻な政策課題となっている。韓国も例外ではない。元々、介護職である療養保護士を高校、短期大学、大学といった学校教育のカリキュラムで養成する制度がないために、若い療養保護士を学校で養成することができない。社会福祉士の養成は大学教育などで行われているので、必要な科目を履修して卒業すれば社会福祉士2級が取得できる。

　社会福祉士は、若い人材育成が制度的に可能である。しかし、特に若い世代の療養保護士の人材育成は困難であり、一旦就職したとしても、低賃金、重労働であり、職業に対する社会的評価も低いことから離職する割合が高くなっている。その結果、療養保護士の中高年化が著しく進行している。

　そのような背景のなか、政府は2017年11月に「長期継続奨励金」の制度を創設した。3年以上の長期にわたり、同一の事業所において長期療養サービスの仕事に継続して従事すれば、毎月奨励金が支給されるという制度が誕生した。

　保健福祉部の「長期療養給付提供基準及び給付費用算定方法等に関する告示」第11条によれば、具体的には、老人療養院、老人療養共同生活家庭、昼・夜間保護サービス、短期保護サービスに従事する療養保護士、社会福祉士、看護師、理学療法士・作業療養士の場合は、1か月に120時間以上継続して勤務した期間が3年以上5年未満であれば6万ウォン、同5年以上7年未満であれば8万ウォン、同8年以上であれば10万ウォンが毎月支給される。

　一方、訪問療養、訪問入浴、訪問看護の各サービスに従事する療養保護士、看護師、歯科衛生士の場合は、1か月に60時間以上継続して勤務した期間が3年以上5年未満であれば6万ウォン、同5年以上7年未満であれば8万ウォン、同8年以上であれば10万ウォンが毎月支給される。なお、この奨励金の基準は2019年1月に変更されたものである（保健福祉部［2019］）。

　長期継続奨励金制度が、果たして介護人材の離職の歯止めになるかどうかは、今後の状況を見極める必要がある。効果が薄く離職が進むようであれば、奨励金の金額や長期継続の期間については再検討が必要になろう。例えば、12年以上12万ウォン、あるいは14万ウォンという新たなインセンティブのカテゴリーが必要になるかもしれない。

　韓国においても、20代、30代の介護職員は少ない。若い介護職員が長

コラム
3

国による人員配置の違い

　日本は、4：1の配置基準を目指すことになったようだ。2021年12月に開催された「第7回規制改革推進会議」の医療・介護 WG において、AI などのデジタルテクノロジーや介護補助者の活用などにより、現行の人員配置基準より少ない4：1が提案された。厚生労働省は、2022年度上半期から介護施設での効果実証研究を行う予定である。本文で言及した老施協の推計では、4：1の配置基準になれば、夜勤回数が一人1か月当たり9.3回となる。現状の2倍以上の夜勤回数となる。

　お隣の韓国では、これまで2.5：1の配置基準であったが、2022年から2.3：1に変更し、さらに2025年に2.1：1にまで変更する計画である（保健福祉部［2022］）。台湾に関しては、現行では日中は5：1の配置基準であり、夜間は8：1の基準である（郭安君［2021］p.83）。

　北欧スウェーデンに関しては、介護施設の職員配置の基準が法律で定められていない。基準がないことは、望ましい職員配置につながる場合もあるが、逆に人件費を減らすことに直結する場合もある。

　スウェーデンの場合、特に都市部の自治体では民間会社に3年から6年という期間で運営を委託する場合が多く、競争のなかで委託を勝ち取るために、あえて人件費を運営計画のなかで減らす場合もある。介護放棄という虐待を招きやすい入札方式であり、この方法で委託先を1社に決める現在の選考システムは改善すべきである。

　ちなみに、当該基礎自治体（コミューン）も入札に参加しているので、人件費の少ない計画書を出すことになる。基礎自治体の議会与党が保守ブロックの場合、こうした民間委託方式が多く採用される傾向にある。詳しくは、西下［2012］（第4章）を参照されたい。

期継続奨励金の獲得を動機付けにして就職するようになるかどうか見守っていく必要があろう。

（3）日本の賃金改善の動き

　日本においても、介護保険制度のなかで処遇改善のための加算が行われてきた。2012年に介護職員処遇改善加算が、2019年には特定処遇改善

加算がそれぞれ創設されている。後者の加算は、勤続10年以上の介護福祉士を対象に月額８万円以上、もしくは年収440万円まで賃金をアップさせることが主たる目的であったが、加算対象は事業所の裁量で柔軟に広げることが認められたので、ピンポイントでの特定処遇改善とはならなかった。

　2021年10月に発足した岸田政権下において、介護職員の賃金の３％（約9,000円）アップが特別会計で認められ、2022年２月から９月まで、定められた条件を満たす事業所が介護職員処遇改善支援補助金を請求できることとなった。なお、10月以降は臨時改定により、介護報酬として加算される予定である（厚生労働省［2022b］）。

　介護保険制度のなかでの加算設定および国費を投入して、介護職員の賃金を徐々に、そして継続的に改善していくことは重要な政策であるが、介護人材不足や介護職の離職は賃金だけの問題ではない。忘れてはならない大きな要因として、「夜勤回数の多さ」と、それに関連する介護という職業に対するイメージがある。

　全国老人福祉施設協議会によれば、従来型特養で夜勤可能職員が全体の６割だったとして夜勤の回数を計算すると、人員配置基準を全国平均の2.12：１の場合、１人当たり１か月に4.4回となる。本来の人員配置基準である３：１の場合、夜勤が5.3回になる。介護の現場では、３：１ではシフトが組めないため職員を増やしており、全国平均で2.12：１となっている（全国老人福祉施設協議会［2022］pp.3〜6）。

　なお、大手の介護事業者の提案に基づき、日本が今後目指すことになる人員配置基準は４：１である。同協議会の推計によれば、夜勤の回数は増加する。人員配置に関する動きと他国の基準については、前ページの**コラム３**を参照していただきたい。

第3章

韓国における在宅サービスとケアマネジメント

1) ケアマネジメントの実際

　ケアマネジャーという専門職が設置されないなか、韓国ではどのように一人ひとりのケアマネジメントが展開されているのであろうか。

　表3-1は、在宅サービスを希望する2等級の判定を受けた男性高齢者（75歳）に関する「標準長期療養利用計画書」（以下、利用計画書と略）の資料である。この利用計画書を、保険者である国民健康保険公団がサービス申請者の住所に郵送する。

　同表の上部には、利用計画書の役割に関しての注意書きが以下のように記載されている。

　「本計画書は推奨事項であり、本人（家族）の希望により、自律的に長期療養機関と協議し、適切な長期療養サービスが利用できるように手助けするための案内書である」

　この断り書きのうち、「推奨」、「協議」、「手助け」、「案内書」という表記から容易に判断できるように、この利用計画書は、そもそも日本のケアプランに示されるような実質的機能を果たすことは前提とされていない。老人長期療養保険制度の唯一の保険者である国民健康保険公団が理事長名で発行する「標準長期療養利用計画書」は、あくまでも参考資

表 3 - 1　標準長期療養利用計画書

長期療養認定管理番号：＊＊＊＊＊

> 本計画書は推奨事項であり、本人（家族）の希望により、自律的に長期療養機関と協議し、適切な長期療養サービスが利用できるように手助けをするための案内書である。

氏　　　　　名	＊＊＊＊＊	住民登録番号	＊＊＊＊＊－＊＊＊＊＊
長期療養等級	2等級	発　給　日	2010－＊＊－＊＊
在宅給付（月限度額）	1月当たり　971,200ウォン	在宅給付	15%
施設給付 老人療養院	1日当たり　34,980ウォン		
施設給付 老人専門療養施設	1日当たり　45,290ウォン	施設給付	20%
施設給付 老人療養共同生活家庭	1日当たり　45,290ウォン		

長期療養の必要領域および主な機能の状態	長期療養の目標
・**身体機能、リハビリのニーズ、社会生活機能**：2007年以降、手と腕の震えがひどく歩きにくくなり「脳梗塞」、「パーキンソン病」と診断された。2009年秋以降、状態がどんどん悪化し、今はほとんどベッドに寝ている状態である。性格も乱暴になり物を投げたりすることで「認知症」と診断された。着替え、洗面、歯磨きなどに介助が必要。体位変換、起きて座ること、部屋の外に出る時などに介助が必要。家事や金銭管理、買い物などに常に手助けが必要、身だしなみは全て介助を必要とする。 ・**認知機能、行動の変化**：短期記憶障害、長期記憶障害、指示の理解ができない。状況の判断力が低下し、計算能力も落ちている。妄想、幻覚を見たり、理由もなく怒り出すので介護者が非常に疲労している。物を隠すこともある。	・機能状態悪化の防止と合併症予防 ・ベッドからの転倒防止 ・家族介護負担の軽減 ・認知障害に対する適切な対処方法の学習 ・行動の変化に適切な対処をすること
長期療養の必要な内容	・洗面介助、口腔管理、体の清潔、洗髪、着替えの介助、入浴介助、排泄介助、体位変換、移動の介助、トイレの利用、立ち上がりの介助、運動および日常生活訓練補助 ・炊事、掃除および身の周りの整理・整頓、洗濯 ・外出時の同行
受給者の希望サービス	訪問療養
注意事項	・高血圧の管理が必要である。 ・下記のサービス計画は在宅サービスを利用する場合を考慮し作成したものであり、参照されたい。

標準長期療養利用計画および費用（調整可能）			
給付の種類	回数	長期療養給付費用	本人負担金
訪問療養	週5回（240分）	790,000ウォン	118,500ウォン
合計		790,000ウォン	118,500ウォン
福祉用具			

☎ ＊＊＊＊－＊＊＊＊　　　　　　○○支社　　　　　　　担当者：○○○
国民健康保険公団理事長

（出典）西下彰俊［2011］p.182。

料でしかないのだ。つまり、強制力のある利用計画書でないことは明らかである。

　ケアマネジメント研究の第一人者である白澤政和（大阪市立大学名誉教授、国際医療福祉大学大学院教授）は、標準長期療養利用計画書が限定的な機能しか有しないこうした状況を捉えて「ケアマネジメントもどき」という刺激的な評価を下している（白澤［2019］p.175）。

　また、金 貞 任（39ページ参照）は、標準長期療養利用計画書に関して次のように述べている。

「健康保険公団の職員が、要介護高齢者と相談せず一方的に標準ケアプランを作成し送付している。そのため、要介護高齢者はサービスを提供する機関と直接連絡を取っており、サービス提供機関は陰に陽にその機関のサービスを含むケアプランを新たに作成して要介護高齢者に提示する場合が少なくない。要介護高齢者は、介護に関する情報の非対称によってその機関が提示するサービスを利用し、公団職員が作成する標準ケアプランが無視されているという問題が指摘されている」（金貞任［2009］p.75）

　ケアプランの段階に至る前に、国民健康保険公団は、まず療養保険のサービスを申請した高齢者に訪問調査を実施する。訪問調査では、等級判定および利用計画書を作成するのに必要とされる90項目を調査する。その後、等級判定委員会が判定した等級の給付限度額以内で、利用希望者本人の希望する給付に基づき、サービスの回数を設定する。あわせて、長期療養の必要領域および主な機能の領域、長期療養の目標、長期療養の必要な内容、注意事項を明記し、利用計画書を完成させる。

　等級判定が行われた後に健康保険公団の訪問調査員が申請者を再度訪問することはないので、日本で制度化されているケアマネジャーによる個別ケアマネジメント支援という役割は、そもそも公団職員に期待されていない。当然の帰結として、利用計画書は参考資料に留まるのであり、拘束力はないということになる。

　金は、公団職員が作成する標準ケアプランが無視されているという問題があると指摘しているが、元々性格上参考資料なので参考に留まるものでしかない。

　とはいうものの、同利用計画書には多くの重要な情報が含まれているので、一定の範囲ではあるものの重要な参考資料になる。例えば、訪問調査で明らかになった申請者の身体や精神の状態像は詳しく記述されている。その意味で、長期療養の必要領域や主な機能領域および長期療養の必要な内容は無視することはできない。当然のことながら、受給者（申請者）の希望給付も必要不可欠な情報となるので、無視することはできない。

　おそらく、利用計画書の情報で本当に参考程度にされるのは、給付の種類と回数であろう。「長期療養認定調査票の１．一般事項の⑧」（241ページ参照）で希望するサービスを複数チェックできるようになっているが（西下［2009］pp.1〜14、林春植ほか［2010］p.229）、在宅サービスとして提供しうる６種類のサービスを申請者が申請前に熟知しているとは到底考えられない。実際に等級判定の結果を受けた後に、在宅サービス事業者にコンタクトを取るなかで、どのようなサービスがどの程度の自己負担額で受けられるかについて情報を得る場合が多いと思われる。つまり、利用計画書に示された在宅サービスの種類以上のサービスが、実際に利用される可能性が高い。

2）標準長期療養利用計画書とサービス提供計画書

　前述の２等級の判定を受けた男性高齢者の事例に基づき、利用計画書とサービス提供計画書の関係性を考察する。

　表3−2は、訪問療養（訪問介護）サービスを提供している事業所（センター）が当時独自に作成したサービス計画書である。同表では、問題領域が「身体機能」、「認知機能」、「行動変化」に区分されており、それ

表3-2 長期療養サービス提供計画書

長期療養認定管理番号	*****	氏名	*****	住民登録番号	*****	電話番号	*****
長期療養等級	2等級	月限度額	971,200ウォン/月	住所			*****
認定有効期間	2010年4月8日~2011年4月30日		作成日	2010年4月8日	担当者		*****
総合計画	身体機能については現在の機能状態を保持するため、歩行訓練と外部散策をサポートし、認知能力を向上させるために、福祉館への外出を支援する。行動の変化に適切に対処できるように、他人との交流をサポートし、憂鬱な感情と不安感を減少させることにより、安楽な老後生活を支援する。						

問題領域	目標				提供サービス				
	長期目標	期間	短期目標	期間	種類	内容	提供期間	周期	時間
身体機能	現在の機能保持	2010.4/8 ~ 2011.10/30	歩行訓練、外部散策	2010.4/8 ~ 2010.10/8	訪問療養	訪問療養	2010.4/8 ~ 2011.4/30	週4回 (月、金、土、日)	月、金、土:240分 日:480分
認知機能	認知機能向上		福祉館への外出						
行動変化	適切な対処		他人との交流サポート						

長期療養給付の費用

給付種類	給付の点数	サービス回数	長期療養給付費用	本人負担額
訪問療養	39,500	12	474,000	71,100
訪問療養	39,500×1.3×2回	3	308,100	46,215
合計			782,000	117,310

ぞれに「長期目標」と「短期目標」が設定されている。短期目標はより具体的であり、身体機能については「歩行訓練」と「外部散策」を行うこと、認知機能については「福祉館への外出を積極的に勧める」こと、行動変化については「他人との交流をサポートする」ことが目標として設定されている。

　この男性は、同表の下欄にある長期療養給付の費用が示すように、訪問療養サービスを利用しているが、何故か２種類に分けられている。２種類に分けられた理由は、同表からは不明である。その疑問は、**表３－３**を確認することで氷解する。

　同表は、**表３－２**において示されたサービスが実際に提供される具体的な日時を示した資料である。すなわち、４月８日（架空の月日である。以下同様）から訪問療養サービスを利用し始めたこの男性は、平日だけでなく日曜日も利用していることが分かる。

　このことに関して、当該男性の介護者である配偶者にインタビューした結果、「毎週日曜日は仏教施設にお参りに行きたいので、８時間以上連続して訪問療養サービスを利用している」とのことであった。

　加えて、夫の認知症に由来する問題行動によって老夫婦二人暮らしをしている妻は、激しくストレスを蓄積し、介護による疲労が激しい。妻自身のリフレッシュのためという目的およびニーズも含めて、日曜日にはお参りをするとのことである。

　日曜日であるから深夜帯と同様に30％が加算される。そのため、同表下部には、給付の点数が「39,500×1.3×2」と別に記載されている（４時間のサービスを連続して２回利用している計算になるので「×2」と表記されている）。

　家族介護者である配偶者が毎週日曜日に仏教施設にお参りに行きたいという介護者ニーズは、公団による訪問調査では全く得られることのない情報である。訪問療養事業所が等級判定を受けた利用者およびその家族と面談するなかで、初めてこうした介護者ニーズが把握され、長期療

表3－3　サービス日程表

長期療養認定管理番号	*****	氏　　名	*****
長期療養担当者	*****	作成日時	2010年4月8日

日	月	火	水	木	金	土
				1	2	3
4	5	6	7	8 14:00-18:00	9 14:00-18:00	10 09:30-18:00
11 09:30-18:00	12 09:00-13:00	13	14	15	16 14:00-18:00	17 09:30-18:00
18 09:30-18:00	19 09:00-13:00	20	21	22	23 14:00-18:00	24 09:30-18:00
25 09:30-18:00	26 09:00-13:00	27	28	29	30 14:00-18:00	

■サービス提供の現況

サービス 提供者名	電話番号	担当	給付内容	回数	サービス 提供日
*****	*****	*****	訪問療養	週4回	*****

■長期療養給付費用

給付報酬	サービス回数	長期療養給付費用	本人負担額（15%）
39,500	12	474,000	71,100
39,500×1.3×2回	3	308,100	46,215
合計	15	782,000	117,310

（注）架空の年月日である。

養サービス提供計画書が作成されるわけである。この計画書の作成が極めて重要である。日本の介護保険制度のケアプランに相当するものとして、韓国においては、訪問療養事業所が作成する長期療養サービス提供計画書およびサービス日程表が不可欠であると言える。

　上記の男性の場合は、訪問療養サービスだけを利用するシンプルなケースであった。訪問療養サービスを中心にしつつ、訪問入浴サービスや昼・夜間サービスを利用する場合が今後増えていくであろう。複数の種類の在宅サービスを利用する場合に関して、67ページの**表3-2**のような長期療養サービス提供計画書をどのサービス機関が作成するのか、利用者の判定等級のサービス限度額を超えないようにサービス利用料の上限管理をどのサービス機関がどのように行っているのかなど多くの課題が残る。

　おそらく、最初にコンタクトを取った事業者が、利用者のニーズを把握しながら、他の種類のサービス事業者と提供回数の調整を図ることになろう。しかし、場合によっては、利用者のニーズを無視して、自社のサービスで囲い込んで上限まで入れる事業者が存在するかもしれない。

③　新型標準長期療養利用計画書

　療養保険開始時から2017年末までは、64ページの**表3-1**のような書式であった。同計画書の中央部分は、「長期療養の必要領域および主な機能の状態（身体機能、リハビリのニーズ、社会生活機能、認知機能、意思疎通）」、「長期療養の目標」、「長期療養の必要な内容」という3要素の構成であった。この3要素については、公団職員が認定調査の結果を踏まえ、専門性と経験に基づく「主観的判断」により作成していたという（公団職員への聞き取り調査による）。

　その後、2018年1月に新型の標準長期療養利用計画書のフォーマットが作成され、中央部分は**表3-4**のような形式となった。

表3－4　新型の標準長期療養利用計画書（基幹部分）

長期療養問題	長期療養目標	長期療養必要領域	長期療養必要内容
個人衛生管理困難	清潔状態維持による自尊心向上	身体活動支援	着替え支援、洗顔支援、髭剃り支援、歯磨き支援、洗身支援、頭髪整容
食事困難	栄養摂取による健康維持		バランスの良い食事支援
移動困難	自力歩行可能		歩行練習などによる下肢筋力強化
落下危険	落下予防		危険防止及び安全管理による落下予防
トイレ利用困難	サポートによるトイレ使用可能		トイレ利用支援
排尿管理困難	自力排尿管理		排尿訓練（規則的な排尿の練習、排尿刺激、水分摂取管理等）
服薬困難	健康と身体機能維持		規則的な服薬支援
認知機能低下	認知機能訓練による残存能力維持及び開発	認知活動支援	認知刺激活動、反復訓練、共同訓練、認知訓練ツール（紙筆、手工芸、回想、感覚、日常生活活動）
家族などの支援体制不足	社会的孤立感減少、社会的支援体制準備	情緒的支援	情緒的支援、支援体制連携、非常時連絡網形成
日常生活遂行困難	日常生活遂行	日常生活支援	炊事、洗濯、掃除及び整理整頓、買い物
個人活動遂行困難	社会生活能力向上	個人活動支援	外出同行、病院同行、散歩同行（支援）
入浴困難	清潔状態維持による健康増進	訪問入浴	浴槽準備、入浴準備、入浴、後片付け、入浴前後健康状態確認
希望サービス	訪問療養　9:00-13:00、　訪問入浴　15:00-16:00		
留意事項	1. 本受給者は、手による支えがあれば歩行可能であり、下肢筋力の持続的強化と歩行訓練により歩行能力を向上させることが必要。 2. 認知力低下があるが、残存機能を活用して自力で遂行できるように支援することが必要。		

（出典）国民健康保険公団［2019］。

表3－5　新型サービス提供計画書

長期療養給与　提供計画書			長期療養機関名		○　○	
			長期療養機関番号		○　○	
			給与種類		訪問療養	
受給者の名前		○　○	生年月日	○　○	契約日	○
長期療養等級		4等級	長期療養認定有効期間	2019.02.2～2020.02.29	契約期間	○
標準長期療養利用計画書番号		○	給与適用期間	2019.02.2～2020.02.29	作成者	○
目標		・個人衛生及び環境管理補助を通じた日常生活維持・身体残存機能の維持及び増進・家族介護負担の軽減				
長期療養必要領域	長期療養細部目標	長期療養必要内容	細部提供内容	回数	時間（分）	作成者
身体活動支援	補助を受け個人衛生管理可能	着替え、見守りと指導	服着替え準備、衣服着替え指導	随時	20	○
		洗身サポート	ボディソープ使用と後片付け	週1回	30	○
		洗髪サポート	移動補助と洗髪、乾燥	週1回	20	○
		爪切り	爪切り及び管理	随時	10	○
		頭皮管理	整理、ケア	随時	10	○
	尿失禁管理を通じて清潔維持	排尿訓練（規則的排尿訓練、排尿刺激、水分摂取管理など）	規則的な排尿訓練と排尿サポート	随時	10	○
	規則的な服薬可能	正確な時間に服薬サポート	決まった時間に服薬を確認	1日1回	10	○
認知症管理支援	行動変化に対する安全な対処	危険要素を排除し受給者と介護者の安全管理サポート	受給者と介護者の安全管理サポート	随時	20	○
情緒支援	意思疎通能力の向上	意思疎通補助（発音練習、紙談など）	意思疎通補助（発音練習、紙談など）	随時	30	○

日常生活支援、環境管理	支援を通して日常生活遂行	炊事	食材準備、炊飯、料理、皿洗いなど	1 日 1 回	30	○
		洗濯	受給者の服、靴下、タオル、布団等洗濯	週 2 回	30	○
		部屋の掃除、整理	受給者の部屋、居間、トイレの掃除	1 日 1 回	30	○
		買い物	食料品、薬品、服などの生活必需品購入	随時	30	○
個人活動支援	個人活動と社会生活の維持	外出時同行	外出時（散策等）補助及び同行（車の利用含む）	随時	30	○
		病院同行	病院療養			○
地域資源提携	社会的サポートによる良質生活	地域社会の様々な資源提携	人物的支援など様々な地域社会の資源提携	随時	20	○
総合意見	一般的なサポートにより残存能力を活用し、自ら遂行できるようサービスを提供し、移動時、外出時、入浴時に補助する際、落下の危険があるので、予防管理が必要となる。					

（出典）A 訪問療養事業所。

　なお、この計画書は、2021年6月に「個人別長期療養利用計画書」と名称が変更された。新型の計画書は、①長期療養問題、②長期療養目標、③長期療養必要領域、④長期療養必要内容の4要素から構成されている。新しい様式では、長期療養上の困難な問題をすべてリストアップすることを通じて、目標やニーズを明確化し、それぞれの長期療養問題に対し、「長期療養目標」、「長期療養必要領域」、「長期療養の必要内容」を対応づけて明示することが可能になった。長期療養問題の設定が、認定調査票で得られた様々な情報から「より客観的に提示できている」というのが公団側の評価である。

　同表では、確かに従来の計画書に比べて、12種類の長期療養問題が明示されることによって、「長期療養目標」、「長期療養必要領域」、「長期

療養必要内容」の３要素との対応関係が明確になったと判断できる。なお、**表３−４**以外の上部および下部の表示方法に変更はない。

④　新型サービス提供計画書

　在宅サービス提供事業者は、公団が作成した新型の標準長期療養利用計画書の情報を踏まえて、長期療養サービス提供計画書を作成し、同計画に従ってサービスを提供しなければならない。具体的には、前掲した**表３−５**が示すように、「長期療養必要領域」、「長期療養細部目標」、「長期療養必要内容」、「細部提供内容」、「回数」、「時間（分）」が同計画書に明記される。

　同サービス提供計画書は４等級の認定を受け、訪問療養サービスを利用するケースの計画書である。なお、同計画書は、**表３−４**の利用計画書の対象者とは異なるものである。公団が発行した利用計画書の中身に対応させながら、サービス提供計画書が作成される。

　当該利用者の場合、個人衛生および環境管理補助を通じた日常生活維持・身体残存機能の維持および増進を図りつつ、家族介護負担を軽減することに目標を置く。長期療養必要領域として、身体活動支援、認知症管理支援、情緒支援、日常生活支援・環境管理、個人活動支援、地域資源連携の６領域を措定する。

　さらに、長期療養細部目標を８項目設定し、それぞれに対応した長期療養必要内容を16項目設定する。加えて、それらに対応したサービス頻度とケアの時間を設定するというきめの細かいサービス提供計画書を訪問療養サービス提供事業所が作成する。その後、利用者および家族の承認を経て、同計画書が公団に送付され公団の認証を受けて当該サービスが提供される。

　ところで、老人療養院に入所した場合の標準長期療養利用計画書および長期療養サービス提供計画書の関連性については、高橋明美（文京学

院大学准教授）の研究が詳しい。

　高橋の研究では、老人療養院が作成する長期療養サービス提供計画書に関する規定が老人長期療養保険法には存在しないこと、国民健康保険公団が3年に一度行う施設評価のマニュアルに掲載される評価指標が事実上のサービス提供計画書作成の指針になり、同計画書が作成されていることなどがエビデンスに基づいて詳しく分析されている（高橋［2020］pp.67〜78）。

5) 社会福祉士などによるモニタリング

（1）訪問療養サービスの場合

　2017年1月1日から保健福祉部は、訪問療養サービスの利用者が15名以上の場合、当該の訪問療養事業所は、社会福祉士、看護（助務）師、チーム長クラス療養保護士のうちから1名を配置することを義務化した（保健福祉部［2016］）。

　配置された社会福祉士などは、すべての訪問療養サービス利用者に対し、月に1回以上、訪問療養サービスが療養保護士により提供されている時間帯に利用者宅を定期的に訪問し、適切にサービスが提供されているか、サービスの利用回数や時間帯がサービス提供計画通りに実施されているか、サービスが利用者のニーズに合っているかなどのモニタリングを実施する。この規則は、保健福祉部の「長期療養給与提供基準および給与費用算定方法などに関する告示」の第57条に明記されている（保健福祉部［2018］）。

　この規定により、ケアの質を担保するための持続可能で効果的なモニタリングおよびケアマネジメントが可能となり、日本のケアマネジャーの役割を一部遂行することが可能になったと言える。しかし、他方では、サービスの利用者が14名以下の小規模な事業者の場合には社会福祉士な

どを配置することは難しい。したがって、結果として利用者の少ない訪
問療養事業所ではケアの質を担保するためのモニタリングおよびケアマ
ネジメントが確保できない。

（2） 昼・夜間保護サービスの場合

　昼・夜間保護サービスに関しては、利用者が10名以上の場合、サービ
ス提供事業者は社会福祉士などを１名配置することが義務付けられてい
る。訪問療養サービス同様、利用者ごとに作成されたケアプラン通りに
適切にサービスが提供されているかどうか、サービスが利用者のニーズ
に合致しているかどうかなどについて、社会福祉士などがモニタリング
を行う。しかし、利用者が９名以下の場合は社会福祉士などを配置する
ことができないため、結果として、ケアの質を担保するためのモニタリ
ングおよびケアマネジメントが確保できないという問題が発生している。
　訪問療養サービスも昼・夜間保護サービスも個人による小規模経営が
多いなかで、むしろ小規模経営者によるサービス提供の全般的な質の担
保が急務であり、社会福祉士などによるモニタリングが不可欠である。
この点の是正を早急に図る必要がある。
　どちらのサービスについても、質の確保のためには、今後は利用者の
人数に関わらず、社会福祉士によるモニタリングが必要となる。

6） 韓国における社会福祉士の特性

　介護サービスの質の保証に関して、韓国の社会福祉士は極めて重要な
位置を占めている。韓国では、国が定めた大学などでの社会福祉士養成
のためのカリキュラムを履修し、単位を取得すれば、卒業と同時に社会
福祉士２級の資格が取得できる。加えて、国家試験に合格すれば、社会
福祉士１級の取得ができる。社会福祉士２級レベルの専門性が不十分で
あり、課題になっていることに関しては既に高橋明美が指摘していると

表 3 − 6　　社会福祉士資格証　年度別発給現況

単位：人数

	1　級		2　級		合　計	
	当該年	累計	当該年	累計	当該年	累計
2011	3,635	94,623	66,164	375,776	69,992	482,807
2016	9,528	133,205	65,508	717,782	75,198	864,269
2020	8,427	162,293	90,631	1,030,319	99,061	1,206,180
2021	16,356	178,649	76,871	1,107,190	93,233	1,299,413

（注）全体の合計には、3級累計13,574名を含む。
（出典）韓国社会福祉会、2022、2021社会福祉士統計年鑑、p.260付録表 − 2 を筆者一部
　　　　修正。
　　　　https://www.welfare.net/welfare/na/ntt/selectNttInfo.do?mi=1265&nttSn=429085

ころであり（高橋［2019］p.113）、筆者も同感である。

　日本の社会福祉士は、大学・短大・専門学校などの養成施設で国家試験受験資格を得るカリキュラムを履修し、単位取得（見込み）の条件のもと国家試験に合格しなければ社会福祉士を名乗ることはできない。

　韓国社会福祉士連盟の資料に基づいて作成した**表 3 − 6**によれば、2021年現在では、社会福祉士資格保有者総数の1,299,413名のうち、1級の資格取得者が13.7％（178,649名）、2級が85.2％（1,107,190名）、3級が1.0％（13,574名）という構成割合になっている。依然として社会福祉士1級の割合は低いが、2021年の新規資格取得者に関しては、同表が示すように前年の2倍近く増えており、2級に関しては1.4万人弱減少している（韓国社会福祉士連盟［2022］p.260）。

　現状では社会福祉士2級が85％と圧倒的多数となっており、今後、政府が2025年完成を目指して推進する地域社会統合ケア（コミュニティケア）や在宅サービスのモニタリングといった重要な役割を期待するなかで、専門性に関して不安のよぎる専門職養成となっている。

　もちろん、経験を積むなかでその専門性が高まる場合もあるが、経験の蓄積を待つだけではなく、1級の国家資格を取得することで基本給が

上がるといった社会的な仕掛けも必要であろう。

　また、管理職へのキャリアパスが短縮されることや重要な業務のリーダーになれるなど、具体的なインセンティブを強化することも必要不可欠である。実は、現状では就職時に社会福祉士1級であるか2級であるか問われることがなく、資格手当も設定されていない場合が多い。

　こうした課題が指摘できるなか、2021年に関しては社会福祉士1級の合格率が過去の2倍となる60％に達したことは特筆に値する。社会福祉士2級資格取得に関する最も早い対策としては、カリキュラムを見直すことであろう。現状では、社会福祉の対象者別の科目である高齢者福祉論、障害者福祉論、児童福祉論などが選択科目になっており、まずこれらの科目を必修科目にし、分野を問わず、就職後に専門性が発揮できるようにすべきである。

　残念ながら、2019年の改正においても、高齢者等対象者別の福祉論は選択科目のままである。大学で高齢者福祉論を履修しないまま社会福祉士2級を取得し、卒業後老人福祉館や社会福祉館などに就職するといったようなことが常に生じている。

　実は、日本のカリキュラムも同様の問題を抱えている点を指摘しておきたい。2021年度改正により、高齢者、障がい者、児童・家庭といった対象者別の福祉論の履修時間条件が60時間から30時間と半分に削減された。ソーシャルワーク全体の援助技術の能力と知識の習得がカリキュラムの軸になるのは当然であり、援助技術の習得のための演習時間を増やすと同時に、社会福祉の各対象者に関する深い理解も必要である。

7　統合在宅サービス創設によるケアマネジメント

　韓国では、老人長期療養保険の利用者の多くが慢性疾患をもっている（98％が一つ以上、85％が二つ以上）にもかかわらず、訪問看護の利用者は約2％と圧倒的に少ない。この状況を改善するために、訪問療養、

訪問看護、訪問入浴をひとまとめに利用できるサービス「長期療養統合在宅サービス」が2016年に考案された（株本［2017］p.15）。

　サービス提供機関ごとにサービスの利用申請を行わなければならない韓国の介護保険システムが足かせとなり、前述の各種サービス、特に訪問看護サービスの利用が抑制されてきたわけであるが、統合在宅サービスを提供する機関に利用申請すれば、1か所で3種のサービスの利用申し込みができるようになった。

　複数のサービスを希望する利用者に対して統合在宅サービスを提供する機関が行うべきことは、ケアプラン作成およびケアマネジメントである。同提供機関に所属する社会福祉士および看護師が「統合サービス管理者（仮称）」として、ケアプラン作成、ケース管理、地域社会資源との連携を担当することになる（株本［2017］p.15）。

　長期療養統合在宅サービスの創設が提案されてから長期間にわたってモデル事業が行われたが、2022年現在、まだ本格実施には至っていない。既に確認した通り、韓国のサービス提供事業者は「個人経営」が圧倒的に多い。利用者の数も少ないなかで零細な経営をしている場合が多いとすると、前提となる統合在宅サービスの提供事業者がそもそも少ないということになる。同事業者の基盤整備がある程度整うまで、統合在宅サービスの創設は難しいのかもしれない。

　このサービスは、訪問療養、訪問看護、訪問入浴、昼夜間保護などから構成される幾つかのサービスがパッケージとして提示され、利用される可能性が高い。昼・夜間保護を含むサービスパッケージと同サービスを含まないパッケージが用意されることを望むが、いずれにせよ、介護報酬の設定額、定額制の導入の有無や同サービスを展開する事業者の数、地域的広がりなどが成否のポイントになろう。

　新規の統合在宅サービスが普及すれば、昼・夜間保護サービス提供だけが肥大化するというこれまでのいびつな構造的問題が解消される可能性が高い。また、複数のサービスからニーズにあったサービスを選択す

るという形になるので、今まで以上にケアプランやケアマネジメントを専門的に行うケアマネジャー創設の機運が高まる可能性も高くなる。

　まだ本格実施前であるが、既に幾つかの懸念される課題がある。同サービスの発想のベースには、日本の「看護小規模多機能型居宅介護」（2012年新設）があるようだ。日本のこのサービスは、「訪問看護」、「訪問介護」、「デイサービス」、「ショートステイ・サービス」といった四つのサービスを、要介護度別に定められた介護報酬額の範囲内で、ケアプランに基づいて何度でも利用できるという定額制の、いわばサブスクリプション型（包括報酬型）のものである。

　日本では、要介護度ごとの定額制（サブスクリプション型）のサービスとして、ほかに「小規模多機能型居宅介護」（2006年新設）、「定期巡回・随時対応型訪問介護看護」（2012年新設）が存在している。このうち、看護小規模多機能型と小規模多機能型については利用定員が決められており、予め登録した者だけが利用でき、各サービスの１日における上限利用者数も決まっている。

　サービス事業者側からすれば、利益の予測が難しいため、小規模事業者の場合事業展開するのが難しいサービスであり、その結果としてなかなか全国的に普及していかないという構造的な課題がある。加えて、小規模多機能型サービスと看護小規模多機能型サービスを利用する場合、事業所専属のケアマネジャーがいるので、それまでに在宅サービスを利用していた場合にはケアマネジャーの変更を余儀なくされる。日本において定額制の複数機能型サービスは、大規模な法人や企業でしか展開できないし、結果的に地域格差を助長させることにつながる。

　例えば、厚生労働省が定期的に公表している「介護給付費等実態統計表」によれば（2021年４月審査分）、介護保険全体の利用者が444.9万人に及ぶなか、訪問介護が104.7万人、通所介護が114.0万人の利用者がいる一方、看護小規模多機能型居宅介護が1.6万人、小規模多機能型居宅介護が10.3万人、定期巡回・随時対応型訪問介護看護が3.3万人と著しく

利用者が少なくなっている。ここで指摘した構造的な課題が立ちはだかっていることが分かる。

　すでに確認したように、韓国では在宅サービスも施設サービスも圧倒的に個人経営が多い。統合在宅サービスのモデル事業に参加するサービス提供事業者も減ってきているので、サービスを創設しても事業者が都市部だけに偏在し、ニーズがあっても利用できないという状況が予想される。

　日本のサブスクリプション型定額制サービスをそのままの形で導入すれば、ここで指摘したような同様の問題点を抱え込むことになる。保健福祉部および保険者としての国民健康保険公団は、ここでの懸念をすべて払拭するようなタイプの、つまりサブスクリプション型ではない韓国型の統合在宅サービスを創設するべきである。

　別の課題として、統合在宅サービスを構成する在宅サービスの組み合わせという問題がある。訪問介護・訪問看護・訪問入浴がパッケージの基本のようであるが、これらに加えて、昼・夜間保護サービスを含むパッケージと同サービスを外したパッケージの2タイプがあるのが望ましい。手続きの煩雑さをなくし、ワンストップの窓口に集約するのが統合在宅サービスの大きな魅力であるが、要介護高齢者のなかには、特定の同じ場所に通い、集団のなかに入ることが苦手なケースもあるので、訪問系3サービスのみのパッケージも必要となろう。

　しかし、サービスの種類を拡げれば、個人零細経営者にはさらに参入できなくなる。韓国では個人経営者が圧倒的に多いわけであるが、自治体が経営する場合も法人が経営する場合もあるので、こうした規模の大きい事業者が統合在宅サービスに積極的に参入することを期待したい。あるいは、保険者である国民健康保険公団の地域本部が統合在宅サービス事業所を直営することも期待したい（実際に同公団は、老人療養院を直営している事例がある）。そうすれば、ケアマネジメントのより望ましい展開が期待できるからだ。

8) 第2次長期療養基本計画と韓国型ケアマネジメント

　保健福祉部は、第2次長期療養基本計画（2018年～2022年）のなかで韓国型ケアマネジメントを提案した。**図3－1**が新しい韓国型ケアマネジメントを示したもの（案）である。

　韓国型ケアマネジメント導入の目的は、等級判定および全プロセスの支援を行うことで早期の施設入所を防止し、地域社会居住を支援することであり、手続きとしては、国民健康保険公団の「ケア調整者（コーディネイター）」と在宅サービス提供機関の「ケース管理者」が連携して申請者のニーズに基づいた個別ケアプランを作成し、ケース管理を遂行することになる。

　同図から、公団の「ケア調整者」が在宅サービス利用希望者に相談して、包括的ケアマネジメントに基づいてケアプランを作成することが最も基本的なステップとなる（第2段階）。同ケアプランは、公団がこれまで発行してきた標準長期療養利用計画書をサービス利用者（および家

図3－1　長期療養ケアマネジメントシステム（案）

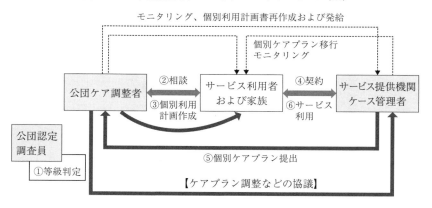

（出典）保険福祉部、2018、제2차 장기요양기본계획　第2次長期療養基本計画（2018_2022）、
　　　　pp.15-17https://www.korea.kr/archive/expDocView.do?docId=38113
　　　　장기요양 케어매니지먼트 체계(안) を筆者修正。

族）のニーズを忠実に反映させた計画書であり、サービス提供機関の
「ケース管理者」が作成する個別サービス計画の具体的なガイドライン
の機能を果たす。

　このケース管理者の個別サービス計画書を踏まえてサービスを希望す
る高齢者は、希望するサービスの提供事業者と契約する。と同時に事業
者は、同個別サービス計画を公団のケア調整者に送る。なお、要介護高
齢者家族が個別介護事業者と契約する前に、公団の「ケア調整者」と在
宅サービス提供機関の「ケース管理者」は、1 か月に 1 回以上「事例管
理会議」を開催し、介護サービスの調整を行うことになる。ここでは、
サービス希望者のニーズにマッチしたサービス提供回数になっているか
どうかなどの調整が行われる。

　しかし、この公団の「ケア調整者」とサービス提供機関の「ケース管
理者」が関わる 2 元型ケアマネジメントは非効率的であり、非現実的で
はないだろうか。というのも、まず公団のケア調整者が在宅サービスの
利用希望者に毎回相談をすることが可能だろうか、という懸念がある。
ニーズを確認するにしてもスマートフォンやタブレットが使えない場合
には電話相談となる。

　第 2 に、そうした相談過程が可能であるとしても、公団職員が個別ケ
アプランを作成し、それを前提にしてサービス提供事業者が個別サービ
ス提供計画書を作成するという分業には手間と時間がかかるので、スム
ーズなケアマネジメントが展開できるとは到底考えにくい。

　白澤（65ページ参照）によれば、同「事例管理会議」には、公団と事
業者だけではなく、洞市民センターの福祉公務員や社会福祉館・高齢者
福祉館の社会福祉士も参加し、地域のインフォーマルな社会資源の活用
も議論する包括的な多次元型ケアマネジメントを行うことが想定されて
いる（白澤 [2019] pp.178〜180）。

　そのような方向性で進むとして、確かに多職種連携に基づくケアマネ
ジメントは理想的であるが、ケアマネジャーによるケアマネジメントが

定着していない第1段階では、効果的なケアマネジメントが遂行できるとは考えにくい。

　そもそも、公団職員が今後担当する「ケア調整者」は、同じく白澤によれば、高齢者の健康・機能状態の理解、地域の保健福祉資源の把握や連携など、介護サービスを提供する中核的存在としての専門職となるべく養成されるという（白澤［2019］p.179）。

　2022年は第2次長期療養基本計画の完成年度であるものの、残念ながら、公団職員のケア調整者養成は進んでいない。それについて、具体的に考えてみよう。

　六つの地域本部の所轄の範囲で、1等級から認知支援等級までの認定を受けた要介護高齢者約86万人（2020年）のケアコーディネイトを公団の専門職職員が担当することになる。単年度で見て、1本部当たり300人の専門職員が養成されたとして、14万人を担当することになる。つまり、1人当たり約480人を受け持つことになる。

　ケア調整者は、担当する多くの利用者および家族と相談し、ニーズを把握したうえで、多様なサービス介護事業所のケース管理者および洞市民センター福祉公務員、社会福祉館・高齢者福祉館所属の社会福祉士と月に1回以上のケース管理会議を開催し、やっとサービスの提供が始まる。その後は、いわゆるPDCAサイクル（Plan［計画］、Do［実行］、Check［測定・評価］、Action［対策・改善］の仮説・検証型プロセスを循環させ、マネジメントの品質を高めようというプロセス）が個々の利用者ごとに展開される。

　社会福祉士や看護師の資格をもつ現状の公団職員数から判断して、上記専門職としてのケアコーディネーションが首尾よく遂行できるとは限らない。看護師や社会福祉士の資格をもつ公団職員の大幅増員が大前提となる。

　では、どうすればいいのだろうか。社会福祉館や老人福祉館の社会福祉士は低所得高齢者の事例管理に関して豊富な経験を有しているので、

こうした社会福祉士の、特に１級の資格を有する社会福祉士を活用して
ケアマネジメントを行うといった方法が検討に値する。

　公団は中長期的には、認知症安心センターや基礎自治体の単位である
邑^{ウブ}・面^{ミョン}・洞^{ドン}の各住民センターにケース管理を委託することも検討して
いるようである。公団は、スムーズな一元的なケアマネジメントが可能
なエージェントを数種類準備し、公団が利用者ごとに選定したケアマネ
ジメント担当者が全責任をもち、ケアプラン作成を含めてマネジメント
する方式を検討すべきであろう。

　要するに、現在提示されている新しい韓国型ケアマネジメント（**図３
－１**）は、上記の理由から、かけるコストに対して得られるパフォーマ
ンスが著しく低いと想定されるので再検討すべきである。すなわち、公
団の「ケア調整者」とサービス提供機関の「ケース管理者」が関わる２
元型ケアマネジメントという新しいシステムは、どれだけマンパワーを
養成できたとしても非効率的であり、持続可能な枠組みにはなりえない。
やはり、日本型のケアマネジメントのシステムを導入すべきであろう。
ただし、中立型ケアマネジャーを養成することも含めて、囲い込みのな
いケアマネジメントを模索することが肝要である。

　実は、第６章で論じるように、台湾の介護システムに関しても状況次
第で２元型ケアマネジメントが発生する場合もあり、韓国同様、非効率
なシステムとなっている。

9）介護の社会化とケアプラン作成の倫理性

（１）ケアマネジャーの業務

　日本の介護保険制度では、コンピュータによる第１次判定を踏まえ、
認定調査員の特記事項、主治医の意見書のいわゆる３点セットに基づい
て、市区町村が設置している介護認定審査会が申請者の要介護度を最終

的に決定する。その後、申請者に認定結果が郵送されている。

　申請者は、その認定結果を受けてケアマネジャーを選択し、連絡する。申請者には、認定結果の書類とあわせて、当該市区町村のケアマネジャーが所属する居宅介護支援事業所の一覧表が送付されるので、そのなかから事業者を一つだけ選択して連絡する。あるいは、要介護高齢者や認知症高齢者が病院に入院中、医療ソーシャルワーカーからケアマネジャーが所属する居宅介護支援事業所の一覧表が示される。

　当該本人や家族が選択したケアマネジャーに自宅に来てもらい、希望する様々なサービスを組み合わせたケアプランを作成してもらう。このケアプランに従って、各サービス事業者のサービスを利用する。

　なお、実際に介護保険のサービスを利用する際、具体的な在宅サービスを提供する事業者の選定は、福祉用具貸与・販売の場合も含めてケアマネジャーに任されることが多いが（そのため、「サービスの囲い込み」という構造的な問題が生じやすい）、高齢者本人、もしくは家族が自ら情報を得て選んでも差し支えない。

　専門家であるケアマネジャーがケアプランを作成することで、申請者の希望するサービスの利用が円滑に進む。制度上は、ケアプランをサービス利用者本人あるいは家族が作成することも可能であるが（セルフケアプラン）、サービス利用に先立って、ケアプランに関する各種書類を保険者に提出しなければならない。

（2）日本における介護の社会化と生活援助サービス

　介護の社会化に関連する問題は、韓国だけの問題ではない。日本の介護保険制度に関しても大きな問題が生じている。介護保険の創設時の目的は介護の社会化であった。具体的には、要介護高齢者や認知症高齢者に対して要介護認定による等級判定が得られれば、その居住形態に関わらず訪問介護サービスが提供された。ところが、2006年に、同居者がいる場合には生活援助サービスが原則的に得られないこととなった。

　ただし、同居者が、障がいや疾病で家事ができない場合や高齢者の場合など幾つかの例外が存在しており、その場合には生活援助サービスをケアプランに組み込むことができるので、常に保険者や地域包括支援センターへの問い合わせが必要となる。

　例えば、近年増え続けている老夫婦世帯で、夫が要介護２、妻が要介護２の場合を考えてみよう。

　夫のケアマネジャーが、同居者の妻がいるので生活援助サービスをケアプランに組み込むことができないと判断する場合もあれば、生活援助サービスが不可欠であることを記載した理由書を保険者に提出することでケアプランに組み込める場合もある。厚生労働省が老夫婦世帯の生活援助について詳細なガイドラインを提示していないことが原因で、保険者の判断に格差が生じているのであろう。これも深刻な地域格差である。

　この介護の社会化問題を訪問介護サービスの生活援助に焦点を当て詳細に論じた藤崎宏子（お茶の水女子大学名誉教授）は、日本の介護保険はそもそも介護の社会化の理念が形骸化し、「介護の再家族化」と表現せざるをえない状況に至っているのではないかと問題提起している（藤崎［2009］pp.41～57）。

　介護の社会化の評価をめぐっては、伊藤周平（鹿児島大学教授）による批判が説得的である。伊藤は、介護保険法を見る限り「介護の社会化」という言葉は目的条項（介護保険法第１条）には出てこないし、制度的にも介護保険の給付水準は、在宅で24時間介護を保障するものには程遠く、明らかに家族介護を前提としている、と批判している。

　さらに続けて伊藤は、「要介護５」の高齢者が毎日１日２時間強しか保険の枠内で訪問介護を使えない現状を指摘して、介護負担を無償で担う家族介護者がいないと在宅生活は不可能であると批判している（伊藤［2019］p.127）。

　加えて、日本では2018年度の改正により、ケアマネジャーが生活援助の月利用回数が基準を超えるケアプランを作成する場合には市町村への

届出が義務付けられ、市町村の地域ケア会議で検証・是正を行うこととされた。厚生労働大臣が定めたその基準は、「要介護1」で27回以上、「要介護2」で34回以上、「要介護3」で43回以上、「要介護4」で38回以上、「要介護5」で31回以上である。

当該市町村は、回数の削減など内容の是正を求めることができるため、ケアマネジャーが計画を作成する段階で自主的に抑制することによって利用抑制が生じることになる。こうした問題への対応は、今後さらに厳しくチェックされることになろう。

ケアマネジャーは、利用者本人と家族介護者のニーズを把握しながらケアプランを作成してケアマネジメントを行う専門職であるが、問題になったようなサービスの囲い込みをするケアプランが発生してしまうと規制が入り、ニーズに準拠した自由な作成ができなくなってしまう。ケアマネジャーの職業倫理が問われる一方、居宅介護支援事業所の社員でもあるため、常にジレンマを感じながらのケアマネジメントの仕事に従事せざるをえない。日本の介護保険制度に対する韓国側からの批判は、概ねケアマネジャーに対する構造的偏向性に集中している。

加えて厚生労働省は、2021年10月、ケアプラン検証に向けた新しい仕組みをスタートさせた。ケアプラン適正化に向けた二つ目の取り組みの目的は、「より利用者の意向や状態像に合った訪問介護の提供につなげることのできるケアプランの作成に資するため」であり、各保険者は国民健康保険団体連合会介護給付適正化システムを通じ、居宅介護支援事業所ごとの全利用者の区分支給限度基準額の総額に対して、全利用者のサービス費用の総額が7割以上で、かつそのサービス費用の総額に対して、訪問介護費の総額が6割以上という条件を満たす事業所を抽出することができるようになった（厚生労働省老健局［2021］）。

保険者から要請があれば当該事業所は、ケアプラン様式一式、理由書などの書類をすべて提出しなければならず、事業所の情報は、地域ケア会議で検討される。

10 今後の課題

　日本と韓国の介護保険制度を比較した結果、以下の主として三つの大きな特徴が確認できた。

　第1に、最も大きな違いは、韓国の介護保険がスペック限定型のいわばフェイスタオル型保険であるのに対し、日本の介護保険はフルスペック型のバスタオル型保険となっている点にある。韓国の介護保険は要介護認定の基準が厳しく、重度の等級の割合が低いこと、等級ごとの介護報酬額が日本に比べて4割から6割と著しく低額であること、定期巡回・随時対応型訪問介護看護、リハビリ系の在宅サービス、認知症対応型共同生活介護、住宅改修等多くのサービスがないこと、予防給付がないことなど、多くの点で小規模な保険制度となっている。

　次に、韓国の介護保険創設時にサービス提供事業者に関する基盤整備が進んでいなかったことから個人経営を法的に認めてきたという経緯があり、近年では人件費比率が高くなり、その結果、廃業に追い込まれるなど経営基盤の脆弱性が指摘されている。

　今後は、2019年に四つの広域自治体で創設された「社会サービス院」が経営基盤の脆弱性を一部解決する可能性があるが、自治体ごとに運用が異なるため、一部の地域で介護職員を準公務員化するとしても韓国全体の介護の質を保証する特効薬にはなりえないことを明らかにした。

　第3に、韓国の介護保険におけるケアプランの位置づけの問題がある。韓国では、保険者である国民健康保険公団が「標準長期療養利用計画書」という名称のケアプランを作成する。この利用計画書のフォーマットが2018年に改訂されたことを受けて、その変化を確認した。当該利用計画書に基づいて、サービス提供事業者がサービス提供計画書を作成するというシステムなので、サービス提供計画書の様式についても確認を行った。

　他方、日本の介護保険では、保険者である市区町村自身が要介護認定

調査のデータに基づいてケアプランを作成するといった韓国のようなプロセスはなく、各居宅介護支援事業所に所属するケアマネジャーが利用者や介護者と相談しながらケアプランを作成し、ケアプランに基づいて介護報酬を国民健康保険団体連合会に請求する形なので大きく異なっている。

　第４に、韓国の昼・夜間保護サービスについて独自のサービス提供ルールが存在する点を明らかにし、介護保険サービスがいったい誰のためのものであるのかに着目し、二つの考え方のモデルを提示したうえで韓国の特徴を浮き彫りにした。

　独自のサービス提供ルールは、2013年に保健福祉部が決定したものであり、１か月に20日以上（１日８時間以上）昼・夜間保護サービスを利用することによって当該高齢者の介護報酬限度額が大幅に拡大するというルールである。その後、条件やルールは変更されたが、当事者である高齢者のニーズや思いが尊重されていないという現実は変わっていない。

　衛生福利部の狙いは、昼・夜間保護サービスを広げ、また複数の種類のサービス利用につなげることにあるが、この特異なルールは、介護者家族のレスパイトを重視する「介護者家族モデル」に立脚するものであり、要介護高齢者または認知症高齢者の生活の質を重視する「高齢者モデル」の発想は弱いと言えよう。よって、今後の課題としては、重度の介護度にある高齢者のサービス利用に見合った妥当な介護報酬が設定されることと、要介護認定のための等級ごとの点数の幅が適切に設定されることとなる。

第4章

韓国の認知症ケアと
高齢者虐待防止

1 認知症と認知症予防としての敬老堂

（1）認知症の呼称

　韓国では、認知症ではなく「チメ（치매）」と呼称されており、表記は「痴呆」となる。これは、世界共通の名称である「Dementia」を韓国語に訳したものである。

　Dementia は、台湾では「失智症」と呼ばれている。日本でも、かつて「痴呆」と呼んでいたが、厚生労働省と老年医学、老年社会科学関連の各学会が連携して再検討した結果、2004年12月に名称を変更することになり、それ以後「認知症」と呼ぶことになった（厚生労働省［2004］）。

　しかし、日本のような名称変更は、世界中の国々では行われていない。Dementia というグローバル・スタンダードな表現は、韓国語や中国語への翻訳で分かるように差別的な表現である。というのも、「mentia」は精神的な活動、「de」はその活動から離れたという意味であるため、Dementia は日本の「認知症」のようなニュートラルな意味をもっていないからである。高齢化が進行する先進国を中心に、こうした表現に対する問題意識が芽生えるのであろうか。

　そうしたなか、韓国保健福祉部は、「チメ（痴呆）」という用語変更の可能性に関する検討を視野に入れ、2014年および2021年、19歳以上の一般国民を対象にアンケート調査を実施した。有効回答数は、2014年1,000名、2021年1,200名であった。2021年に関しては、認知症家族319名が含まれている。

　こうした用語の妥当性に関する再検討および調査の実施は、後述する第4次国家認知症管理計画（2021年〜2025年）に明記されたものである。同調査によれば、まず「痴呆」という用語に対する思いとしては、「抵抗を感じる」という回答が43.8％と多数である一方、「何も感じない」が20.5％、「抵抗を感じない」が33.5％と分かれている。抵抗を感じる理由としては、「痴呆という疾病に対する恐れがある」という回答が過半数を占めた。

　次に、「痴呆」という用語の変更に対する思いとしては、「変更すべきだ」という回答が21.5％ある一方、「維持しても変更しても構わない」という中間的な回答が45.0％、「この用語を維持すべきだ」という回答が27.8％とやはり分かれている。「変更すべきだ」という回答の理由としては、「痴呆という用語に偏見が生じているから」という意見が多かった。

　ちなみに、「変更すべきだ」という回答のなかで、代替用語として多かったのは「認知低下症」であった（保健福祉部［2021］）。

　以上の結果を見る限り、早急に用語を変更すべきという機運が韓国において高まっているとは判断できないが、今後認知症高齢者や若年性認知症が急増するなかで、用語変更の機運が高まる可能性はある。

　なお、「第3次国家認知症管理計画」の報告書によれば、2015年、認知症高齢者は64.8万人、2020年は84万人であるが、高齢化の進行とともに2030年127.2万人、2050年271万人に急増すると予測されている（Ministry of Health and Welfare［2016］p.3）。

（2）療養保険と認知症

　療養保険では、要介護認定の基準および認定調査の各項目が日常生活動作能力（ADL）を基軸に構成されている。そのため、認知症高齢者のうち、身体機能が低下していない ADL の高い高齢者の場合は、療養保険の要介護認定の対象者からはみ出してしまうという構造的な問題が存在していた。

　鄭 丞 媛（新見公立大学准教授）によれば、2011年当時で2万人を超える身体的に元気な認知症高齢者が、老人長期療養保険のサービスを利用することができなかった。2010年の段階で認知症高齢者と診断された47万人のうち、半数弱が医療サービスや介護サービスの埒外にいたことが指摘されている（鄭丞媛［2015］p.47）。

　なお、ADL の高い認知症高齢者が介護サービスを受けられないという構造的な問題は、韓国に限らず日本の要介護認定システムにも存在する。実態としては、認知症を患い、かつ介護ニーズの高い高齢者が多いと考えられるので、今後は1等級から4等級のなかに認知症高齢者が適切に位置づけられなければならない。

　韓国統計情報サービス（Korean Statistical Infomation Service：KOSIS）によれば、2020年の等級別認知症高齢者の割合は、1等級43,040人中、認知症高齢者は21,387人であり、全体に占める割合は49.7％であった。統計では、認知症と認知症および脳卒中が別々に表示されているが、ここでは加算して割合を出している。

　以下、2等級86,998人中、認知症高齢者は40,479人であり、全体に占める割合は46.5％であった。3等級238,697人中、認知症高齢者は100,481人であり、全体に占める割合は42.1％であった。加えて、4等級378,126人中、認知症高齢者は133,294人であり、全体に占める割合は35.3％であった。認知症等級である5等級91,960人中、認知症高齢者は76,442人であり、全体に占める割合は83.1％であった。

　以上を合計すると、療養保険で等級判定を受けた被保険者の合計は857,984人であり、そのうち認知症高齢者は388,142人であり、全体の45.2％を占めている（KOSIS［2021］認知症）。

　以上のことから、1等級から4等級まで50％近い認定高齢者が認知症に罹患していることが分かる。2016年以降、認知症対応型の昼・夜間保護サービスや認知症対応型の2種類の介護施設が創設されたのは、以上のような背景に基づくものである。5等級や認知支援等級だけの問題ではなく、すべての等級にかかわって認知症対応型の多様なサービスが展開されなければならない。

（3）介護予防、認知症予防としての敬老堂

　韓国には、「敬老堂」（경로당）という高齢者のための余暇施設がある。老人福祉法において、高齢者の活動拠点として3種類の老人余暇福祉施設、すなわち「老人福祉館」、「老人教室」、「敬老堂」が規定されている。このうち敬老堂は、他の老人余暇福祉施設と異なり、利用者自身が施設の運営を担う自主管理施設であるという点がユニークである。設置基準は、20m^{2}以上の居室と水道・電気のみであり、日本には同様の施設はない（金聖龍ほか［2020］p.1091）。

　最新データによれば、全国に67,316箇所あり（KOSIS［2021］）、およそ高齢者130人当たり1か所の割合で存在している。敬老堂は地域密着型余暇施設であり、自立高齢者のための社会参加の空間として整備されている。独立した建物の場合もあるが、集合住宅の1階に設置されたり、社会福祉館や老人福祉館の中に設けられたりする場合もある。

　そもそも敬老堂は、裕福な者が住居を地域に開放した「舎廊房」が原型とされる。1960年頃からは朝鮮戦争による住宅状況悪化に伴い、高齢者の避難場所が必要になって全国的に整備された。1989年に老人福祉法のなかに位置づけられ、1990年代の集合住宅の団地開発ラッシュに伴って施設数が急増した。そして、2000年代に入り、全国的に地域福祉施策

に重点が置かれるようになると、敬老堂で自立高齢者の健康維持・コミュニティ形成などを支援するプログラムが提供され始めた。つまり、敬老堂は集いの場だけではなく、地域福祉の拠点としての機能をもつようになったわけである（金聖龍ほか［2020］p.1091）。

　今日の敬老堂では、より生産性のある活動として、高齢者による子ども支援などの新たなプログラムの導入が始まり、より開かれた施設づくりが一つの課題となっている。敬老堂に参加する高齢者の比率は高く、全高齢者の40％以上と言われており、参加頻度も、毎日朝から夕方まで滞在するのが普通であり、規則があるわけでもないのに、少しの時間だけ来て帰宅するという人はほとんどいない。言葉通り、高齢者の集いの場となっている（斎藤［2007］p.78）。

　また、敬老堂は2000年以降、その運営を住民から選ばれた会長が行い、利用者の意向をまとめて自治体と交渉しながら予算を得るなど、独自の活動を維持・展開しており、具体的にはコンピュータ・折り紙・民謡・キムチづくり・体操・映画・ダンスなどのプログラムを設けている。

　敬老堂は高齢者の孤立を和らげ、地域の高齢者が互いに近況を見守る機能を有し、引きこもりを防止するといった機能を果たしている。さらに、介護予防・認知症予防につながる地域コミュニティの場であり、必要性も今後より高まると考える（輿水［2015］p.58、p.60）。最近では、認知症安心センターのプログラム展開の場所としても期待されている。

　筆者が、2018年にソウル市内のある敬老堂の会長にインタビューしたところ、敬老堂が高齢者の自主的な社会参加・社会交流の場として重要な役割を果たしているものの、若い高齢者の入会が少ないことが課題であるとのことであった。

　元々、韓国ではセニオリティ（seniority・年功序列主義）が強力な社会構成原理となっており、敬老堂内でも後期高齢者が権力を独占する傾向が強いと言われている。そのため、前期高齢者が敬老堂の会員になる際、躊躇する場合も少なくない。

コラム **4**

キョン ノ ダン
敬 老 堂

コンビニの数より多い敬老堂。2021年現在、全国で7万か所近い。マンションなど集合住宅には、高齢者の余暇施設である敬老堂が設けられている。後期高齢者の利用者が多いので、静養・休養のスペースを設けているところも多い。男性と女性で別室になっており、こうした細やかな配慮がある点も大きな特徴である。

最近は高齢者向けの健康・福祉情報の伝達機能も高まっており、認知症安心センターとの連携も見られる。選挙の前になると、品物を持参して演説をする候補者も多いそうだ。有権者が集まっているので、政治家も注目する高齢者余暇施設・社会教育施設であると言える。

2014年に、大韓老人会ソウル市連合会が中心となり、ソウル市敬老堂広域支援センターが設けられた。市内3,000か所を超える敬老堂をまとめるセンターの機能を果たしている。

敬老堂

今後、敬老堂が様々なプログラムを展開するなかで介護予防、認知症予防の機能を高めるためには、運営上の原則を「年功序列主義（セニオリティ）」から「平等主義（イクオリティ・equality）」に変え、会員同士の意識や人間関係を変えていくことが不可欠である。セニオリティからの脱却は、それぞれの地域の敬老堂の課題であると同時に、後援団体である「大韓老人会」ひいては韓国社会の根本的な課題ともなる。

2 認知症国家プランおよび認知症管理法

（1）認知症管理総合計画の展開

療養保険制度がスタートした2008年に、認知症国家プランである「第

１次認知症管理総合計画」（2008年〜2012年）も同時にスタートしている。政府の認知症高齢者ケアに関する積極的な姿勢が当時から強かったことが分かる。前年の2007年には、９月21日を「認知症克服の日」と定め、2008年には「認知症との闘い」を宣言している。

　2011年８月に認知症管理法が制定され、2012年２月に施行された。同法の目的は第１条に示されている。

「認知症の予防、認知症患者の診察・療養および認知症撲滅のための研究などに関する政策を総合的に実施することにより、認知症に対する個人的苦痛と被害および社会的負担を減らし、国民の健康増進を図ること」（保健福祉部［2012］）

　同法の名称である「認知症管理」とは、認知症の予防と診察・療養および調査・研究などのことを言う。同法による定義は次の通りである。

「認知症とは、退行性脳疾患または脳血管系疾患などによって記憶力、言語能力、指南力、判断力および遂行能力などの機能が低下することによって日常生活で支障を招く後天的な多発性障がい」

　なお、韓国の法律では、法律の対象となる重要な事柄について、このように最初に定義を示すことが多い。

　他方、日本では、認知症に焦点を絞った法律はいまだに制定されていない。ただ、介護保険法の第５条の２のなかで、「認知症は、脳血管疾患、アルツハイマー病その他の要因に基づく脳の器質的な変化により日常生活に支障が生じる程度にまで記憶機能およびその他の認知機能が低下した状態を示す」ものとして、括弧書きで説明されている。これを、認知症の定義と見做すことができるだろう。

（２）第２次および第３次認知症管理総合計画

　韓国では、認知症管理法第16条を根拠に、第２次認知症管理総合計画

（2013年〜2015年）がスタートした。2012年に「中央認知症センター」
（2019年より国立医療センターに委託）が設置され、同計画に基づき、
広域認知症センターが11か所設置された。加えて、同法第17条により、
市・郡・区の保健所に「認知症相談センター」が設置され、認知症電話
相談センターが医療機関、認知症関連専門機関、法人などに設置された。
　こうして、認知症管理法と第2次、第3次の認知症管理総合計画が有
機的に関連しつつ、全国的に医療と介護の連携による認知症ケアマネジ
メントのシステムが整っていった（鄭丞媛ほか［2015］pp.47〜48）。
　また、2015年12月に発表された第3次認知症管理総合計画（2016年〜
2020年）に基づき、2016年には認知症ケアが組み込まれた長期療養機関、
すなわち「認知症対応型（専担型）老人療養施設」、「認知症対応型（専
担型）老人療養共同生活家庭」が創設された。のちに詳述するように、
2018年には全国に「認知症安心センター」が設置され、現在256か所ま
で増えている。
　第3次認知症管理総合計画では、「認知症高齢者と家族が地域社会で
平穏に安全に暮らせる社会の実現」を最終ゴールとし、以下の四つの目
標を掲げた。
❶地域社会中心の認知症予防及び管理
❷平穏で安全な認知症診断・治療・ケアサービス提供
❸認知症高齢者家族の介護負担軽減
❹研究・統計及び技術を通じたインフラ拡充

　この四つの目標のもとに、10の領域、38の課題を設定している（李玲
珠［2019］pp.46〜49、Ministryof Health and Welfare［2016］pp.15〜31）。
　李玲珠（蔚山エリム総合福祉センター長）は、第3次認知症管理総合
計画で初めて「地域社会」に焦点を当てたことを評価しつつも、第3次
計画策定前に認知症当事者の外出ニーズや介護家族のニーズを聞き取っ
た形跡がないことや、認知症高齢者の生活困難や日常生活維持の姿を具

体的に把握できていないこと、その結果として認知症高齢者と家族が地域社会で平穏に安全に暮らせる社会の構築という最終ゴールに近づけなかったこと、さらに、そもそも認知症国家プランとして最も重要な当事者に寄り添うという視点がなかったことを痛烈に批判している（李玲珠［2019］pp.152〜153）。

　加えて第3次計画では、認知症高齢者の社会参加を促進することが重要な課題であったが、近年増加している「認知症パートナーズ」が認知症高齢者の外出ボランティアとして機能していないことを痛烈に批判している（李玲珠［2019］p.157）。

　他方、金 圓 景（明治学院大学准教授）は、日本の認知症サポーターに対応する認知症パートナーズが、オフライン教育だけでなくオンライン教育でも行われており、登録者数が2020年8月現在約105万人に達し、積極的に養成されていることから、ボランティア活動の可能性に期待を寄せている（金圓景［2021］p.519）。

（3）第4次国家認知症管理総合計画

　2021年に第4次国家認知症管理総合計画（2021年〜2025年）がスタートし、現在進行中である。同計画では、以下の三つが示されている。

❶認知症患者を早期に発見するために健康診断結果について公団から認知症安心センターに伝達し、早期に対応できるようにすること。

❷認知症介護家族の介護負担を軽減するための社会的方策として、「認知症家族休暇制度」の利用限度期間を現行の6日間から12日間に拡大すること。

❸短期保護サービスの提供機関が少ないために利用できないことから、今後は、昼・夜間保護機関で短期保護が可能となるようにし、同サービスのレスパイト機能を高めること。

3 認知支援等級と認知症家族への支援

（1）認知支援等級

　認知支援等級は、政府の掲げる認知症国家責任制のもとで、2018年1月に新設された等級である。対象者は、認知症高齢者および認知症を患っている若年性認知症であり、かつ要介護認定で45点未満の人である。同等級では、利用可能なサービスの種類に制限があり、訪問療養サービスは利用できない。介護報酬は、2022年現在で597,600ウォンである（保健福祉部［2021]）。

　1回8時間の昼・夜間保護サービスは月12回利用可能であり、認知症対応の昼・夜間保護サービスであれば、1回8時間で月9回以上利用することにより、介護報酬月額が30％増額となる。加えて、福祉用具サービスも年間160万ウォンの範囲で利用出来る。

（2）認知症家族への支援

　2014年7月、保健福祉部は「認知症家族休暇制度」を創設した。この制度は、自宅で1等級または2等級の認定を受けた認知症高齢者を介護する家族のために設けられた。ただし、認定調査票の「C.認知機能領域」および「d.行動変化領域」において（244ページ参照）、①意思疎通障がい、②妄想、③不規則な睡眠、④介護に対する抵抗、⑤見当識障がい、⑥暴言および暴行、⑦徘徊、⑧不潔行為、のいずれかの項目に記載があった場合に利用が可能となる（柳［2018] p.247）。

　同制度は、一時的な休み（レスパイト・respite）を、年間6日間を上限として提供している。等級ごとの介護報酬額とは関係なく15％の自己負担額を支払うことによって、認知症高齢者を介護施設に短期保護出来るというサービスである。

　要するに、認知症対象者が年間6日間を上限に介護施設に短期入所し

て介護サービスを受け、その間、介護で疲れた家族が高齢者の保護および介護から解放され、ストレスを軽減するという制度である。利用者の家族が保健福祉部に電子バウチャーを申請して利用し、自己負担金を納付するという方式になっている。

　保健福祉部は、2021年下半期に、介護者家族がレスパイトを必要とする場合、当該認知症高齢者を介護施設で短期保護するサービスの期間を最大 8 日間に増やした。政府が2021年にスタートさせた「第 4 次認知症管理総合計画」では、2025年までに短期保護するサービスの期間を最大12日間に拡大する予定である（保健福祉部［2020］p.27）。

　しかし、保健福祉部は、短期間とはいえ認知症高齢者が住み慣れた自宅を離れて介護施設に滞在することが困難であるという判断から、発想を切り替え、2016年に療養保護士が認知症高齢者の自宅を訪問し、介護サービスを提供するという「24時間訪問療養サービス」を創設した。

　同サービスは、 1 等級、 2 等級という重度の認知症高齢者の介護者家族だけが利用でき、療養保護士が利用者の自宅を訪問して、家族の代わりに24時間日常的な介護サービスを提供している。また、サービス利用期間中、必ず 1 回は看護師が自宅を訪問し、緊急事態に備えるという訪問看護を連携させたサービスとなっている。

　 1 日当たりのサービス全体の料金は18.3万ウォンであるが、利用者の自己負担額は19,570ウォンと比較的少額であり、15％よりも低額になっている。残額の163,430ウォンは健康保険公団の負担となる。

　このサービスは選択制になっており、2014年創設の短期保護サービスを選ぶことも出来る。なお、同サービスは、2019年に「終日訪問療養サービス」と名称を変更している。同サービスは、当初年間12回（12時間を終える場合は 6 日）であったが、2022年では年間16回（ 8 日）と増えており、2025年までに、年間24回（12日）まで拡大することが計画されている。

　2014年に創設された認知症家族休暇制度は、介護者家族に寄り添うサ

ービス（介護者家族モデルに対応したサービス）であったが、2016年に創設された認知症高齢者を対象とする終日訪問療養サービスは、完全な意味で認知症高齢者の生活の質の向上を志向したサービス（高齢者モデルに対応したサービス）となっている。

　同サービスは、韓国の介護保険サービスのなかでは唯一高齢者本位のサービスであり、特筆に価する。ただし、深刻な問題が二つ横たわっている。

　一つ目は、利用者数が余りにも少なすぎることである。国会議員であるコ・ヨンイン（高永寅）議員（ともに民主党）が国民健康保険公団のデータに基づいて問題提起している。2020年に関して、療養保険全体の認定者数が529,475人のところ、短期保護サービス利用者が全国で639人、終日訪問療養サービスが304人であった。両サービスの合計は943人であり、利用率は0.18％にすぎない。2018年、2019年についても、両サービスの合計は548人、848人と少なく、認定者総数に対する比率は0.13％、0.18％と低くなっている（コ・ヨンイン［2021］）。

　介護者がレスパイトしたいとしても、両サービスの利用ニーズが発生しないことが多いと考えられる。何故ならば、終日訪問療養サービスは、プロとはいえ他人が自宅に長時間いることへの心理的負担が強いからである。また、短期保護サービスは、そもそも利用者本人が希望しないということや、預けられる事業者がなかったり、スタッフの確保を含めて即座に準備することが出来ないといったことが想定される。

　他方、ニーズが生じたとしても、サービスを提供する事業者が近くになければ利用が出来ない。短期保護サービスの提供事業者側も、いつ申し込みがあるか分からないなかで短期保護用のベッドを用意するだけの余裕がなく、そのためのスタッフの確保が難しい。そして、終日訪問療養サービスに関しては、介護者が不在のなか、療養保護士や訪問看護師が自宅でサービスを提供することに介護者自身の心理的な抵抗が強いことが想定されるため、常に人員を確保することに困難が伴ってしまう。

　二つ目は、この認知症家族休暇制および短期保護、終日訪問療養サービスの周知徹底が出来ていないという可能性がある。韓国には日本の地域包括支援センターのようなワンストップの相談機関が設置されていないため、一般の在宅介護者にこうした制度が知られていないという現状がある。こうしたサービスの利用が活性化するよう、制度および運用の再検討が求められる。

　実は、筆者自身1992年にショートステイ・サービスがもつ構造的問題性を指摘したうえで、ショートステイ・サービスに代わる以下のようなサービスを提案したことがある。

「発想を逆転させ、介護者に代わる専門介護スタッフを、老人の居宅にショートステイさせるのである。このことによって、当然のことながらプライバシーの問題があらたに発生するが、ここで最も大切なことは、いったい誰のための家族福祉サービスなのか、いったい誰の福祉を最優先すべきかという視点である」（西下［1992］p.95）

　どの国でも、似たような発想は存在しうるものである。日本の介護保険制度には認知症に特化した要介護度ランクは設けられていないし、また高齢者本人に寄り添う認知症家族休暇制度も存在しない。日本は、認知症高齢者本人への支援および在宅介護者家族支援に関して、韓国の介護保険の多様なプログラムから大いに学ぶべきである。

（3）認知症安心センターの設置

　2012年に施行された認知症管理法は、その後改正が続き、2018年6月に3度目の改正の際に認知症管理の定義が変更され、加えて「認知症安心センター」の設置が決められた。認知症管理法施行当初は、第2条で認知症管理が「認知症の予防、診察・療養および調査研究」と規定されていたが、「認知症予防、認知症患者に対する保護・支援および調査・研究」と再定義された。

　認知症管理法施行当初、第16条で中央認知症センターの設置が決められ、第17条で認知症相談センターの設置が決められた（相談センターの電話番号は「1899-9988」）。2018年の改正で、相談センターが「認知症安心センター」と名称変更され、全国の保健所256か所すべてに同センターが設置されることとなった。

　安心センターに改組されることによって、業務が相談対応だけに留まらず、認知症診断、認知症悪化防止のためのプログラム運営、認知症患者家族支援など、総合的な安心が得られるように広げられた（藤原［2018］pp.18〜19）。

　こうして、認知症安心センターには、まず認知症本人および介護者家族に関わる「地域の相談支援窓口」としての役割が期待され、さらに、認知症予防、早期診断、保健福祉資源の連携および教育などの有機的な認知症統合管理サービスを提供することにより、認知症の重症化の抑制および社会的費用の軽減、究極的には認知症当事者と家族、一般市民の暮らしの質の向上に寄与することが目的とされた（保健福祉部［2021］pp.41〜42）。

　認知症安心センターは市郡区に設置されており、各自治体は「統合型」、「拠点型」、「訪問型」、「小規模型」から運営タイプを選ぶこととされた。同センターに配置される専門職としては、医師、看護師、社会福祉士、臨床心理士、作業療法士などとなっており、認知症に関する総合相談センターになっている。

　センターの事業の対象は、認知症当事者、軽度認知症当事者、介護家族、地域住民である。主要な事業は以下の六つとなっている。

❶認知症早期診断があり、満60歳以上の地域住民に対して、認知症の可能性に関する検査を実施する。

❷認知症予防として、予防関連情報、認知訓練プログラムを提供する。

❸個人事例管理として、当事者および家族に対し、ニーズにマッチングしたケア計画を立て認知症支援サービスを提供する。

仁川広域市延寿区認知症安心センターの外観。
２階が認知症安心センターで、３階が精神健康
福祉センター

❹「認知症シェルター」という事業名で、軽度認知症者を昼の時間帯保
　護することにより、認知症の重症化を防ぎ社会的交流を活性化させる。
　この事業によって、認知症高齢者の介護者の心身の負担軽減を図る。

❺家族支援として、介護者の介護スキルをアップさせるための講座や介
　護者同士の情報交流を促進するカフェの設置を行う。

❻意識改善事業として、地域住民に向けた認知症とともに暮らす意識の
　醸成、認知症に優しい社会的環境の醸成を行う（保健福祉部［2021］
　pp.43〜49）。

　なお、認知症安心センターが関わって行われる早期診断は三つの段階
に分かれている。

• 第１段階として、世界標準の認知症チェックリスト（Mini-Mental
　State Examination：MMSE）を使った認知症選別検査が無料で行わ
　れる。

• 第２段階では、認知機能の低下が見られる場合には、安心センターの
　ある保健所と連携する拠点病院で診断を受ける。

• 第３段階では、拠点病院において鑑別検査が行われる。

　上記にあるMMSEとは、時間の見当識、場所の見当識、計算、文の復唱、図形模写など、11の質問から構成されている30点満点のテストである。

　前述したように、同センターは2019年12月に全国に設置され、256か所と急激に広がっているため、自ずと地域間格差が存在している（金圓景［2020］pp.516〜518）。

　認知症安心センターに行けば、認知症検査を無料で受けられることが徐々に高齢者に知られるようになり、2019年以降、認知症高齢者の半数以上が認知症安心センターでの登録を行っている。2021年現在、認知症高齢者910,276人中502,933人が登録を終えており、登録率は55.2％に達している（Dementia News［2022］）。

（4）認知症対応型昼・夜間保護サービス

　前掲した表2−6（36ページ）が示すように、2016年7月1日より、認知症高齢者を対象とする昼・夜間保護サービスが開始された。認知症対応型（専担型）の昼・夜間保護サービスである。同サービスが一般の昼・夜間保護サービスと違う点は、昼・夜間保護サービス施設内に認知症対応型のスペースを設けて特別のプログラムを実施することであり、機関として認められて開設すれば、同等級の介護報酬が高くなる点で開設に向けた動機づけが強化されている。

　なお、設置の条件として、1室当たりの定員が25名以下であり、生活室（1名当たり6.6m²以上）とプログラム室を設けること、介護職員には認知症に関する研修の受講が義務付けられている。

　認知症対応型昼・夜間保護は、2等級から5等級までが対象範囲となっており、1等級は含まれないという特徴がある。以上のように、同サービスは介護報酬をやや高めに設定しているが、政府の期待とは裏腹に、全国的にもソウル市内で見ても、サービス提供個所が増えていないというのが現状である。

（5）認知症と施設介護サービス

　施設介護サービスは、老人療養院と老人療養共同生活家庭に分けられる。2020年時点では、老人療養院は全国に3,850か所あり、入所者は188,302人であった。一方、老人療養共同生活家庭は全国に1,913か所あり、入所者は16,895人である（保健福祉部［2021］pp.744〜745）。

　2022年における老人療養院の1日の介護報酬は、前掲した**表2−9**（56ページ）が示すように、1等級の場合74,850ウォン、2等級は69,450ウォン、3〜5等級は64,040ウォンである。一方、老人療養共同生活家庭の場合は、1等級の場合1日の介護報酬は65,750ウォン、2等級は61,010ウォン、3〜5等級は56,240ウォンとなっている。

　以上の2種類の施設サービスに加え、2016年に認知症高齢者のための専用居室のある認知症対応型老人療養院と同じく、「認知症対応型老人療養共同生活家庭」という介護施設のタイプが新しく設けられた。同表が示すように、この二つのタイプは、第3次認知症管理総合計画（2016年〜2020年）の一環として創設されたものである。これは、5等級の設定に続く政府の認知症対策の一環である。

　2019年時点で，認知症対応型老人療養院は全国に3,595か所あり、入所者は152,967人であった。認知症対応型老人療養共同生活家庭は全国に1,934か所あり、入所者は15,153人である（保健福祉部［2021］）。

　2022年における老人療養院の2等級GA型の1日の介護報酬額は85,650ウォンであり、2等級NA型の1日の介護報酬額は77,090ウォンである。3等級から5等級は同一であり、GA型の1日の介護報酬額は78,980ウォンであり、NA型の1日の介護報酬額は71,090ウォンである。一般の老人療養施設に比べると、やや高額の、傾斜型の介護報酬体系にすることで、認知症対応型老人療養施設の開設といった動機付けを高めている。

　認知症対応型の老人療養院は、このように「GA型」と「NA型」に

分かれる。老人福祉法施行規則第22条第1項の別表によれば、面積基準により異なっており、GA型は1人室9.9m²、2人部屋16.5m²、3人部屋23.1m²、4人部屋29.7m²以上の4パターンに分かれ、NA型は1人室9.9m²、多人室は1名当たり6.6m²以上に分かれる。

GAとNAには特別な意味はなく（AとBの違いのようなもの）、人数と面積の基準の違いを示すにすぎない。なお、認知症老人療養共同生活家庭にはGA型とNA型の区分はない。

施設介護サービスの自己負担割合は20％であるが、低所得の場合は、12％と8％の2段階の自己負担軽減比率が設定されている。例えば、認知症老人療養共同生活家庭に2等級の認知症高齢者が入居した場合を想定すると、長期療養保険関係の1か月における自己負担額は次のようになる。

$$75,620ウォン × 0.2 × 30 ＝ 453,720ウォン$$

認知症対応型老人療養院が一般の老人療養院と異なる点は、認知症高齢者の入居者の比率が一定の割合で決められ、認知症高齢者の入居を積極的に推し進めるために介護報酬が高めに設定されていることである。加えて、認知症ケアの理解に関する研修が担当する療養保護士に課されることになる。

2019年現在、認知症対応型老人療養院は、韓国全体でGA型が66か所、NA型が14か所であるが、ソウル市内では、GA型が7か所、NA型が1か所あるにすぎない。介護報酬のインセンティブが設けられても、現実は事業者がなかなか反応しないということを示唆している。

ただし、2020年以降については、国民健康保険公団や地方自治体が認知症対応型老人療養院を運営する計画がサイト上において確認できているので、今後は増加する可能性がある。

4) 高齢者虐待と認知症高齢者

（1）高齢者虐待と法

　認知症ケアを療養保険制度のなかに組み込もうとする韓国の姿勢は、これまで論じてきたように積極的である。では、韓国のもう一つの社会問題である高齢者虐待について、同様の積極的な政策が展開されているのであろうか。

　韓国には高齢者虐待に関する独立した法律はなく、老人福祉法のなかに高齢者虐待に関する規定が存在する。老人福祉法第 1 条第 2 項では、高齢者虐待について以下のように定義されている。

「老人虐待とは、老人に対し、身体的・精神的・情緒的・性的暴力および経済的搾取または過酷な行為をすることや遺棄または放任をすることである」

　老人福祉法内の主要な概念について定義する項において、扶養義務者、保護者、認知症に続いて、以上のように高齢者虐待が定義されているが、条文で示された定義は、実は虐待の種類を列記しているにすぎない。

　日本では、2006年に高齢者虐待に関する独立した法律「高齢者虐待の防止、高齢者の養護者に対する支援等に関する法律」（以下、虐待防止法と略）が施行された。同法律では、第 2 条で高齢者虐待の定義をしていることになっているが、第 3 項で、この法律において「高齢者虐待」とは、「養護者による高齢者虐待および養介護施設従事者等による高齢者虐待をいう」と説明されるのみである。

　この説明では全く不十分であると言わざるを得ない。高齢者虐待という概念を定義するのに、高齢者虐待を用いて説明するといういわゆるトートロジー（同語反復）の陥穽に陥っている。韓国の高齢者虐待の定義も虐待の種類を羅列しているだけで、虐待とは何かについて説明がない

ことは大きな問題であるが、日本のようなトートロジーに陥っていない点において大きな差がある。

　日本の定義の陥穽を避けるためには、高齢者虐待について適切な定義を行わなければならない。筆者としては、以下のような文面において暫定的に定義する。

「高齢者虐待とは、家庭内または介護施設内で、家族介護者または介護職員などが、要介護高齢者または認知症高齢者の人権を繰り返し侵害または蹂躙する不適切な行為である」

　2004年に韓国では、老人福祉法第39条第5項に基づき、認知症高齢者を含めた要介護高齢者全体の人権を保護する機関として、「中央老人保護専門機関（Korea Elder Protection Agency）」がソウル市内に設けられた。その下部組織として、全国各地に「地方老人保護専門機関」が2022年現在35か所設けられている。

　中央老人保護専門機関は、2005年より毎年各地の地方老人保護専門機関が把握した虐待データを集約し、全国および地域ごとの高齢者虐待データを集計分析し、詳細な報告書を発行している。また、データ収集および報告書の発刊に加えて、重要な役割として、虐待に関する電話相談を24時間365日受け付けており（電話番号「1577-1389」）、さらに高齢者介護施設などに出向いて、虐待防止に関する研修を行うことなど重要な使命が課されている。

　国の高齢者虐待防止機関であるが社会福祉法人に業務委託されており、中央老人保護専門機関が数年単位で委託先とオフィスが変更されるという特徴がある。地方老人保護専門機関に関しても、社会福祉法人に業務が委託されている。各地方老人保護専門機関は、地理的範域が広いため、少数の職員で虐待の認定調査を行い、虐待の有無を確定するという任務が過酷であるという問題を抱えている。

　なお、日本と台湾には、高齢者を対象とする高齢者虐待防止の専門機

関が設置されていない。台湾には全世代型の虐待防止機関、配偶者虐待防止機関が設けられているので、虐待防止機関の設置という点では日本が最も遅れている。

（2）日韓の虐待発生件数

　以下に示す各表のデータは、2021年6月に公表された報告書に掲載されたものである（中央老人保護専門機関［2021］）。ちなみに、同報告書は毎年公表されている。

　表4－1は、韓国において虐待が発生する場所の割合と実数を、2005年、2010年、2015年、2020年の4時点で示したものである。高齢者虐待の総数は、調査の始まった2005年に2,038件であったものが、2010年の3,068件、2015年の3,818件を経て、2020年には6,259件に達している。16年間に虐待の総数が約3.1倍に増加しており、深刻な社会問題となっている。このうち、自宅で虐待が発生する比率が高く、88％を占めている。

　2020年の場合、自宅以外での虐待は全体で754ケース存在する。自宅以外の発生場所として介護施設、病院、公共の場、通所施設などが含まれるが、これらのうち、生活施設である介護施設などでの虐待は521ケースと、7割弱を占めている。

　2020年現在では、自宅で発生した虐待は5,505件であった。KOSIS（韓国統計情報サービス）によれば、2021年の高齢者人口は885.1万人であ

表4－1　韓国における虐待発生場所の変化

単位：％、（　　）内実数

	2005年	2010年	2015年	2020年
自宅	92.8（1,893）	85.6（2,625）	85.8（3,276）	88.0（5,505）
自宅以外 （生活施設のみ）	7.1（145） 2.3（46）	14.4（443） 4.1（127）	14.2（1,004） 5.4（206）	12.0（754） 8.3（521）
合　計	100.0（2,038）	100.0（3,068）	100.0（4,280）	100.0（6,259）

（出典）保健福祉部［2021d］p.16。

表4－2　日本における高齢者虐待に関する相談件数及び判断件数

	養　護　者			養介護施設従事者		
	相談・通報件数	虐待判断件数	虐待被害者数	相談・通報件数	虐待判断件数	虐待被害者数
2006	18,390	12,569	12,787	273	54	94
2007	19,971	13,273	13,727	379	62	100
2008	21,692	14,889	15,293	451	70	104
2009	23,404	15,615	16,002	408	76	138
2010	25,315	16,668	17,213	506	96	186
2011	25,636	16,599	17,103	687	151	328
2012	23,843	15,202	15,627	736	155	263
2013	25,310	15,731	16,140	962	221	402
2014	25,791	15,739	16,156	1,120	300	613
2015	26,688	15,976	16,423	1,640	408	778
2016	27,940	16,384	16,770	1,723	452	870
2017	30,040	17,078	17,538	1,898	510	854
2018	32,231	17,249	17,686	2,187	621	927
2019	34,057	16,928	17,427	2,267	644	1,060
2020	35,774	17,281	17,778	2,097	595	1,232
増加率	1.9倍	1.4倍	1.4倍	7.7倍	11.0倍	13.1倍

（出典）厚生労働省、各年度資料。

る（KOSIS［2021］）。これは、当該高齢者人口10万人当たり70.7人が虐待の被害を受けているという計算になる。

　また、自己放任の233人を外して計算すると、高齢者人口10万人当たり59.7人が虐待の被害を受けていることになる。生活施設（介護施設を含む）における虐待は、実数は少ないものの約11.3倍に急増しており、実効性のある虐待防止対策が急務である。

　他方、日本についてはどうか。表4－2によれば、養護者における相談・通報件数は、2006年の18,390件から2020年の35,774件と約1.9倍に増

えている。また、養護者による虐待判断件数は、2006年の12,569件（12,787人）から2020年の17,281件（17,781人）と、件数も人数も約1.4倍に増加していることが分かる。なお、養護者とは、高齢者の世話をしている家族、親族、同居人などを意味する。

　虐待件数と虐待被害高齢者の数が異なるのは、日本の場合、加害者が同時に複数の高齢者に対して虐待を行う場合をデータ集計の際に考慮しているからである。国立社会保障・人口問題研究所によれば、2020年の高齢者人口は3,617万人である（国立社会保障・人口問題研究所［2017]）。2020年時点では、当該高齢者人口10万人当たり、49.2人が虐待の被害を受けているという計算になる。

　養介護施設従事者による虐待の相談・通報件数は、2006年の273件から2020年の2,097件と約7.7倍に増えている。また、養介護施設従事者による判断件数は、2006年に54件（94人）であったものが2020年には595件（1,232人）と、件数では11.0倍、人数では約13.1倍に急増している。

　なお、養介護施設従事者とは、介護老人福祉施設など養介護施設、または居宅サービス事業など養介護事業の業務に従事する者を意味する。2020年時点では、当該高齢者人口10万人当たり、3.4人が虐待の被害を受けていることが分かる。

　韓国と日本では、高齢者虐待のデータ集計方法が異なるので正確な比較はできないが、最新の2020年データでは、韓国について5,505人の高齢者が家庭（自宅）で虐待を受けているのに対し、日本では17,778人が養護者による虐待を受けている。高齢者人口10万人当たりの自宅での虐待発生率は、韓国では59.7人、日本では49.2人なので、韓国のほうが約1.2倍多くなるが、ほとんど差がない。

　他方、2020年における自宅以外の介護施設などでの虐待は、韓国では754人、日本では1,232人であり、高齢者人口10万人当たりの虐待発生率は、韓国では8.5人、日本では3.4人なので、韓国のほうが2.5倍と多くなっている。

（3）日韓の虐待の種類

　次に、2020年の韓国の場合、どのような種類の虐待が多いのか、また虐待の類型に変化が見られるのかについて**表4－3**によって確認する。

　一つの虐待事例に対して複数の種類があったと認定される場合があるので、2020年の総数は9,803人と多くなっている。2020年現在、最も多いのは「心理的虐待」（精神的虐待）で42.7％（4,188人）となっている。2005年、2010年、2015年と比べると、数ポイントの増減があるものの大きな変化は見られない。

　2番目に多かったのが「身体的虐待」であり、40.0％（3,917人）であった。2005年19.1％、2010年25.7％、2015年25.9％であったので、15ポイント近く増加している。2005年と比較すれば2倍以上に増加している。2020年時点では、心理的虐待と身体的虐待の差が2.7ポイントしかなく、身体的虐待が顕著に増加していることが分かる。

「放任」が3番目に多いわけだが、減少が著しく、2005年に23.4％であったものが2020年には7.8％と3分の1程度に減少している。そして、「経済的虐待」、「性的虐待」、「自己放任」、「遺棄」という四つのタイプはいずれも少数となっている。

　このうち韓国の場合、虐待のタイプに自己放任（セルフ・ネグレクト）が含まれる点に留意する必要がある。日本の厚労省のデータでは「自己放任」は含まれておらず、日韓で集計方法が大きく異なっている。2020年に関しては、223人の自己放任が含まれている。少数ではあるが、2005年に比べて6倍強に増加している（保健福祉部［2021］p.15）。

　他方、日本の養護者による虐待の類型を示したのが**表4－4**である。最も多くの割合を占めるのが「身体的虐待」で、2006年以降増加しており、2020年は68.2％（12,125人）に達している。次に多いのが心理的（精神的）虐待であり、2006年以降増え続け、2020年では41.4％（7,360人）に達している。

表 4 － 3　韓国における虐待のタイプ別変化

単位：％、（　　）内実数

	2005年	2010年	2015年	2020年
身体的虐待	19.1（665）	25.7（1,304）	25.9（1,591）	40.0（3,917）
心理的虐待	43.1（1,499）	39.0（1,981）	37.9（2,330）	42.7（4,188）
性的虐待	0.5（18）	0.8（39）	1.7（102）	2.4（231）
経済的虐待	12.2（425）	11.3（574）	8.8（542）	4.4（431）
放任	23.4（816）	17.6（891）	14.9（919）	7.8（760）
自己放任	1.0（36）	3.9（196）	10.1（622）	2.3（223）
遺棄	0.6（22）	1.8（91）	0.8（48）	0.5（53）
合　計	100.0（3,481）	100.0（5,076）	100.0（6,811）	100.0（9,803）

（出典）表 4 － 1 と同じ。p.15を筆者加工。

表 4 － 4　日本における養護者による虐待のタイプ別変化

単位：％、（　　）内実数

	2006年	2010年	2015年	2020年
身体的虐待	63.7（8,009）	63.4（10,568）	66.6（10,939）	68.2（12,125）
心理的虐待	35.9（4,509）	39.0（6,501）	41.1（6,746）	41.4（7,360）
介護等放棄	29.5（3,706）	25.6（4,273）	20.8（3,420）	18.7（3,324）
経済的虐待	27.1（3,401）	25.5（4,245）	20.0（3,285）	14.6（2,596）
性的虐待	0.6（78）	0.6（94）	0.4（65）	0.5（89）
合　計	156.8（19,703）	154.1（17,213）	148.9（16,423）	143.4（17,778）

（出典）厚労省、各年版資料を筆者加工。

　日本においては、この二つのタイプの虐待が中心となっており、「介護等放棄」、「経済的虐待」は2006年以降減り続けている。ちなみに、性的虐待は 1 ％未満である。

（4）日韓の虐待加害者の続柄

　韓国に関する虐待加害者の続柄の分布を示したのが表 4 － 5 である。2020年時点で最も多い虐待加害者は「息子」であり、34.2％（2,288人）

表4－5　韓国の虐待加害者の続柄の変化

単位：％、（　）内実数

	2005年	2010年	2015年	2020年
息子	51.2（1,237）	48.4（1,686）	36.1（1,523）	34.2（2,288）
配偶者	6.5（156）	10.0（347）	15.4（652）	31.7（2,120）
本人	1.0（23）	5.6（196）	14.7（622）	3.3（221）
娘	11.7（283）	12.7（441）	10.7（451）	8.8（589）
その他の続柄	26.8（649）	19.9（693）	14.1（597）	9.0（606）
機関	2.9（70）	3.3（115）	9.0（379）	13.0（874）
合　計	100.0（2,418）	100.0（3,480）	100.0（4,224）	100.0（6,698）

（出典）表4－1と同じ。p.19を筆者加工。

である。2005年、2010年、2015年と、徐々に息子の占める割合は減少している。逆に徐々に増えているのが「配偶者」であり、2005年には156人であったものが、2020年には2,120人と約14倍に増えている。夫婦間の「老老虐待」、すなわちドメスティック・バイオレンスが深刻化していることが分かる。

　加えて増加しているのが「機関」であり、2005年に2.9％（70人）であったものが2020年では13.0％（874人）となっている。「機関」というのは、生活施設（介護施設）、利用施設、病院のことである。韓国においては、加害者には家族関係者だけでなく、他人や機関を含めて統計を取っていること、および「本人」を虐待の加害者として位置づけ、集計に含めている点に特色がある。すなわち、いわゆる「自己放任（self-neglect）」を虐待の一つと位置づけているのだ。

　日本の高齢者虐待調査では自己放任を虐待の種類には含めておらず、虐待の加害者としても位置づけていない。日韓で最も大きな違いとなっているが、その背景には、自己放任が日本の高齢者虐待防止法に規定されていないことが関係しており、厚労省の調査では集計の対象外となっている。

表4－6　日本の養護者による虐待加害者の続柄

単位：％、（　）内実数

	2006年	2010年	2015年	2020年
息子	38.5（5,390）	40.6（7,783）	40.3（7,099）	39.9（7,462）
配偶者	19.8（2,767）	21.9（4,124）	26.6（4,685）	29.4（5,492）
娘	14.5（2,025）	15.6（2,842）	16.5（2,906）	17.8（3,330）
息子の嫁	10.7（1,503）	7.2（1,323）	4.3（757）	2.8（523）
その他	16.5（1,988）	12.7（4,604）	12.3（2,167）	10.1（2125）
合　計	100.0（13,983）	100.0（18,266）	100.0（17,614）	100.0（18,687）

（出典）厚生労働省、各年資料筆者加工。

　「本人」は2015年に向けて増加していたが、2020年時点では3.3％に激減している。高齢者の単身世帯が増えるなか、自己放任のリスクが高まるはずであるが、韓国ではその割合が減ってきている。どうやら、その背景を分析する必要があるようだ。

　他方、日本の養護者による虐待加害の続柄の分布を示したのが**表4－6**である。最も多い虐待加害者は「息子」であり、2006年は38.5％（5,390人）であり、2020年においても39.9％（7,462人）である。この15年間、40％前後で推移している。

　2番目に多いのは「配偶者」であり、2006年に19.8％（2,767人）であったものが、2020年には29.4％（5,492人）と徐々に増えてきている。いずれの年も、夫が虐待加害者である場合が4分の3を占めている。

　3番目は「娘」であり、2006年の14.5％から徐々に増え、2020年は17.8％に達している。息子と配偶者が虐待の加害者になる割合が高いのは日本と韓国で共通しているが、娘が加害者になる割合は日本のほうが高い。

　次に、2020年の韓国における被虐待高齢者の性別に関しては、男性が28％（1,187人）であるのに対して女性は72％（3,093人）であり、圧倒的に女性が多い。被虐待高齢者を5歳刻みにした年齢階層との関連性は、

表４－７　韓国の虐待加害者の年齢階層の変化

単位：％、（　）内実数

	2005年	2010年	2015年	2020年
70歳以上	4.4（107）	14.0（484）	27.0（1,140）	30.4（2,034）
50－59歳	23.5（569）	27.7（964）	27.4（1,156）	24.4（1,634）
40－49歳	31.8（770）	29.4（1,022）	20.6（870）	20.2（1,352）
その他の年齢階層	40.2（972）	29.0（1,008）	25.0（1,471）	25.0（757）
合　　計	100.0（2,418）	100.0（3,478）	100.0（4,637）	100.0（5,777）

（出典）表４－１と同じ。p.18を筆者加工。

2020年に関してはほとんどないことが分かった。

　日本の場合、2006年度では、介護施設での虐待被害者は女性が78.7％（74人）、男性が21.3％（20人）、自宅での虐待被害者は女性が76.6％（9,799人）、男性が23.1％（2,946人）となっており、女性が8割近くを占めていた。

　2020年では、介護施設での虐待被害者は女性が69.4％（855人）、男性が30.6％（377人）、自宅での虐待被害者は女性が75.2％（13,377人）、男性が24.8％（4,401人）となっており、女性が7割から7割5分を占めている。また、介護施設も自宅も、女性の被害の割合が高くなっている。

　次に、韓国の虐待加害者について表４－７を見ると，2005年当時は40代が最も多く、以下50代、70代以上と続いていたが、2020年時点では順位が逆転し、70代が30.4％と最も多くなっている。以下、50代の24.4％、40代の20.2％と続いている。

　2005年当時は子ども世代が親世代を虐待するパターンが多かったが、この15年の間に、配偶者間の虐待が最も多いパターンに変化してきたと言える。虐待の被害者の72％が女性であることから、高齢の夫が高齢の妻を虐待するケースが最も多いと言えよう。老夫婦世帯が増加していることに加えて、夫婦世帯の貧困、夫のアルコール依存、妻の認知症の罹

患などが背景要因として考えられる。

　一方、日本はどうであろうか。介護施設における2006年度調査における虐待者の年齢は、介護施設では、30歳未満が29.7％（19人）、30代が25.0％（16人）と比較的若い職員が多い。2020年度調査では、介護施設での加害者は、40代が15.8％（117人）で最も多く、以下30代の15.0％（111人）、50代の14.7％（109人）、30歳未満の13.0％（96人）と年齢層がやや分散している。

（5）韓国の虐待頻度と継続期間

　韓国では、中央老人保護機関が虐待の頻度についても調べている。次ページに掲載した**表 4 − 8**は虐待の頻度を示したものである。2020年に関して最も多いのが、「1 か月に 1 回以上」で27.7％、以下「週 1 回以上」の26.6％、「1 回のみ（単発）」の16.0％、「毎日」の11.6％、「3 か月に 1 回以上」の9.8％、「6 か月に 1 回以上」の8.3％と続いている。

　2015年時点では、頻度「毎日」と「週 1 回以上」が合わせて 6 割あり、極めて深刻な状況であったが、2020年には「毎日」が半減して「1 回のみ」が増えており、やや改善が見られる。

　同機関は虐待の継続期間も調査している。**表 4 − 9**によれば、2015年では「1 年から 5 年」、「5 年以上」という長期にわたる深刻な高齢者虐待が70％を超えていたが、2018年、2020年とやや改善し、66.2％、64.5％と減少している。また、「1 回のみ（単発）」が2015年に比べ 2 倍に増えており、やや改善が見られる。ただし、虐待が 5 年以上続くケースも34.1％と極めて多く、決して予断を許さない。

中央老人保護機関の所長（中央、2019年）

表 4 － 8 　高齢者虐待の頻度

単位：％、（　　）内実数

	毎日	週1回以上	1か月に1回以上	3か月に1回以上	6か月に1回以上	1回のみ	合　計
2015年	23.1 (883)	36.5 (1,393)	21.1 (804)	5.5 (210)	4.6 (176)	9.2 (352)	100.0 (3,800)
2018年	13.3 (689)	30.3 (1,574)	27.6 (1,434)	8.6 (444)	6.3 (327)	13.9 (720)	100.0 (5,188)
2020年	11.6 (726)	26.6 (1,664)	27.7 (1,733)	9.8 (614)	8.3 (520)	16.0 (1,002)	100.0 (6,259)

（出典）**表 4 － 1** と同じ。p.87。

表 4 － 9 　高齢者虐待の継続期間

単位：％、（　　）内実数

	1か月未満	1か月から1年	1年から5年	5年以上	1回のみ	合　計
2015年	4.0 (151)	18.6 (710)	35.9 (1,370)	34.2 (1,307)	7.3 (280)	100.0 (3,800)
2018年	3.5 (180)	18.0 (934)	32.7 (1,696)	33.5 (1,738)	12.3 (640)	100.0 (5,188)
2020年	3.9 (243)	16.7 (1,043)	30.5 (1,907)	34.1 (2,136)	14.9 (930)	100.0 (6,259)

（出典）**表 4 － 1** と同じ。p.88。

　極めて頻繁に虐待を受け、しかもその病理的な状況が 1 年以上、場合によっては 5 年続くという事態は、とりもなおさず高齢者の人権が長期にわたって極度に蹂躙（侵害）されているという結果である。ひとたび虐待が発生したならば、素早く対策を立て再発しないような仕組みを早急に構築しなければならない。

　韓国の場合、早期発見が難しい社会的背景があるのだろうか。あるいは、早期対応しても繰り返し虐待を起こしてしまう加害者側の原因があるのだろうか。「老親が虐待被害を明らかにすると、息子など家族と会えなくなってしまうので虐待に耐えている場合がある」と、中央老人保

護専門機関の職員が語っていた。加害者側への社会的支援、教育的支援などを含めた総合的支援体制の構築が喫緊の課題である。

　なお、以上のような虐待の頻度や継続期間に関する調査項目は、実は日本の高齢者虐待防止法に基づく毎年の調査では問われていないため、両国で比較することができない。日本においても、頻繁な頻度で長期にわたって続く虐待が起きている場合も十分予想されるので、こうした質問項目を導入すべきであり、こうした深刻な人権侵害の事例に関する、具体的な対応策が至急構築されなければならない。

（6）認知症と虐待

　ところで、日本において養護者による虐待を受けた被害者のなかに、どの程度認知症高齢者が含まれているのだろうか。2020年データによれば、養護者による虐待の被害高齢者17,778人のうち要介護認定済みの高齢者は11,741人であり、そのうち「認知症日常生活自立度Ⅲ」以上という症状が比較的重い高齢者、すなわち日常生活に支障を来すような症状・行動や意思疎通の困難さが時々見られ、日常的にあるいは常時介護を必要とする高齢者が3,884人存在する。要介護認定を経て認知症日常生活自立度が確定されるので、11,741人のうちの約33.1％が比較的重い認知症を患っているなかで虐待被害に遭っていることが分かる（厚生労働省［2021］）。

　同データにより、認知症日常生活自立度と虐待の種類との相関を見ることができる。すなわち、認知症日常生活自立度が悪化するほど介護放棄などが増え、心理的虐待が減るという相関関係が確認できた（厚生労働省［2021］p.10）。

　また、この相関性は、障害高齢者の日常生活自立度（寝たきり度）と虐待のタイプとの関係においても同様に確認でき、「寝たきり度」が悪化するほど介護放棄などが増え、心理的虐待が減るという相関が見られた（厚生労働省［2021］p.11）。

　他方、2020年の養介護施設従事者等の虐待に関しては、被虐待高齢者1,232人のうち、「認知症日常生活自立度」がⅢ以上の比較的重い高齢者が469人であった。比較的重い認知症を患っているなかで、約38％が虐待被害に遭っていることが分かる（厚生労働省［2021］）。

　認知症日常生活自立度と虐待の種類との関連を見ると、以下のことが明らかになった。すなわち、認知症日常生活自立度が悪化するほど身体的虐待が増え、心理的虐待が減るという相関関係が確認できる（厚生労働省［2021］p.4）。

　また、この関連性は、障害高齢者の日常生活自立度（寝たきり度）と虐待の種類との関係においても確認できる。すなわち、寝たきり度が悪化するほど身体的虐待が増え、心理的虐待が減るという相関が確認できる（厚生労働省［2021］p.6）。

　以上、韓国と日本について高齢者虐待と認知症の関連性について比較を行った。韓国の療養保険の認定調査票において、認知症日常生活自立度および障害高齢者の日常生活自立度の両項目を調査している（主治医意見書にも両項目を組み込んでいる）が（林春植ほか［2010］p.230、p.239）、日本のデータで確認したような高齢者虐待との相関関係は確認できなかった。

　認知症高齢者数に認知症の疑いのある高齢者数を合計し、高齢者虐待に占める割合を見ると、2010年18.8％、2015年27.0％、2020年24.5％と日本に比べて低いことが分かる。この低さが影響しているのか、高齢者虐待の諸タイプとの相関性は明確にならなかった。

　認知症の高齢者数や罹患率が韓国と日本で異なるということも背景にあるが、それだけではなく、当該高齢者が認知症であるかどうかの確定診断システムの普及率が異なることも大きく影響していると考えられる。認知症の疾患にかかっているかどうかの確定は、専門医による問診およびCTやMRIなどによる画像診断が普及して初めて可能となる。

　両国では高齢化率が２倍以上異なるので、認知症の専門医の数、専門的な確定診断の水準に差があることは否めない。先に述べたように、認知症安心センターで認知症登録する高齢者が増えてきているので、今後は認知症と虐待の関連性が明確に示されるかもしれない。

　虐待を受けている高齢者のなかには、老人長期療養保険のサービスを申請していないために、認知症であるにも関わらず医師の診断を受けていない高齢者がいまだに多いのではないかと推測する。サービス利用時に15％の自己負担額が発生することや、主治医の意見書を申請者が自ら用意しなければならないこと、認知症患者に関する情報が地方あるいは中央の老人保護専門機関の情報ネットワークにつながっていないことなど、様々な障壁が日韓の差を生んでいる可能性が高い。

５ 高齢者虐待防止対策

　現在韓国は、主として以下に述べる三つの虐待防止対策を講じてきている。一つ目は、老人福祉法を改正することによって高齢者虐待の加害者に対する罰則を強化する施策である。保健福祉部は、以下の三つの罰則強化を2017年に施行した（保健福祉部［2017］pp.21〜24）。

❶老人に傷害を負わせる行為に対する罰則を強化した。７年以下の懲役または2,000万ウォン以下であったものを、懲役は同条件で罰金を7,000万ウォン以下とした（第55条の２）。

❷老人保護専門機関の職員に対する暴行・脅迫、業務妨害などに対する罰則を強化した。５年以下の懲役または1,500万ウォン以下であったものを、懲役は同条件で罰金を5,000万ウォン以下とした（第55条の３第１項第１号）。

❸情緒的な虐待を含む老人虐待行為に対する罰則を強化した。５年以下の懲役または3,000万ウォン以下であったものを、懲役は同条件で罰金を5,000万ウォン以下とした（第55条の３、第１項第２号）。

　以上の罰則強化に加えて、高齢者虐待による被害を被った高齢者の保護と心身治癒プログラム提供のために、被害者専用の憩いの場の設置・運営を盛り込んだ（第39条の19）。また、高齢者虐待の加害者に対しては、相談、教育、心理的治療などを受けることを勧告している（第39条の16）。

　2017年の老人福祉法改正に先立って、高齢者虐待対応の警察官が置かれるようになり、警察との連携が強くなっていることが指摘できる。日本に比べて、韓国は虐待を犯罪として厳罰化する傾向が明らかに強い。

　二つ目は、高齢者虐待通報の申告義務者を拡大し、虐待の早期発見の確率を高める施策である。虐待通報には、高齢者福祉および医療関連の専門職から構成される申告義務者による通報と、関連する専門職以外の一般的な非申告義務者による通報がある。このうち申告義務者は、虐待を発見した時には直ちに行政や老人保護専門機関に申告する責任を有しており、これを怠れば法的責任が問われることになる。

　2004年に老人福祉法に高齢者虐待に関する法改正が行われた時には五つの職業群のみであったが、2011年に8職業群へ拡大され、2016年には14の職業群へとさらに拡大された（保健福祉部［2017］pp.214〜215）。主要な申告義務者として、社会福祉系公務員、高齢者福祉施設の職員、家庭暴力（DV）関係施設の職員、性暴力相談所職員、医療機関、居宅介護関係機関の職員、社会福祉関連の職員、障がい者福祉施設の職員、多文化家庭支援センター職員、救急隊員などが含まれている。

　三つ目は、虐待に対する現実的な防止対策として、高齢者介護の現場に監視カメラ（CCTV）を設置することである。同カメラは、児童福祉や障がい者福祉の分野では必ず設けなければならない。カメラは、特に身体的虐待の抑止力になっていると考えられるが、虐待事件は後を絶たない。ただ、CCTVの設置に際しては、韓国と日本ではプライバシー意識に差があるため、日本で急速に普及するとは考えにくいが、食堂などオープンスペースには設置されており、一部の高齢者介護施設では食

堂以外の場所への導入が進むのかもしれない。

　以上の三つの高齢者虐待を防止する社会対策のうち、老人福祉法の改正による虐待防止効果が最も強く現れると予測されるが、課題となるのは、以上のような老人福祉法の改正内容が虐待リスクのある在宅介護者や介護施設の職員に周知徹底されることである。言うまでもなく、介護者教室や職員研修などを通じて周知されることが望まれる。

　実は、在宅介護者や介護施設の職員のなかには、何が虐待にあたるか理解されていない場合が少なくないので、老人福祉法改正とあわせて、虐待の定義に関する説明会が不可欠となる。身体的な虐待だけが虐待そのものであり、心理的虐待や放任が虐待の一類型であると理解されていない可能性が高いと言えよう。

　高齢者虐待の加害者に対する教育やカウンセリングについては、初めて老人福祉法に盛り込まれたが（第39条の16）、加害者教育や加害者カウンセリングに関するシステム開発は今後の課題であり、中央老人保護専門機関や関連行政機関が主体的に取り組むことが必要不可欠である。韓国では、こうした明確な虐待防止対策を強力に展開しているにも関わらず虐待が増加しているという現実がある。

　他方、日本は、高齢者虐待が増加しているにも関わらず具体的な法的対策が講じられてはいない。高齢者虐待に関する法律をもつ日本は、罰則規定を設けることの検討を含めて虐待防止対策を強力に展開すべきであろう。

　日本において毎年公表される調査結果から虐待防止につながる対応として示されているのは、虐待原因の確定である。2020年の調査結果に関して、複数回答という条件のもと養護者による虐待の原因として最も多いのは、「性格や人格（に基づく言動）」で57.8％（9,999件）、以下「介護疲れ・介護ストレス」（50.0％、8,638件）、「被虐待者との虐待発生までの人間関係」（46.5％、8,043件）であった。

　一方、養介護施設従事者などによる虐待原因として、複数回答という

条件のもとで最も多いのは、「教育・知識・介護技術に関する問題」で48.7％（290件）、以下「虐待を助長する組織風土や職員間の関係の悪さ、管理体制等」（22.2％、132件）、「職員のストレスや感情コントロールの問題」（17.1％、102件）と続いている（厚労省［2021］）。

　養護者も養介護施設従事者なども、どちらもストレスが虐待のトリガーになっていることから、ストレスマネジメントに関するスキルの習得ができるような社会的支援が必要不可欠である。

6　公団による定期評価の意義と課題

（1）　在宅サービスの公団評価

　韓国では、日本同様介護施設を含めた生活施設での高齢者虐待が徐々に増えている。認知症高齢者や要介護高齢者に対する施設内虐待は社会的弱者への人権蹂躙行為であり、深刻な社会問題である。加えて、認知症高齢者や要介護高齢者に対して提供される様々なタイプの在宅サービスや施設サービスの「質」が劣悪であったとするならば、そうした劣悪なサービスを提供する事業者は厳しくペナルティを科すべきである。つまり、質の劣った在宅サービスや施設サービスは「もう一つの高齢者虐待である」と言っても過言ではない。

　逆に、極めて高い質のサービスが在宅サービスおよび施設サービスにおいて提供されている場合には、その事業者を情報公開し、積極的に評価すべきである。経済的な意味でのインセンティブが提供されて然るべきである。

　韓国では「国民健康保険公団」が、療養保険開始の翌年2009年から介護サービスを提供する事業者に対する評価を実施している。具体的には、2009年は介護施設を対象に、2010年は在宅介護サービス提供事業所を対象に申し込みのあった事業所だけを対象にして評価を実施した。2011年

からこの評価は義務となって悉皆調査となり、現在は、同公団が全国の
各種在宅サービス提供事業所に対する評価を2年かけて実施し、その翌
年に介護施設に対する評価を行っている。

　評価を行う者は社会福祉士、看護師の資格をもち、3年以上の現場経
験をもっている同公団職員である。

　韓国では、公団が作成した評価リスト（3年ごとに一部評価基準が変
更される）を公団が書面審査するだけではなく、2018年からは各事業者
への面接、問い合わせを行うなど、多次元的な定期評価を行っている。
各事業者が定期評価に応じることは義務であり、評価が低い場合には事
後的に随意調査が実施される。なお、評価にあたって費用が発生するこ
とはない。

　同公団のサイトで、評価の全体的な結果および個別事業者の評定ラン
クについて情報公開がされている。サービスの利用を希望する高齢者や
介護者家族がこうした結果を参考にしてサービスの契約を行うことを同
公団は期待しているが、実態としては、A評価、B評価に入っているか
どうかの確認程度に留まっているのかもしれない。

　公団が毎年事業者評価を続けているのは、サービス利用者の便宜も図
ることもさることながら、五つの評価区分、すなわちA評価（最優秀）、
B評価（優秀）、C評価（良好）、D評価（普通）、E評価（不十分）を
設け、各事業者が介護サービスの質を上げる動機付けにしてもらうこと
にある。

　こうした客観的な評価について、上位10%以内の事業所には、前年度
の介護報酬（自己負担額を除いた公団が支払う額）の2%分をインセン
ティブとして公団が支給する。上位11%から20%以内の事業所には、同
1%の金額を振り込む。同公団による継続的な評価の目的は、韓国全体
の介護サービスの質向上であることは断るまでもない。

　表4−10は、2019年に実施された様々な在宅サービスに関する評価結
果を示したものである。在宅サービス全体としては、5,974事業所のう

表4－10　2019年における各在宅サービスに対する公団評価

上段：機関数、中段：％、下段：平均点

	合計	A評価	B評価	C評価	D評価	E評価
合　計	5,974 100.0 83.4	1,875 31.4 94.3	1,959 32.8 85.6	1,079 18.1 77.3	582 9.7 69.5	479 8.0 62.7
訪問療養	3,399 100.0 83.8	1,091 32.1 94.3	1,140 33.5 85.5	622 18.3 77.2	333 9.8 69.0	213 6.3 62.4
訪問入浴	665 100.0 83.0	172 25.9 94.3	243 36.5 85.4	127 19.1 77.7	81 12.2 69.1	42 6.3 66.3
訪問看護	99 100.0 86.6	44 44.4 94.9	21 21.2 86.3	24 24.2 78.5	7 7.1 72.0	3 3.0 66.3
昼・夜間 保護	1,259 100.0 84.1	447 35.6 94.3	396 31.5 85.6	213 17.0 77.0	118 9.4 69.0	85 6.8 61.7
短期保護	43 100.0 81.2	3 7.0 93.5	20 48.8 86.6	12 27.9 76.0	4 9.3 69.8	4 9.3 73.1
福祉用具	509 100.0 79.5	118 23.2 94.2	139 27.3 86.0	81 15.9 77.8	39 7.7 74.3	132 25.9 62.2

（出典）国民健康保険公団、2021a、p.41を筆者修正。

ち31.4％（1,875事業所）が最優秀を意味するA評価を受けている。A評価グループ全体の平均点は94.3点であった。以下、優秀を意味するB評価は32.8％（1,959事業所）、良好を意味するC評価は18.1％（1,079事業所）、普通を意味するD評価は9.7％（582事業所）、不十分を意味するE評価は8.0％（479事業所）という分布であった。

　在宅サービスの種類別に見ると、訪問看護（99事業所）が最もA評価の割合が高く44.4％（44事業所）であり、以下、2番目が昼・夜間保

護サービス（1,259事業所）で、Ａ評価が35.6％（447事業所）であった。
３位が訪問療養サービス（3,399事業所）であり、Ａ評価が32.1％（1,091
事業所）であった。

　逆に、最もＡ評価の割合が低かったのは短期保護サービスで7.0％、
福祉用具で23.2％、訪問入浴で25.9％であった。この３サービスのＡ評
価の割合を高めるとともに、Ａ評価の比率の比較的高い訪問看護、昼・
夜間保護サービス、訪問療養の３サービスについても、さらにＡ評価
の割合を高めることが不可欠である。

（2）経営主体の種類別平均点

　在宅サービスも施設サービスも個人経営が圧倒的に多いことが、韓国
の介護サービス提供システムの特徴である。法人や地方自治体が経営す
る場合もあるが、少数に留まっている。こうした経営主体別に、公団評
価の平均点に差があるのかどうかについて見たのが後掲する**表４－15**以
降の各表である（135ページより）。

　訪問療養サービスの結果を示した**表４－11**によれば、2016年〜17年時
点での事業者数は5,567か所であり、公団による評価の平均値は80.5点で
あった。その後の2019〜20年での事業者数は6,939か所であり、公団に
よる評価の平均値は84.5点である。最も代表的な在宅サービスである訪
問療養サービスの平均点が最も新しい公団評価で４ポイント上昇してい
る点は、介護サービスの質が著しく向上していることを示しており、喜
ばしい結果である。

　経営主体別に見ると、事業者数が最も多いのが個人経営で、2016年〜
2017年時点での事業者数は4,625か所であり、評価の平均値は79.6点であ
った。2019〜2020年での事業者数は6,000か所に増えており、評価の平
均値は84.0点であった。

　最も利用者の多い訪問療養サービスで事業所が増加するなか、平均点
が4.5ポイント上昇している点は評価できる。法人が経営する場合や地

表 4 −11　訪問療養サービスに関する経営主体別平均点

区分	実施機関				平均点	
	2019〜2020		前回　2016〜2017		2019〜2020	前回 2016〜2017
	機関数	比率	機関数	比率		
合　計	6,939	100.0	5,567	100.0	84.5	80.5
個人	6,000	86.5	4,625	83.1	84.0	79.6
法人	899	13.0	884	15.9	88.1	85.4
地方自治体	18	0.2	23	0.4	89.9	89.3
その他	22	0.3	35	0.6	87.3	79.3

（出典）表 4 −10と同じ。p.80を筆者修正。

表 4 −12　昼・夜間保護サービスに関する経営主体別の評価平均点

区分	実施機関				平均点	
	2019〜2020		前回　2016〜2017		2019〜2020	前回 2016〜2017
	機関数	比率	機関数	比率		
合　計	2,312	100.0	1,374	100.0	84.1	82.7
個人	1,442	62.4	629	45.8	82.1	77.9
法人	748	32.3	650	47.3	87.3	86.3
地方自治体	113	4.9	88	6.4	88.8	90.4
その他	9	0.4	7	0.5	80.4	82.6

（出典）表 4 −10と同じ。p.83を筆者修正。

表 4 −13　訪問療養サービスの事業所規模別に見た平均点

区分	実施機関				平均点	
	2019〜2020		前回　2016〜2017		2019〜2020	前回 2016〜2017
	機関数	比率	機関数	比率		
合　計	6,939	100.0	5,567	100.0	84.5	80.5
30人以上	3,623	52.2	2,295	41.2	88.0	85.1
10人〜30人未満	2,567	37.0	2,477	44.5	82.3	78.9
10人未満	749	10.8	795	14.3	75.3	72.5

（出典）表 4 −10と同じ。p.104を筆者修正。

方自治体が経営する場合は、個人経営よりも平均値が高く2019〜2020年のほうが2016年〜2017年よりも高くなっている。個人経営が法人経営の平均値に追いつくことが課題である。

　なお、その他（非営利法人）が８ポイント平均値を上昇させているが、全国で22機関と少ない。こうした望ましい介護の質の向上が2021年以降も確認できるかどうかが注目すべきポイントとなるが、2021年度の公団評価がコロナ禍のなかで延期されている。

　昼・夜間保護サービスの評価結果を示した**表４−12**によれば、2016年〜2017年時点での事業者数は1,374か所であり、公団による評価の平均値は82.7点であった。その後、2019〜2020年での事業者数は2,312か所と急激に増加しており、評価の平均値は84.1点である。昼・夜間保護サービスの平均点が1.4ポイント上昇している点は望ましい結果である。

　経営主体別に見ると、事業者数が最も多いのが個人経営で、2016年〜2017年時点での事業者数は629か所であり、評価の平均値は77.9点であった。2019〜2020年での事業者数は1,442か所と倍以上に増えつつあるが、評価の平均値は82.1点であった。

　事業所が急増するなか、平均点が4.2ポイント上昇している。同サービスで評価が高くなったのは望ましい傾向である。法人が経営する場合および地方自治体が経営する場合は、個人経営よりも平均値が高い。個人経営が法人経営、自治体経営の平均値に追いつくことが課題である。

（３）サービスの利用者規模別平均点

　表４−13は、訪問療養サービスについて、利用者の規模別に平均点の変化を見たものである。利用者の規模は、2016〜2017年では10人〜30人未満が最も多く2,477事業所あったが、2019〜2020年では30人以上が最も多くなっており、3,623事業所に増えている。平均点は、利用者数の規模と相関があり、2016〜2017年では30人以上の規模で最も平均点が高く85.1点、以下、10人〜30人未満78.9点、10人未満72.5点の順である。

表4－14　昼・夜間保護サービスの事業所規模別に見た平均点

区分	実施機関				平均点	
	2019～2020		前回　2016～2017		2019～2020	前回 2016～2017
	機関数	比率	機関数	比率		
合　計	2,312	100.0	1,374	100.0	84.1	82.7
30人以上	518	22.4	202	14.7	87.0	85.3
10人～30人未満	1,391	60.2	868	63.2	84.4	83.8
10人未満	403	17.4	304	22.1	79.4	77.8

（出典）**表4－10**と同じ。p.109を筆者修正。

2019～2020年では、三つの利用者数の規模すべてについて平均点が上昇しており、最も高いのが30人以上の規模で88.0点、以下、10人～30人未満の82.3点、10人未満の75.3点の順である。

　利用者が10人未満の訪問療養サービスの平均点が極めて低いことが分かる。利用者の数が少なければそれだけサービス提供者の目が行き届き、高い水準の介護サービスが提供される可能性もあるが、実際には、利用者が少なければサービスを提供する療養保護士の数も少なくなり、介護の質が低下することになる。

　表4－14は、昼・夜間保護サービスについて、利用者の規模別に平均点の変化を見たものである。

　利用者の規模は、2016～2017年では、10人～30人未満が最も多く868事業所あったが、2019～2020年でも30人以上が最も多くなっており、1,391事業所に増えている。平均点は、訪問療養サービスと同様、利用者数の規模と相関があり、2016～2017年では30人以上の規模で最も平均点が高く85.3点、以下、10人～30人未満83.8点、10人未満77.8点の順である。

　2019～2020年では、三つの利用者数の規模についてすべて平均点が上昇しており、最も高いのが30人以上の規模で87.0点、以下、10人～30人

未満84.4点、10人未満79.4点の順である。

　訪問療養サービスも昼・夜間保護サービスも、利用者数が10人未満という少数の場合、平均点は70点台に留まっている。韓国で個人経営が圧倒的に多いことと重ねて考えるならば、介護の質を向上させる最も効果的な戦略は、利用者数が一桁台の個人経営の訪問療養事業者および昼・夜間保護事業者を統合し、利用者数を増やすことである。

　保健福祉部は、各地方自治体が社会サービス院を設け、その枠組みのなかに統合在宅サービスを位置付けることを構想しているが、それが難しいのであれば、社会福祉士の加算が可能な利用者数である10人以上、あるいは15人以上でなければサービス提供が出来ないようにするなどの規制が必要であろう。

　昼・夜間保護サービスは日本のデイサービスとは異なる数多くの特徴をもっているが、統合在宅サービスにおいても必要とされるサービスの一つである。一つの事業所のサービスの質が数十人にも上る要介護高齢者の生活の質に強く影響を及ぼすという意味においても、介護施設同様、介護の質向上が決定的に重要となる。特にそれは、個人経営の事業所に期待される社会的責務でもある。

（４）施設サービスに対する公団評価

　これまでに度々述べてきたように、韓国には２種類の介護施設の類型がある。一つは「老人療養院」であり、入所定員は10人以上である。もう一つは「老人療養共同生活家庭」であり、入所定員は５人以上９人以下となっている。

　国民健康保険公団は３年に一度、韓国全土の老人療養院および老人療養共同生活家庭を評価している。2020年現在、全国に老人療養院は3,850か所あり、入居者数は203,037人となっている。一方、老人療養共同生活家庭については1,913か所あり、入居者数は21,738人となっている（国民健康保険公団［2021c］p.745）。

　これらの介護施設を、公団の地域本部単位で評価を行う。それは、書類で評価する部分と現地で面談する部分から構成されている。2019年から2021年まで使用された施設評価指標の50項目は、以下の五つに大分類されている。

❶機関運営
❷環境および安全
❸利用者権利保障
❹サービス提供過程
❺サービス提供結果

　これらが、さらに中分類される。

　機関運営は「機関管理」、「人的資源管理」、「資源活用」の三つに中分類され、さらに小分類を経て合計12の評価要素に分けられる。**環境および安全**は、「施設および設備管理」、「衛生および感染管理」、「安全管理」の三つに中分類され、小分類を経て最終的には12の評価要素に分けられる。**利用者権利保障**については、「利用者権利」と「利用者尊厳性」に中分類され、小分類を経て五つの評価要素に分けられる。**サービス提供過程**は、「サービス提供」という一つの中分類となり、小分類を経て最終的には13の評価要素に分けられる。そして、最後の**サービス提供結果**は、「利用者状態」と「満足度評価」の二つに中分類され、同じく小分類を経て最終的には六つの評価要素に分けられる。

　以上の施設評価指標の小分類、さらに小分類を構成する合計50の評価要素の具体的な内容、各評価要素の配点を含めた全体像に関しては拙稿「韓国における介護の質に関する定期評価及び昼・夜間保護サービス提供の研究」（西下［2022］pp.13〜16）を参照されたい。

　上記50の評価要素に基づいて、100点満点で各介護施設が評価される。2016年から2018年まで使われた施設評価指標とは若干の差異があり、今回の指標（2019年〜2021年）では二つの評価要素が追加されている。今

後公表される2022年〜2024年版では、若干の追加や削除が行われると思われる。

　50の評価要素には、1点から4点の配点が決められている。3点や4点の場合は評価基準が複数存在しており、特に複雑である。そのため、公団の評価チームの負担が極めて大きい。

　一方、評価を受ける老人療養院側および老人療養共同生活家庭の機関側も、エビデンスを示す関連必要書類の作成や整理で相当な負担がかかる。50の要素それぞれに設定されている数多くの評価基準を減らすなど、まずは介護の質評価の作業に関わる社会的コストを削減することが大きな課題である。加えて、評価に必要な情報を WEB に事前登録し、施設内モニタリングや質疑応答、入所者へのインタビューなど必要最小限の現地訪問に限定し、時間の短縮が出来るようにすべきである。

（5）施設サービスの経営主体別平均点

　表4-15は、施設サービスの平均点を経営主体別に示している。最も新しい結果が2018年のものであり、その前の評価が2015年であった。ここでは、老人療養院および老人療養共同生活家庭がまとめて表記されている。

表4-15　施設サービスの経営主体別平均点

区分	実施機関				平均点	
	2018		前回　2015		2018	前回　2015
	機関数	比率	機関数	比率		
合　計	4,287	100.0	3,623	100.0	74.9	73.8
個人	2,905	67.8	2,267	62.6	72.0	69.7
法人	1,267	29.6	1,248	34.4	80.6	80.1
地方自治体	105	2.4	96	2.6	86.9	87.6
その他	10	0.2	12	0.3	74.4	78.4

（出典）国民健康保険公団［2019］p.43を筆者修正。

　個人経営が最も多く2,905機関存在し、その平均点は72.0点と最も低い。前回の2015年に関しても個人経営が最低であり、平均点は69.7点であった。次に機関数が多いのは法人経営であり、平均点は80.6点である。前回も80.1と80点を超えている。

　最も平均点が高かったのが地方自治体直営の施設であり、平均点は86.9である。前回も87.6点と最も高かった。しかしながら、設置数が極めて少なく100前後しかなく、構成割合は2％台である。

　この結果から分かるように、個人が経営する老人療養院および老人療養共同生活家庭が全国で6割から7割と多数を占めているが、その多数の介護施設の公団評価が芳しくないという構造的な問題が存在している。

（6）施設サービスの入所者規模別平均点

　表4－16は、施設サービスの入所者数規模別平均点を示した結果である。老人療養院は、「30人以上」と「10人以上30人未満」の二つのタイプに分かれており、老人療養共同生活家庭は「10人未満」のタイプのみである。2018年に関しては、30人以上、10人以上30人未満、10人未満の各タイプの構成割合は3等分に近いが、2015年は、10人未満の事業所の割合が5ポイントほど多い状況であった。

表4－16　施設サービスの入所者数の規模別平均点

区分	実施機関				平均点	
	2018		前回　2015		2018	前回　2015
	機関数	比率	機関数	比率		
合　計	4,287	100.0	3,623	100.0	74.9	73.8
30人以上	1,490	34.8	1,228	33.9	81.7	82.5
10人以上30人未満	1,328	31.0	961	26.5	73.4	73.4
10人未満	1,469	34.3	1,438	39.7	69.2	66.5

（出典）**表4－15**と同じ。p.43を筆者修正。

　入所者数の規模別平均点に関しては、2018年と前回の2015年ともに、30人以上の介護施設が80点以上で最も平均点が高い。次に平均点が高いのは10人以上30人未満で、2018年も2015年も73.4点であった。最も平均が低いのが10人未満で、2018年も2015年も70点を割っている。

　結局、これは入居者10人以上の老人療養院が、入居者10人未満の老人療養共同生活家庭よりも公団による客観的評価が高いという結果である。少人数の要介護高齢者・認知症高齢者に対してアットホームな環境のなかで手厚いケアが行われていると考えられている老人療養共同生活家庭が最も低い評価になっているのは予想外であるが、その背景や原因を探ることを今後の課題としなければならない。

　韓国において介護施設の経営が個人で行われる割合が高いことから、個人経営の老人療養共同生活家庭では、元々定員の少ない利用者の介護報酬で最大限の利潤を得ようとする傾向がある。それゆえ、介護の質を低めるような手抜きのケアを行っている可能性があるのだろうか。

　前述した施設介護指標の大分類、中分類、小分類、評価要素のどの項目で公団による評価が下がっているのだろうか。この点について、老人療養院と老人療養共同生活家庭を比較分析すれば原因が明らかになるであろう。あるいは、入所者の規模別に三つのカテゴリーに分けて各中分類の評価点数を比較することも必要とされる課題である。

　平均点で分析することも重要だが、実は、先に述べたようにA等級からE等級の5段階に分かれているのだから、入所者の規模別に5段階の分布を見たほうがその差は明確になる。

　次ページの**表4-17**に示すように、老人療養共同生活家庭は、老人療養院に比べてE評価の割合が著しく高いことが分かる。E評価が多い背景は、先に述べたように、個人事業主が利益を出すことばかりを考え、介護の質を蔑ろにしている可能性が高いということであろう。

　同表を具体的に見ると、入居者30人以上の介護施設の場合には、A評価が最も多く27.2％で、B評価と合わせると過半数となる。入居者10人

138

表4－17　入所者の規模別　評価の分布

単位：％、（　　）内実数

	事業所の数	A 評価 90点以上	B 評価 80点以上	C 評価 70点以上	D 評価 60点以上	E 評価 60点未満
30人以上	1,490	27.2 （406）	26.0 （387）	23.2 （346）	13.9 （207）	9.7 （144）
10人以上 30人未満	1,328	8.8 （114）	21.6 （287）	26.3 （349）	22.1 （294）	21.4 （284）
10人未満	1,469	4.0 （57）	17.4 （256）	24.0 （353）	23.6 （347）	31.0 （456）

（出典）表4－15と同じ。p.66を筆者修正。

以上30人未満の介護施設ではC評価が最も多く26.3％、以下、D評価、B評価と続く。そして、入居者10人未満の場合にはE評価が最も多く31％に達している。以下、C評価、D評価と続いている。

　入居者が9人以下の老人療養共同生活家庭は、要介護高齢者の場合も認知症高齢者の場合も、日本の認知症グループホームケアと同じく、アットホームな雰囲気のなかで入居者本位のケアが行われているはずであり、本来ならば理想的なケア形態の一つである（ただし、個室型のユニット制ではない）。しかし、これだけ評価が低いということは、やはり個人で経営や運営を行うという方法に問題があるのかもしれない。

　個人経営者が、訪問療養サービス、昼・夜間保護サービス、老人療養共同生活家庭の各介護サービスを10人未満の利用者に対して提供する場合、介護の質が著しく低下すると結論付けられる。公団が継続的に実施している定期評価の結果について、保健福祉部はどのように認識し、療養保険制度の具体的な改善を行っていくのか今後も注視したい。

7　日本における第三者評価

　日本においても、高齢者介護サービス事業者に対して第三者による評価が行われている。しかし、日本では、介護保険の保険者である市区町村が第三者評価を行うことはない。厚生労働省が定めた「第三者評価基

準ガイドライン」および「第三者内容評価基準ガイドライン」に基づき、各都道府県が福祉サービスの第三者評価事業を実施している。

　日本では、第三者評価を実施する評価者の資格要件がないのが最大の特徴である。各都道府県の評価者養成講習を受講した一般市民が評価委員となる。講習やスキルアップ研修を受講した人々が第三者評価機関を組織し、当該の都道府県の認証を受けて評価活動をする候補団体となる。福祉や医療の国家資格保持を条件としていないので、評価機関の HP に書かれた各評価者の保有資格、専門性に関する背景などを確認すると、必ずしも評価団体が評価者の質の均一化に成功していないことが分かる。

　もちろん、なかには専門性の高い評価者も含まれているが、評価者としての専門性に不安が残るケースがある。何よりも、国として全国同一の評価基準システムをもたない点で韓国より遅れている。

　在宅サービスあるいは施設サービスの各事業者は、評価を受けるために、各都道府県が認定した複数の第三者機関のなかから任意で 1 社を選択する。評価項目も自治体によって異なる場合がある。

　評価受審費用が無料の韓国と比べて最も大きな違いは、日本では評価を受ける事業者が 1 年度60万円程度の自己負担額を第三者機関に支払わなければならない点である。第三者評価機関は、競合他社が林立するなか、継続的に当該サービス事業者に選んでほしいという動機があるので、客観的であるべき評価の結果にある種の忖度が働く可能性も残される。

　日本では、第三者評価が介護保険制度から切り離されているので、1 年度60万円程度の経費が捻出できずに、結果的に受審を止めてしまうサービス事業者もある。自治体によっては、第三者評価を受けるのにかかった費用の半額を補助したり、30万円を上限として予算の範囲内で助成を行っているが、全く助成がないという自治体も多い。

　雑誌『月刊福祉』（全国社会福祉協議会出版部）が2017年に「第三者評価と福祉サービス」という特集を組んだが、介護施設などが負担する受審料に関しては具体的な言及が全くなかった。評価機関に問い合わせ

るように、という指示のみであった。特集を組んだ同雑誌の編集委員は、「すでに第三者評価制度が導入されてから10年以上経過したが、残念ながらあまり浸透しているとはいえない」（月刊福祉［2017］p.11）と現状を認識していたが、その認識は今でも妥当であり、浸透していないどころか、以下に示すように停滞している。

　全国社会福祉協議会によれば、全国で2019年中に第三者評価機関の評価を受けたのは、特別養護老人ホームで約500施設、訪問介護事業所で70か所、通所介護で200か所、認知症グループホームで約500か所と極めて少数の利用に留まっている。

　ちなみに、全国に特別養護老人ホームは概数で約1万施設、訪問介護事業所で3.5万か所、通所介護で2.4万か所、認知症グループホームは1.4万施設あり、比率を計算する必要がないほどの少数に留まっている。結局、高齢者福祉サービス提供事業の第三者評価は普及していないのである（有田［2021］p.128）。

　その原因は明らかである。まず、受審が任意であることが普及を阻む最大の原因となっている。これに加えて、受審に際して60万円程度かかる点も大きなブレーキとなっている。そして、実際に評価を担当する評価者の専門性、信頼性が担保出来ないという要因も大きい。さらに、評価期間が数か月に及ぶという点もネックになっている。

　第三者評価を普及させるには、厚生労働省が全国統一の評価システムを構築することが先決である。また、在宅サービス、施設サービス提供事業者に経済的な負担をかけない無料のシステムを構築し、全事業者に対して義務化することが重要である。そして、評価者の質の担保に関しては、介護福祉士、社会福祉士、介護支援専門員など専門的な資格を保有していることを前提条件とし、都道府県単位で一括して評価者を養成することが不可欠である。

　既に述べたように、韓国ではA評価（最優秀）のうち、評価の高かった上位10％、上位20％の事業者に対して介護報酬を加算するというイ

ンセンティブを設けている。日本においても、介護保険制度と連動させて、介護の質を高めるための経済的な動機付けを強化する方法を検討すべきである。

8）今後の課題

　四つの課題が残されている。最も大きな課題としては、高齢者虐待発生メカニズムの解明と防止システムの構築である。虐待が発生するメカニズムとして、社会的地位の高い者から低い者にストレスが移譲されるという「抑圧移譲仮説」が有力な仮説の一つであると考えるが（西下[2007] pp.93～94）、この仮説だけでは虐待メカニズムを解明できたことにはならない。ネットワーク孤立仮説も措定出来るからだ。

　とりわけ、在宅介護の場合は、抜き差しならない閉鎖的な空間での介護が強いられることになっているが、そうした場合にも、手段的サポートや情緒的サポートを期待出来るサポートネットワークを構築していけばストレスの軽減は出来るであろう。

　在宅介護者を地域でサポートするための具体的な方策として、「地域サポートチューター」というボランティアを設けることが一つの選択肢となる。地域サポートチューターは、在宅介護の経験者が担う役割である。当該地域の行政が、地域サポートチューターのボランティアバンクをデータベース化しておき、在宅介護者がチューターを選んで、相談したり、介護を一時的に依頼したりするのである。もちろん、家族ネットワークがあればその資源の活用も出来るが、介護経験者のボランティアのほうが虐待防止という点では効果的であろう。

　しかし、ネットワーク構築や相談を含めた支援体制構築だけでは問題解決とはならない。本能として人間がもっている破壊欲求を含め、虐待を行う人間心理のメカニズムの総合的な研究が求められる。

　第2の課題は「身体拘束」の問題である。身体的虐待が身体拘束と密

接に関連していることからすれば、そして、韓国において身体的虐待が2番目に多い結果からすれば、分析の主要対象として位置付けなければならない。身体拘束に関しては、韓国も日本も、以下の3条件の要件が認められた場合につき実施が認められている。

❶緊急性

❷非代替性

❸一時性

　この3要件が確認された後、身体拘束がやむを得ない手段として認められている。しかし、この3要件の運用および確認の仕方に問題があるように思われる。

　仮に、この3要件があるとして、当該高齢者の家族とだけ書面を交わして身体拘束が続けられるという場合が現実の介護現場では起きている。また、家族だけでなく当該要介護高齢者自身とも書面で了解がされているとしても、一時性が蔑ろにされ、身体拘束が恒常化するという可能性も高い。

　それに、実際の介護の現場で3要件がどの程度厳しく基準として運用されているのかについては外部から理解しにくい。さらに、病院などの入院施設において「身体拘束」の3要件とその運用に関して問題が生じていると考えられるので、介護現場と同じく、身体拘束の問題性が問われなければならない。

　韓国の場合は「安全管理」という考え方が強く、身体拘束の大義として機能しているように見受けられる。ソウルの中央老人保護専門機関自身、安全管理という考え方が身体拘束および身体的虐待に及ぼすリスクについて検討を始めており、安全管理のあり方や安全管理への対応も始まっている（2019年の中央老人保護専門機関センター長の話として）。韓国だけでなく日本についても、身体拘束の3要件の運用の形骸化を含めて、今後も注視し続けることが課題となる。

コラム5

大学の葬儀学科

　韓国は、2012年に「葬儀指導士」という国家資格を創設した。ターミナルケアの後に続く葬儀について、その質を高めることが目的であった。この資格制度が誕生する前、韓国中部の大田市にあるウルジ大学（Eulji university）は、4年制の大学として初めて「葬儀指導学科」を開設している。2012年以降は、葬儀指導士のカリキュラムを必修とし、社会福祉士、衛生士、遺体衛生処理士の履修を推奨している。

　大田市には2年制の大田保健大学があり、ヒューマンケア学部葬儀指導学科では、葬儀指導士の資格が取得できる。ソウル市内の大学にはこうした学科は設けられていないが、慶州市や昌原市にある2年制大学では同様のカリキュラムが設けられている。

　葬儀指導士の教育課程は保健福祉部が定めている。葬儀相談、葬儀施設の管理、衛生管理、葬儀学概論、葬儀法規等の科目の理論（講義150時間）および実習（100時間）を履修し、葬儀場での実習50時間と合わせて300時間のカリキュラムとなる。詳しくは以下を参照されたい。

　保健福祉部［2015］「葬儀指導士の資格証制度の運営マニュアル（장례지도사 자격증제도 운영 매뉴얼）」

　日本においても、葬祭ディレクター技能審査（1級、2級）という民間資格が1996年に設けられ、専門学校において、観光系、ホテル系、ブライダル系とともに「葬祭ディレクター」を養成するカリキュラムが増えてきている。この資格は厚生労働省が認定している。

　一方、台湾では2013年に技能検定が行われ、葬儀師資格「葬儀サービス技能士（喪禮服務技術士）」（乙級、丙級）が誕生した。また、同技能士のカリキュラムは、大学などのエクステンションプログラムとしても開設されている。

　さて、韓国の葬送に関して特徴的なのは、病院に葬儀社が併設されていることである。全国の葬儀場の6割近くは病院に併設された葬儀場であり、2018年時点で635か所ある。都市部ではマンションなどの集合住宅が多いことから病院葬儀場は合理的であるが、日本の文化ではなかなか理解できないであろう。

　台湾でも、長きにわたって一部の病院に葬儀場が併設されていたが、2012年の法律改正によって2017年までに廃止された。公正な競争が阻害されることが法律改正の大きな理由であった。

　第3の課題は、国家認知症登録システムの構築である。韓国では、第2次総合計画のなかで認知症患者のデータベースを構築し、前述したように、認知症の半数以上が登録をしている。

　これは、日本にとっても大きな課題である。日本では、2019年に閣議決定された「認知症施策推進大綱」が2025年まで進行中であるが（厚生労働省［2019］）、残念ながら、そのプランに認知症高齢者の全国レベルのデータ登録システムの構築は明記されていない。

　国家レベルで認知症高齢者の登録を進めている国の一つがスウェーデンであり、2007年から運用されている「Svedem register（Swedish dementia register）」（Svedem［2022］）と2011年に運用を開始した「BPSD register（Behavioral and Psychological Symptoms of Dementia register）」が存在している。Svedem（全国認知症登録システム）では、1人につきMMSEスコア（105ページ参照）を含めて20項目のデータが登録されている。

　両レジスターとも登録が任意であるため、臨床医師から情報が得られない場合があるという構造的な問題もあるが、国家全体の登録システムとして運用されている点では評価できる。

　そして、最後の第4の課題は、韓国や日本におけるエンドオブライフ・ケアの展開状況を明らかにすることである。台湾のエンドオブライフ・ケアの展開に関しては、患者自主権利法の施行と医療の事前指示書（Advance Directive: AD）に関する相談（Advance Care planning: ACP）の現状については第8章の3節（213ページ）で触れるので、そちらを参照していただきたい。他方、韓国や日本に関しては、自己決定されないまま延命されるという社会状況に対する法整備やADおよびACPの現状と、抱えている問題点を追うことができなかった。

第5章

台湾の長期介護システムの新展開

① 二つの長期介護10か年計画

（1）介護計画1.0

　2016年5月、台湾において8年ぶりに政権が交代し、民進党の蔡英文氏が中華民国第14代総統に就任した。初代女性総統の誕生である。国民党の馬英九氏が第13代総統であった2015年5月、立法院（国会に相当）において「長期照顧服務法（長期介護サービス法）」が成立し、2017年に施行された。

　介護保険制度の発足を見据え、介護サービスの基盤整備に関する法的基盤が整備されたが、蔡総統は就任演説において長期介護政策を推進することの重要性は訴えたものの、介護保険制度や関連立法については全く言及しなかった。あくまでも税金を財源に、高齢者一人ひとりが自分の住み慣れた地域で安心して老後生活を送ることが出来るように、また家族の介護負担を軽減するような政策を進めようとした。

　このように2人の総統の間で介護政策に関するヴィジョンが異なるため、今後、介護保険制度が導入されるか否かについては予断を許さない。2022年現在、台湾政府は介護保険制度を導入しておらず、介護システム

において、介護保険制度をもつ日本や韓国とは大きな違いが存在する。

　台湾は、2007年にスタートした「長期照顧10年計畫1.0」（長期介護10年計画1.0、以下「長期介護1.0」と略）に基づき、2016年まで介護基盤整備は進められてきた。さらに、2016年8月には衛生福利部が「長期照顧10年計畫2.0」（長期介護10年計画2.0、以下「長期介護2.0」と略）を発表し（衛生福利部［2016a］）、2017年から2026年に至るまで、よりきめの細かい地域に密着した介護サービスシステムを構築することが精力的に進められている。

　長期介護1.0において、介護サービス提供システムの対象者は以下の四つのタイプに分けられた。
❶65歳以上の失能（要介護）高齢者
❷55歳以上の山岳地域の失能原住民
❸50歳以上の心身障害者
❹手段的日常生活動作能力（IADL:Instrumental Activity of Daily Living）のみ喪失の独居高齢者

　なお、手段的日常生活動作能力は、「買い物」、「外出行動」、「調理」、「家事」、「洗濯」、「電話」、「服薬」、「金銭管理」の8項目から構成され（呂寶靜［2012］pp.136〜137）、そうした生活動作能力を一部喪失した場合が対象となった。

　台湾の原住民は清朝統治以前（1683年）より住む先住民のことであり、マレーポリネシア系の民族である。アミ族、タイヤル族など16の民族から構成される（金戸［2006］p.78）。山岳地域の原住民は29.3万人、平地原住民が25.9万人、区別できない原住民（不分平地山地）が55.2万人存在している（原住民族委員会［2016］）。

（2）長期介護2.0とホットライン

　2016年8月、衛生福利部は長期介護1.0のサービスの対象を拡大し、

よりきめの細かい地域密着型の包括的なサービスが切れ目なく提供出来るように、新たな国家プランである「長期介護2.0」を発表した。さらに、長期介護サービス利用を促進するために、ホットライン「1966」を2017年11月にスタートさせた。このホットラインは、各地方自治体の「長期介護管理センター」につながり、長期介護サービスの利用申請を受け付けるワンストップの窓口となる。

　その後、長期介護管理センター所属の専門職「長期介護管理専員」（以下、ケアマネジャーと略）の訪問調査、要介護認定、長期介護サービスの組み合わせ、連携、提供を行うこととなった。2019年7月までの合計は289,866コール、1か月平均13,800コール受けており、ホットラインとしての効果を発揮している（衛生福利部［2019］）。なお、2020年末現在では、合計341,274コールまで増加している。

　同ホットラインの効果もあり、さらに長期介護サービスの給付および支払いに関する新しい制度が2018年に導入されたこともあり、**表 5 - 2**（150ページ）が示すように在宅サービスが著しく増加している。

　衛生福利部の Chih-Ching Yang（楊志清）らは、長期介護1.0および長期介護2.0を評価して以下のように述べている。
「長期介護1.0では、すべてではないにせよ、一つのサービスを提供するに留まっていて、人々の多様な介護サービスのニーズを満たすことが出来なかった。その反省を踏まえて長期介護2.0では、より多様な融通の利く統合的なサービスを提供し、人々のニーズを満たすことが出来るようになってきている」（Chih-Ching Yang, et.al［2020］p.363）

　そして、長期介護2.0は、パーソンセンタード・長期介護サービスシステムという特性をもつと評価している。

　長期介護2.0の最終年度は2026年であり、現時点で評価することはいささか早すぎる。しかし、Chih-Ching Yang らが指摘したように、同計画が果たしてパーソンセンタードなサービスを提供しているかどうか、

表 5 - 1　二つの長期介護プランとサービス対象者・提供サービスのリスト

	長期介護1.0　（2007年－2016年）	長期介護2.0　（2017年－2026年）
サービス対象者	①65歳以上の要介護高齢者 ②55歳以上の山岳地帯原住民 ③50歳以上の心身障がい者 ④65歳以上の独居で手段的日常生活動作への補助が必要な方	⑤50歳以上の認知症患者 ⑥55-64歳で身体機能に衰えのある平地原住民 ⑦49歳以下の心身障がい者 ⑧65歳以上の虚弱高齢者で手段的日常生活動作への補助が必要な方
提供サービスのリスト	①在宅サービス（ホームヘルプサービス、デイサービス、家庭托顧＝在宅デイ） ②交通移送サービス ③食事配達サービス ④福祉用具の購入・レンタル及び住宅改修 ⑤在宅看護 ⑥地域在宅リハビリテーション ⑦ショートステイ・サービス ⑧長期介護施設ケア	⑨認知症ケア ⑩原住民居住地域のコミュニティ統合サービス ⑪小規模多機能サービス ⑫家族介護者支援サービス ⑬統合型コミュニティケア・サービスネットワーク（統合型コミュニティサービスセンター、連携型コミュニティセンター、街角サービス拠点の確立） ⑭コミュニティ基盤型介護予防 ⑮要介護や認知症発症を遅らせ予防するプログラム ⑯退院計画サービスの統合 ⑰在宅医療ケアの統合

（出典）Ministry of Health and Welfare, 2019, p.71

　つまり多様な統合的な介護サービスを一人ひとりのニーズに合わせて提供出来ているのか、高齢者や障がい者を含めたサービスを必要としている人々のニーズを満たせているのかという視点は重要であり、長期介護管理センターや、後述するA拠点によるケアマネジメントの適切性を含めて（173ページから）、今後もこうした観点から研究を続けることは必要不可欠な課題となる。

　表5－1が示すように、まず長期介護2.0において介護サービスの対象を4類型増やし、合計8類型にした点が評価出来る。これまでの介護サービスの対象については先述したが（146ページ参照）、これらに加えて以下の四つが加えられた。

❺50歳以上の認知症患者

❻55歳から64歳までで日常生活に支障のある平地原住民

❼49歳以下で日常生活に支障のある心身障がい者

❽65歳以上で身体が衰えた高齢者（衛生福利部［2016a］p.31）

　対象者の拡大と合わせて、提供されるサービスの種類も格段に豊富になっている。同表が示すように、長期介護1.0では 8 種類のサービスであったが、長期介護2.0では17種類に増えている。

　特徴的なのは、⑫の「家族介護者支援サービス」である。世界的な傾向である Aging in Place のなかで、在宅サービスが強調される傾向にある。こうした傾向は、在宅の要介護高齢者の介護者の介護負担が結果的に増えることを意味する。そのため、在宅介護者の介護ストレス、介護負担、ひいては虐待のリスクを軽減させるための社会的サービスとして、台湾では家族介護者支援サービスが設けられたと言える。

　本来、同表のサービスリストには、要介護者本人および家族介護者が提供を受ける具体的なサービスが列記されている。なかには、⑬の「統合型コミュニティケア・サービスネットワーク」のように、以下で詳述する 3 層構造の介護資源ネットワークシステム（173ページ）の名称が同メニューに挙がっていることから、サービスの固有名詞ではない次元の異なるものが含まれていることに注意しなければならない。

（3）在宅サービス利用の飛躍的変化

　次ページの**表 5 - 2** は、2008年から2020年までの各在宅サービスの利用者数および事業者数について、衛生福利部の資料に基づいて作成したものである。在宅サービスのうち、同表上部の「**a. 居家服務**（ホームヘルプサービス）」の利用者が、2008年には台湾全体で22,305人であったが、2020年では248,565人と約11倍に増加している。一方、事業者数は124か所から1,046か所と約8.4倍に増えている。

表5-2 長期介護プランと各サービスの推移

サービス		2008	2010	2015	2017	2018	2019	2020
a. ホームヘルプサービス（居家服務）	事業者数	124	133	181	238	420	688	1,046
	利用者数	22,305	27,800	46,428	79,137	117,911	161,247	248,565
b. デイサービス（認知症含む、日間照顧）	事業者数	31	66	198	291	355	429	547
	利用者数	339	785	2,993	5,091	11,622	15,528	23,257
c. 家庭型デイ（家庭托顧）	事業者数	4	23	22	31	104	164	239
	利用者数	1	35	200	321	681	966	1,066
d. 小規模多機能	事業者数	—	—	—	—	—	—	84
	利用者数	—	—	—	—	—	—	7,187
e. 福祉用具のレンタル・購入および住宅改修	利用者数	—	6,112	7,016	8,008	20,841	75,442	106,391
f. 食事配達サービス（栄養餐飲）	事業者数	166	201	197	249	265	259	—
	利用者数	5,356	5,267	7,066	9,090	16,843	13,152	21,390
g. 交通移送サービス（交通接送）	事業者数	31	43	41	48	112	180	236
	利用者数	7,232	21,916	24,724	27,428	66,440	105,538	130,325
h. 訪問看護（居家護理）	事業者数	487	489	494	505	1,255	1,681	1,734
	利用者数	1,690	9,443	23,975	9,970	専門サービス		
i. 地域訪問リハビリテーション（社区及居家復健）	事業者数	62	122	143	211			
	利用者数	1,765	9,511	25,090	12,013	49,234	84,794	87,351
j. レスパイト・サービス（喘息服務）	事業者数	1,390	1,444	1,565	1,702	1,673	1,979	2,133
	利用者数	2,250	9,267	37,346	18,383	49,053	71,286	81,286

（出典）衛生福利部［2018］、社会及家庭署、長期照顧統計；衛生福利部［2021］長期照顧管理資源平台。
Ministry of Health and Welfare, 2020, Taiwan Health and Welfare Report 2019
http://www.cdway.com.tw/gov/mhw2/book108/book01e/index.html
Ministry of Health and Welfare, 2022, Taiwan Health and Welfare Report 2021
https://www.mohw.gov.tw/cp-137-69198-2.html

　長期介護2.0の下では、台湾の介護サービス供給体制における最大の特徴である「年齢に関係なく心身障がい者がサービスを利用することが出来、中年期の認知症患者がサービスを利用することが可能になっている」ことから、こうした急増は予測されたものであろう。ホットラインの効果としてニーズの掘り起こしが出来たことと、ホームヘルパーの人材確保がある程度出来たことがこうした急増の背景にある。

　問題となるのは財源確保である。サービス利用時の自己負担額は、所得とサービスの種類によって異なるが、標準的な所得の場合16％の自己負担額を支払うことになる。残りの84％は、自治体がサービス提供事業者に支払っている。

　また、所得が著しく低い場合には自己負担がなく、全て自治体がサービス提供事業者に支払っている。これらの支払いの財源が確保出来れば利用者の数が増えても問題ないが、財源が不安定になれば今後難しくなることが予想される。

　なお、所得レベルが中間層や富裕層であれば、要介護の後期高齢者の介護サービスだけでなく、家族全体の身の周りの世話全般を長時間にわたって行ってくれる「住み込み型外国人介護労働者」（外籍看護工）を雇用するという選択肢を選ぶことが可能となっている。高齢者が入院する場合でも、当該の外国人介護労働者が病院に住み込んで身の周りの世話をしてくれるので、大変重宝されている。

「b.　日間照顧（デイサービス、認知症デイサービスを含む）」の利用者については、2008年に339人であったものが、2020年には23,257人と約68.6倍に急増している。一方、事業者数は31か所から547か所と約18倍に増えている。ホームヘルプサービス以上に事業所数も利用者数も急増しており、長期介護2.0でサービスを利用出来る範囲が拡大したことが大きく影響している。

「c.　家庭托顧（家庭型デイ）」は、2008年に1人であったものが、2020年には1,066人と激増している。同サービスは、介護職の資格を有する

者が、日中12時間を超えない範囲で要介護高齢者4人を上限として自宅
で預かる制度である（鄭雅文ほか［2010］p.19）。アメリカやイギリスの
サービスを参考にしたものだが、台湾独自のサービスの形式となってい
る。

　陳　正　芬（国立台北護理健康大学教授）は、台中市、南投県、台北市、
台南県のデイサービスセンターと家庭托顧の地理的位置に関する比較分
析を行い、各自治体ともデイサービスセンターが設置されていない周辺
部に家庭托顧が開設されていることを明らかにしている（陳正芬［2011］
pp.389〜393）。なお、障がい者のための家庭托顧サービスも存在してお
り、本データに含まれている。

　さらに、認知症の要介護高齢者が大規模なデイサービスを回避し、小
規模なストレスフリーな環境を求める傾向が強くなれば、今後、家庭托
顧は期待の大きいサービスとなる。また、後述するレスパイトケアの一
つの選択肢として利用者が増える可能性も残されている。問題となるの
は、一般の人々にその存在が知られていないことである。日本の地域包
括支援センターのようなワンストップの相談機関が台湾に導入されれば、
C拠点と同様、そうした身近な場所で同サービスに関する情報を得るこ
とが出来るであろう。

　「**e.　福祉用具レンタル・購入および住宅改修**」については、2010年段
階で6,112回であったものが、2020年に106,391回と約17倍に増えている。
なお、福祉用具レンタル・購入サービスと住宅改修サービスが同一のカ
テゴリーにまとめられているのが台湾の特徴である。ゆえに、福祉用具
と住宅改修のそれぞれの利用回数は不明である。日本では別に集計され
ており、韓国では住宅改修がそもそも介護保険の対象になっていない。

　「**f.　食事配達サービス**」の利用者は、2008年に5,356人であったが、
2020年は21,390人と約4倍に増えている。ほかのサービスに比べると増
加が緩やかである。

　「**g.　交通移送サービス**」は、2008年に7,232人であったものが、2020年

には130,325人と約18倍に急増している。一方、事業所数は31か所から236か所と約7.6倍に増えている。

　同サービスは、利用者が自宅から病院・医療機関への移動に際して用いられるサービスであり、のちに掲載する**表5－4**（160ページ）が示すように、居住地域によって自己負担比率が異なる。また、地方政府ごとに、同一地方政府内でも偏遠地区があるため料金単価が異なる。衛生福利部が発行している資料に単価が示されていないため、一般のニーズがあるとしても、情報が公開されていないために使いづらいものとなっている。

　医療系の在宅サービスとしては、「**h．訪問看護**」と「**i．地域訪問リハビリテーション**（社区(コミュニティ)および居宅リハビリテーション）」がある。なお、訪問看護と地域訪問リハビリテーションは、新しい介護システムが誕生した2018年に統合され、「**専門サービス**（専業服務）」と呼ばれている。2018年の専門的なサービスの利用者は49,234人であり、事業所数は1,255か所であった。2020年の専門的なサービスの利用者は87,351人と飛躍的に増加し、事業所数も1,734か所と増加傾向にある。

「**j．レスパイト・サービス**（喘息服務）」は、2008年に2,250人であったものが、2020年には81,286人と約36倍に急増している。一方、事業者数は2008年の1,390所から2020年に2,133か所と約1.5倍に増えている。在宅介護者における介護負担軽減は長期介護2.0における重点施策の一つであり、今後とも拡大を続けることが見込まれている。

　以上の各在宅サービス利用者の増加、事業者の増加から分かるように、急速にケアサービスの社会化が進行している。こうした傾向は、2007年からスタートしている長期介護1.0の効果であり、さらには2017年にスタートした長期介護2.0の効果である。とりわけ、長期介護2.0の創設によって、介護サービスを利用できる対象者が、49歳以下の心身障がい者や50歳以上の若年性認知症患者を含むなどして2倍となり、八つの対象

者群に増加したことの影響が大きい。

　先に指摘したように、介護サービスの対象者が増えたことにより、財源確保が喫緊の課題となってきた。長期介護サービスの予算は2008年から2013年にかけては、毎年30億元（1元＝4.3円。2022年5月現在）前後が計上されてきた。2014年は45億元、2015年は54.2億元、2016年は53.8億元と増えてきている。

　その後は推計値であるが、2017年162.3億元、2018年314.5億元、2019年361.3億元、2020年409.5億元、2021年529億元と急激に増加し、長期介護2.0の最終年に当たる2026年には736.5億元と予想されており、今後も在宅ケアを中心に施設ケアを含めた基盤整備が進むものと予想される（傅従喜［2019］p.67）。

　なお、2016年から2017年にかけて予算が3倍近くに急増しているのは、長期介護1.0から長期介護2.0の移行期にあたり、サービスの利用対象者の条件が四つから八つに増えたこと、およびサービス対象人口が急激に増えたことへの対応と考えられる。

　こうした長期介護関係の財源については、現在、たばこ税、相続税が充てられているが、2018年から急速に増える予算に見合うだけの財源が確保出来るのだろうか。

　そうしたなか、長期介護サービス法が改正され、第15条に、たばこ税、遺産税、贈与税の税率引き上げによる税収を長期介護の財源にすることが盛り込まれた。一律10％であった遺産税と贈与税は10％、20％、30％の累進課税となり、たばこ税は100本当たり590台湾元から1,590台湾元に引き上げられた（嶋［2018］p.7）。

　現在の介護体制の財源を税金の引き上げに頼る政策は、介護サービスの安定化を保障するものであるのか検証が必要である。2018年の介護基金収入は、363.46億台湾ドルであるが、そのうち281.83億台湾ドルがたばこ税収入であり、全体の8割を占めている（余尚儒ほか［2019］p.10）。

　立法院によれば、2020年から長期基金支出が同収入を上回り、単年度

表 5 - 3　ホームヘルプサービスの種類ごとの価格

カテゴリー番号	具体的内容	サービス給付価格	原住民・離島給付価格
BA01	基本身体清潔	260元	310元
BA02	基本日常ケア	195元	235元
BA03	バイタルチェック	35元	40元
BA04	食事のための支援（食事準備、温めたりベッドに運ぶ）	130元	155元
BA05	食事ケア（食事を作る）	310元	370元
BA07	入浴支援（シャンプー等）	325元	385元
BA08	足ケア	500元	600元
BA09	入浴車	2,200元	2,640元
BA09a	胃瘻高齢者への入浴車	2,500元	3,000元
BA10	背中押し	155元	190元
BA11	手足の関節運動	195元	235元
BA12	屋内で階段上下運動	130元	155元
BA13	外出同行支援	195元	235元
BA14	通院同行支援	685元	825元
BA15	家事支援	195元	235元
BA16	買い物郵便局代行支援	130元	155元
BA17	医療補助（浣腸など）	65元	80元
BA18	日常生活安全監視	200元	240元
BA20	行為共有支援（テレビ・新聞など）	175元	210元
BA22	介護者支援（午前 6 時から午後 6 時までに 3 回訪問）	130元	160元
BA23	シャワー支援	200元	240元
BA24	排泄支援	220元	265元

（注）BA06、BA19、BA21は欠番である。具体的内容の（　）内は、筆者が補足した。
　　　例えば、最後の排泄支援は、日本円で946円となる。
（出典）衛生福利部、2020a を筆者加工。

では赤字に転落する。2024年まで毎年5年間その赤字状態が継続し、基金としての残額151億元まで減少する。誠に脆弱な長期基金の運営にならざるを得ない。たばこ税だけに依存する現行のシステムでは、歴史上最も急激に高齢化する2020年から2030年の介護ニーズに十分対応することができないように思われる。

（4）ホームヘルプサービス・システムの先進性

　衛生福利部は、ホームヘルプサービスの専門性を高めて、ホームヘルパーの賃金上昇が可能となるように、2018年1月にホームヘルプサービスの費用を時間計算から項目計算へと変更した。ホームヘルプサービスの事業所やホームヘルパーの数が増えた背景には、この計算根拠の変更に関する影響や後述する労働条件の改善が大きいと考えられる。

　前ページに示した**表5−3**は、主要なホームヘルプサービスの援助の種類ごとの通常価格、およびサービス利用者が原住民または離島住民の場合の価格を示したものである。ホームヘルプサービスが、21のカテゴリーに細分化されているのが大きな特徴である。

　日本や韓国には、こうした細分化の発想はない。日本のホームヘルプサービスの生活援助に一部対応する食事準備、同行支援、代行支援に関するカテゴリーもあれば、身体介護に対応するサービスが多くのカテゴリーに細分化されていることが分かる。また、訪問看護関連のカテゴリーもある。

　なお、2018年5月に衛生福利部は、ホームヘルパーの賃金が月給の場合には32,000元以上、時給の場合には1時間200元以上、要介護者宅間での移動時間も労働時間として数え、1時間140元以上の給与が支払われるよう各自治体に通達した（鄭安君［2018］p.152）。こうした労働条件が改善されたホームヘルプサービスに関しては、同表の多くのカテゴリーを組み合わせてケアプランが作成されることになる。

2) レスパイト・サービス

　台湾のレスパイト・サービス（喘息服務）は、家族介護者支援のためのサービスであり、3種類のタイプに分かれる。ここでのレスパイト（respite）は「小休止」という意味であり、家族介護者が介護から距離を置き、休養するためのサービスである。

　各タイプとも、その給付金額が二つの等級カテゴリーで分けられ、さらに他の在宅サービス同様、申請者の収入レベルによって、0％、5％、16％の3ランクに分かれている。なお、以下の各サービスの価格は、衛生福利部が2020年2月に発表した「長期照顧給付及支付基準」に基づいている。

　第1のタイプは、ホーム・レスパイトサービス（居家喘息服務）であり、1日6時間の全日型サービス（2,310元）と3時間の半日型コース（1,155元）に分けられ、介護スタッフが要介護高齢者の自宅を訪問し、身体介護サービスなどを提供する。

　第2のタイプはコミュニティ・レスパイトサービス（社区喘息服務）で、要介護高齢者をデイサービスセンターに通所させるサービスである。こちらも2種類に分けられ、1日6時間の全日型・日間照顧サービス（1,250元）と3時間の半日型コース（625元）が存在する。また、C拠点「地元街角介護サービスステーション」でのサービスもある（170元）。

　同拠点は介護予防や社会参加の機能が中心となっているが、数時間のレスパイトも行うことができる。また、小規模多機能施設などに通ってもらい、夜間18時から翌朝8時のレスパイト・サービスを利用するサービスがある（2,000元）。このように、多様な機関・組織で提供されることが分かる。

　第3は、施設レスパイトサービス（機構喘息服務）であり、要介護高齢者を介護施設において短期間預かるサービスである。1日当たりのサービス費用は2,310元となっている。

　以上のレスパイト・サービスの費用は、すべて長期照顧給付及支付基準に基づいている（衛生福利部［2020］pp.39〜40）。自己負担額は、後掲の**表5−4**（160ページ）で示すように、要介護度の級と所得水準により決定される。

　なお、各種サービスの費用については、衛生福利部が2017年から長期照顧給付及支付基準を公表している。同基準は、数回の変更を経て、2020年には2月、5月、12月と目まぐるしく更新しているが、急激な費用の変更はない。

　多様なレスパイト・サービスが用意されていることや、各サービスの利用時のサービス価格を紹介したが、各サービスを原住民が利用する場合には、いずれのサービスもやや高めの価格設定となっている。

　衛生福利部は2018年12月1日から、労働部と共同で外国人介護労働者がいる家族にレスパイト・サービスを拡大するパイロットプランを開始した。第7級または第8級の重度要介護高齢者の一人暮らしの高齢者や、主たる介護者が70歳以上の場合、外国人介護労働者が一時的にケアサービスを提供出来ない事態に陥った時、レスパイト・サービスの申請が出来るというプログラムである。2019年には、8,610家族がこのサービスを利用した。

　なお、住み込み型外国人介護労働者を雇用している家族について、従前より、ホームヘルプサービスやデイサービスを利用することは不可能となっているが、住宅改修サービスや福祉用具サービスを利用することは可能である。

　こうした情報が、当事者である本人や家族には理解されていないという問題が生じている。どのようなサービスが利用出来るのか、自己負担がどれくらいなのか、気軽に相談出来るスタッフがC拠点にいることが望ましい。もちろん、「1966」という長期介護管理センターへのホットラインも使うことが出来る。

　このように、住み込み型外国人介護労働者を雇用する家族が、外国人

の都合によって介護の仕事を行えないなどという一定の条件のもとで、レスパイト・サービスを含めて長期介護2.0のサービスが使える方向に進むと考えられるので、今後も様々なパイロット事業が展開されるであろう。全体のサービス提供事業者や利用者を増やすためにも、条件の緩和によるニーズの掘り起こしが必要であると認識されつつあるからだ。

　台湾では、家族だけで要介護の老親、老配偶者を介護しようとする文化や意識が根強く残っているが、そのような介護は、時に老親虐待、老配偶者虐待を招くところとなっており（西下［2019］pp.247〜253）、そうした社会問題を発生させないために外部の介護サービスが利用出来るような社会的機運を高める必要がある。

③ 新しい在宅介護サービス4分類と介護等級・自己負担比率

（1）新しい在宅介護サービスの4分類

　次ページの**表5−4**は、等級ごと支給される給付額（元）と各種サービスの利用範囲、利用者の所得水準による自己負担比率、サービスの利用期間が一覧出来る形で示したものである。

　要介護認定調査の結果、第2級（低い要介護度）から第8級（高い要介護度）までが一定の条件下で介護サービスを利用出来るが、第1級の場合は非該当となり、介護サービスは利用出来ないことに注意が必要である。

　台湾の介護サービスは、同表の上部から分かるように、「ケア・専門サービス」、「交通移送サービス」、「福祉用具レンタルおよび住宅改修サービス」、「レスパイト・サービス」という四つのカテゴリーに分けられるが、いずれのサービスも、利用申請者の所得水準によって自己負担比率が設定されている。

　同表の左側に示された「ケア・専門サービス」に関しては、前述した

表5-4 長期介護等級・長期介護サービス限度額及び自己負担比率

長期介護等級	①介護・専門サービス(月) コードB・コードC対応				②交通移送サービス(月) コードD対応〔個人負担〕																③福祉用具レンタル・購入および住宅改修サービス(3年) コードE・コードF対応				④レスパイト・サービス(1年) コードG対応			
					第1類 行政区画の面積が500km²未満				第2類 行政区画の面積が500km²以上2500km²未満				第3類 行政区画の面積が2500km²以上				第4類 辺郡地域											
	給付額(元)	部分負担比率(%)			給付額(元)	部分負担比率(%)			給付額(元)	部分負担比率(%)			給付額(元)	部分負担比率(%)			給付額(元)	部分負担比率(%)			給付額(元)	部分負担比率(%)			給付額(元)	部分負担比率(%)		
		低収入戸	中低収入戸	一般戸		低収入戸	中低収入戸	一般戸		低収入戸	中低収入戸	一般戸		低収入戸	中低収入戸	一般戸		低収入戸	中低収入戸	一般戸		低収入戸	中低収入戸	一般戸		低収入戸	中低収入戸	一般戸
第2級	10,020																											
第3級	15,460																											
第4級	18,580	0	5	16																								
第5級	24,100																								32,340	0	5	16
第6級	28,070				1,680	0	10	30	1,840	0	9	27	2,000	0	8	25	2,400	0	7	21	40,000	0	10	30				
第7級	32,090																											
第8級	36,180																								48,510			

注) コードB・コードC に対応する各介護・専門サービスの種類と単位数は、衛生福利部が公表している「長期照顧給付及支付基準」の pp.17~40 に詳述されている。以下、コードD に対応する交通移送サービスは、同資料の p.40、コードE・コードF に対応する福祉用具・住宅改修サービスは、同資料の pp.42~62、コードG 対応のレスパイト・サービスは、同資料の pp.40~41にそれぞれ示されている。

(出典) 衛生福利部 [2020] p.10, https://1966.gov.tw/LTC/cp-4212-44992-201.html を筆者修正。

ように、低収入戸と認定される低所得では自己負担が０％となり、やや所得が低い中低収入戸では５％の自己負担であり、それ以上の所得がある場合には16％の自己負担が必要となる。

　2018年の新しいサービス・自己負担システムに移行するまでは、一般の所得がある場合には自己負担比率が30％であったため、そもそも利用者が増えないという問題を抱えていたが、現在はそのような構造的問題はある程度解決されている。

　同表に示された各級のケア・専門サービス利用限度額は以下の通りである。日本円に換算すると、第２級は約43,090円、第３級は約66,480円、第４級は約79,890円、第５級は約103,630円、第６級は約120,700円、第７級は約137,990円、第８級は約155,570円、といった分布となる（2022年５月現在）。

　2020年中のサービス利用者は357,457人であり、そのうち第２級は13.1％（46,720人）、第３級は14.3％（51,110人）、第４級は17.9％（63,850人）、第５級は15.9％（56,649人）、第６級は11.4％（40,772人）、第７級は11.8％（42,097人）、第８級は15.6％（55,805人）という分布であった利用者のうち、50〜64歳が10.8％（37,605人）、20〜49歳が4.1％（13,850人）、19歳以下が2.0％（6,416人）含まれている（衛生福祉部［2021］）。

　韓国では、要介護度が高くなるほど全体に占める比率が低くなるという問題点を指摘したが、台湾では２等級から８等級まで万遍なく分布している。また、台湾では、最も重度の８等級の比率が６等級や７等級よりも多くなっており、等級区分の妥当性が日本以上に高いと思われる。

　しかしながら、台湾の等級区分に関して大きな問題点もある。それは１等級から８等級までを判別する客観的な基準が情報公開されていないことだ。台北市、新北市、嘉義市の長期介護管理センターを訪問し、認定調査を担当するケアマネジャーにインタビューをしたが、判別する客観的な基準については「情報がない」という回答しか得られなかった。長期介護管理センターが要介護度を判定する責任主体であるため、利用

者や家族から異議申し立てがあった場合には合理的な根拠を示さなければ説明に困るはずなのが、この回答しかなかった。

　韓国は点数で区分されており、日本は要介護認定等基準時間という統計学的な数値で判定されるが、台湾に関しては、この基準に関する情報が国民に知らされていないという深刻な問題が存在している。

　同表の中央にある「交通移送サービス」は、行政区画の面積で４種類に区分されているが、その区分に対応して、「低収入戸」、「中低収入戸」、「一般戸」の順に、行政区分の違いによって比率が「０％、７％、21％」から「０％、10％、30％」まで四つに分類されている。

　同表の右側にある「③福祉用具レンタル、住宅改修サービス」では、順に、０％、10％、30％、「④レスパイト・サービス」は、「①介護・専門サービス」同様、０％、５％、16％という自己負担比率である。なお、福祉用具レンタル、住宅改修サービスは、３年単位で介護サービス利用限度額が設定され、順に０％、10％、30％となる。また、レスパイト・サービスに関しては、１年単位で介護サービス利用限度額が設定され、順に０％、５％、16％という自己負担比率となっている。

（２）所得基準

　四つのカテゴリーについて、いずれのサービスを利用する場合も、所得水準が地方政府によって判定される。低収入戸は、すべてのサービスの自己負担が０％（負担なし）であるが、中低収入戸は、サービスの種類によって、また居住地域によって異なるが、５％から最大10％の自己負担がかかる。そして、中低収入戸以上の収入がある場合は一般戸として、サービスの種類および居住地域による差はあるが、16％から最大30％の自己負担がかかるシステムとなっている。

　社会救助法第４条によれば、低収入戸とは、家庭総収入における全世帯人員の平均が一人１か月当たり最低生活費以下であることが戸籍所在地の主管機関によって認定され、かつ家庭財産が中央、直轄市主管機関

表5－5　都市別　最低生活費

単位：元

	臺湾省	臺北市	新北市	桃園市	臺中市	臺南市	高雄市	福建省
2015年	10,867	14,794	12,840	12,821	11,860	10,869	12,485	9,769
2020年	12,388	17,005	15,500	15,281	14,596	12,388	13,099	11,648

（注）臺湾省には、表頭部に掲載されていない宜蘭縣を含む11縣、基隆3市が含まれている。

（出典）衛生福利部社会救助及社工司［2020］。

による当該年度の一定金額を超えない者となる。

　一方、中低収入戸は、同じく家庭総収入における全世帯人員の平均が、一人1か月当たり最低生活費の1.5倍を超えないことが戸籍所在地の主管機関によって認定され、かつ家庭財産が中央、直轄市主管機関による当該年度の一定金額を超えない者となっている（全國法規資料庫［2015］、中山徹ほか［2014］p.54）。

　衛生福利部社会救助及社工司の「109年最低生活費、低収入戸及中低収入戸資格審核標準及109年度低収入戸類別条件一覧表」（109年は中華民国暦であり、西暦2020年を意味する。辛亥革命の翌年が民国元年の1912年である）には、表5－5が示すように全地方政府の情報が掲載されている。例えば、2020年度における台北市の最低生活費は17,005元（約7.3万円）であり、総人口が最も多い新北市では15,500元（約6.7万円）となっており、低収入戸はこの金額以下の場合ということになる。そして、中低収入戸については、台北市が24,293元（約10.4万円）、新北市が23,250元（約10万円）とされる（衛生福利部社会救助及社工司［2019］）。

　以上のような所得基準に則り、介護サービス利用時の自己負担額が決定されている。

4　要介護認定の方法

　衛生福利部は、2017年開始の長期介護2.0に合わせて、要介護高齢者

だけでなく様々な背景をもつ介護サービス希望者のニーズを一元的に評価するツールを開発した。介護サービス希望者は、ホットライン「1966」に電話をすることで各地域の長期介護管理センターにつながり、手続きを開始することが出来る。この電話を通じて、同センターの職員であるケアマネジャーがサービス希望者の自宅を訪問する。

　同ケアマネジャーは、要介護認定のソフトが組み込まれたタブレットを訪問調査に持参し、その場で要介護認定のための聞き取り調査を実施し、結果を入力する。各ケアマネジャーは200人から400人程度のケースを担当するが、要介護認定ソフトの開発は、ケアマネジャーの過酷な労働環境を改善する一助となっている。

　要介護認定の調査票に含まれる内容は、以下の六つの側面から構成されている。

❶日常生活動作能力（ADL：Activities of daily Living）および手段的日常生活動作能力（IADL：Instrumental Activities of daily Living）

❷コミュニケーション能力

❸特別で複合的なケアニーズ

❹短期記憶評価および心理的行動的状況

❺居住環境、家族支援、社会支援

❻主たる介護者のケア負担（Ministry of Health and Welfare, [2018] p.69）。

　衛生福利部が2018年11月に発表した要介護認定調査票である「照顧管理評估量表」は28ページにも及ぶ大部なものであり、現在は、2019年5月に公表された修正版が使用されている。以下に示すように、AからKの合計11の柱、合計71項目から構成されている（衛生福利部 [2019]）。

　A．申請者個人に関する基礎資料（個案基本資料、質問項目数は4項目、以下同様）

B．主たる介護者、副次的介護者に関する基礎資料（主要及次要照顧者基本資料、5 項目）

C．申請者のコミュニケーション能力（個案溝通能力、5 項目）

D．申請者の短期記憶力評価（短期記憶評估、1 項目）

E．申請者の日常生活能力測定尺度（個案日常活動功能量表、11項目）

F．申請者手段的日常生活能力測定尺度（個案工具性日常活動功能量表、8 項目）

G．申請者の特別なケアニーズ（殊複雑照護需要、8 項目）

H．自宅居住環境と社会参加（居家環境社会参與、2 項目）

I．情緒および行動のパターン（情緒及行為型態、14項目）

J．主たる介護者の介護負担（主要照顧者負荷、5 項目）

K．主たる介護者の介護支援（主要照顧者工作興支持、8 項目）

これら11の柱の具体的な内容も記しておこう。

A．婚姻状態、学歴、経済状況・疾病、年齢の 4 項目が確認される。

B．主たる介護者の性別・年齢、続柄、副介護者の姓名、続柄の 5 項目が質問される。

C．要介護高齢者（申請者）のコミュニケーション能力が、意識状態、視力、聴力、意思伝達能力、理解力の 5 要素から把握される。

D．短期記憶評価が、三つ目の名詞が記憶出来たかで把握される。

E．日常生活動作能力（ADL）10項目がチェックされる（後述するバーセルインデクス10項目［168ページ］に対応している）。

F．電話使用、買い物、食事準備、洗濯、外出など手段的日常生活能力（IADL）8 項目が確認される。

G．要介護高齢者の特別なケアニーズとして、痛み、皮膚状態、関節可動、栄養状態、疾病の有無、胃瘻・透析など特別なニーズ、嚥下、座位保持の 8 項目がチェックされる。

166

H．同居者の有無を含めた自宅環境、社会参加の状況が確認される。

I．認知症の徘徊、攻撃的行動、妄想、幻覚、鬱症状など14項目の BPSD（認知症の心理・行動症状）の有無および頻度がチェックされる。

J．主たる介護者の身体的精神的健康状態が睡眠、体力、問題行動の有無など5側面から確認される。

K．同じく主たる介護者に関して、外出可能性、代替介護者家族の有無、介護期間、健康状態、生活の質、仕事の有無および仕事への影響など8項目が質問される。

　以上11の柱から構成される合計71項目のうち、Bの5項目、Jの5項目、Kの8項目の合計18項目が、在宅介護者に関する質問項目となっている。在宅介護者への回答に関する情報が、第1級から第8級の要介護を確定する要介護認定のコンピュータプログラムにどのように組み込まれているのか、いないのか、目下のところ調査中である。

　例えば、影響すると仮定した場合には、家族介護者の心身の状況が悪い場合には級が1ランク進むシステムになっていて、介護サービスの利用枠が増え、レスパイト・サービス利用のチャンスが増えるなど、在宅介護者にとって在宅サービス利用がより優しい仕掛けになっているのかが気になるところである。

　表5－6には34種類の介護に関連する「問題リスト」が示されているが、同リストの31番目には「介護者の重度な介護負担」がある。要介護認定後、タブレットにインストールされた要介護認定システムが要介護等級、支給限度額だけでなく、要介護高齢者や介護者に関する「問題リスト」を自動的に示すシステムである。この結果を受けて、長期介護管理センターのケアマネジャーあるいはA拠点のケースマネジャーが、当該の要介護高齢者や介護者と相談しつつケアプランを作成し、最終的にはセンターが同ケアプランを承認するという流れになっている。

表5−6　問題リスト

1．食事介助の問題	2．入浴介助の問題	3．身体整容の問題
4．衣類着脱介助の問題	5．排泄・失禁の問題	6．トイレ介助の問題（移動等）
7．体位変換介助の問題	8．歩行介助の問題	9．階段昇降の問題
10．電話の利用問題	11．買い物・外出の問題	12．食事準備の問題
13．家事の問題	14．服薬の問題	15．財産管理の問題
16．意思疎通（交流）の問題	17．短期的な記憶障害	18．痛みの問題
19．廃用症候群リスク	20．皮膚の問題	21．傷口の問題
22．水分補給および栄養管理の問題	23．嚥下障害	24．胃ろう、気管切開等により挿管が必要な場合
25．その他医療が必要な場合	26．転倒問題	27．安全移動問題
28．居住環境障害物の問題	29．社会活動の際の付き添い問題	30．高齢者の暴言・暴行等の行動
31．介護者の重度な介護負担	32．福祉用具の利用問題	33．感染症問題
34．その他の問題		

（出典）衛生福利部［2022］長期照顧服務申請及給付辦法　https://www.mohw.gov.tw/cp-18-65663-1.html

　以上のプロセスから判断すると、認定調査では、在宅介護者に関して18種類の多様な項目の質問に要介護高齢者または在宅介護者が回答することになるが、結果的には、問題リストに「介護者の重度な介護負担」がリストアップされるだけのようである。そして、ケアマネジャーあるいはA拠点のケースマネジャーがケアプランを作成する段階で、問題リストに「介護者の重度な介護負担」がリストアップされている場合には、レスパイト・サービスの利用に関して介護者に提案があり、ニーズが表明されればケアプランに組み込まれるといった流れになると想定される。

　なお、認定調査票の項目Eとして「バーセル（Barthel）インデクス」が使われているが、1965年に理学療法士バーセルらが開発したこのインデクスは10項目から構成されている。具体的な日常生活動作能力の各項目と配点は以下の通りである。

　①食事（10点、5点、0点）

　②移乗（15点、10点、5点、0点）

　③整容（5点、0点）

　④トイレ動作（10点、5点、0点）

　⑤入浴（5点、0点）

　⑥歩行（15点、10点、5点、0点）

　⑦階段昇降（10点、5点、0点）

　⑧着替え（10点、5点、0点）

　⑨排便コントロール（10点、5点、0点）

　⑩排尿コントロール（10点、5点、0点）。

　例えば、⑥の歩行については、補助具を使う場合も含めて45m以上歩行可能であれば15点となり、介助や見守りがあれば45m以上の歩行が可能であれば10点、歩行は出来ないが、車椅子を操作して少なくとも45mの歩行が可能であれば5点、それ以外の全介助は0点といったように、動作能力の程度ごとに点数化されている。

　100点満点となっているが、要介護認定システム全体のうちで、同バーセルインデクスの点数がどれほどのウェイトを占めているのかは不明である。

　なお、同バーセルインデクスは、台湾において家族が自宅で住み込み型外国人介護労働者を雇用するというニーズをもつ場合に、定められた病院において医師が要介護高齢者の日常生活動作能力を測定する際にも用いられている。医師が発行する病症暨失能診斷證明書では、医師の判定によって、同インデクスの合計点が30点以下、35点以下、60点以下で

あることが証明されると、その事実が大きな意味をもつことになる。

　一方、日本においても、2018年の介護報酬改定により、介護老人福祉施設や通所介護事業所などが「ADL 維持等加算（Ⅰ）（Ⅱ）」を申請する際、バーセルインデクスを用いた ADL 向上のエビデンス（数字による証明）を示すこととなる。このインデクスを用いて複数の要介護高齢者の ADL の平均値がどの程度向上したかに関するデータを添付して、加算申請を行っている（厚生労働省［2022c］）。

　台湾でも、日本でも、バーセルインデクスが必須の ADL チェックリストになっているが、一瞥してこの尺度に本質的な問題点が二つあることが分かる。

　一つは、日常生活動作能力の項目間において配点の格差が見られることである。すなわち、移乗と歩行が15点満点であるのに対して、整容と入浴は 5 点満点という扱いである。日常生活動作能力の間で、何故配点上の格差があるのだろうか。

　もう一つの問題点は、整容と入浴について、自立が 5 点、全介助が 0 点とされ、その中間の部分介助の段階が設定されていないことである。項目間の不均等な扱いが問題であるし、部分介助の段階の点数評価がなされない項目のある点でも問題である。

　なお、同インデクスは、1979年にグレンジャー・カール・V（Granger C. V、バッファロー大学）らによって15項目の修正版が開発されたが、日本も台湾も1965年のオリジナルのインデクスが使われている。

5）自己負担額計算方法の変更および在宅サービスの多様化

（1）自己負担額計算方法の変更

　衛生福利部は、長期介護2.0がスタートした翌年の2018年に長期介護サービス給付に関する新システムをスタートさせた。前掲した**表5－4**

（160ページ）が示すように、既存の諸サービスを、①介護・専門サービス、②交通移送サービス、③福祉用具のレンタル・購入および住宅改修サービス、④レスパイト・サービスの四つに分け、ケアマネジャーが個別の長期介護ニーズに応じて介護プランを調整し、特約したサービス事業者によって長期介護サービスを提供する。介護従事者の待遇改善のために、自己負担料金をこれまでの時間数に基づく算出方法からサービス項目に基づく算出方法へと転換した（嶋［2018］p.6）。

　長期介護2.0がスタートしてから多くの制度変更が見られた。そうしたなか、最も重要な原則「時間数ではなくサービス項目に基づく算出方法」が導入されたが、何故そのような変更が必要であったのかについて、国民に明らかにしなければならない。
　日本も韓国も、サービス利用時間の長さ（の範囲）に応じて自己負担額が決定されている。時間数の基準を採用しないのであれば、常識的に考えて、サービスの利用回数に基づく自己負担の算出ということになるが、利用回数という基準でもない。
　サービス項目に基づく算出方法とは何か。例えば、①ホームヘルプサービス、デイサービス、ショートステイ・サービス、家庭托顧、社区リハビリサービスなど、利用したサービスの種類数が自己負担の積算根拠になる、②各種サービスごとに利用時の費用が決まっていて、利用時間や利用頻度に関係なく当該のサービスを利用した時点で自己負担額が決まる、といった方法が想定される。
　長期介護2.0がスタートして２年目に介護システムに大きな変更が生じたわけであるが、サービス利用対象者の類型が四つから八つに増え、また実際の対象者が51.1万人から73.8万人に増えるなか、高齢者、障がい者、認知症、若年性認知症の人、あるいは家族は、果たしてこうしたシステムの変更について把握出来ているのであろうか。
　特に自己負担比率が５％、16％のサービス利用者にとっては、生活に

関わる大きな問題であろう。自己負担額が当事者として把握出来なければ、サービス利用を諦めてしまうのかもしれない。地域が包括的に介護の社会化を進めるためには、サービス利用の当事者に寄り添った、分かり易い料金システムの情報公開が必要不可欠である。

　実は、こうした複雑な自己負担額計算を支援するサイトを衛生福利部は構築しており（例えば、衛生福利部［2019］）、介護サービスの利用希望者はスマートフォンやタブレットにインストールすれば簡単に計算が出来る。しかし、肝心の要介護高齢者だけではサイトの利用が難しい。高齢者を中心に、デジタルリテラシーの格差にも最大限の注意を払うべきである。

（2）在宅サービスの多様化・カテゴリー化とサービス単価の公表

　2018年1月1日に保健福祉部が、在宅サービスのサービス区分とサービス単価を公表した。衛生福利部公表の「長期照顧給付及支付基準」によれば、まずホームヘルプサービスについてはケアの内容ごとに23コードに細分化され、それぞれにケア価格が設定されている。

　日本の場合、「生活援助」と「身体介護」の2種類の区分であることと比べると台湾は区分の多様化が進んでいる。その結果として、ケアマネジャーが作成するケアプランは複雑にならざるをえないが、こうした区分の多様化のメリットは、サービス提供時間の無駄を省き、ケアニーズに寄り添った合理的なケアマネジメントにつながる。

　前述したように、要介護認定のための調査票が大部なものであるが、ケアマネジャーが申請者から直接把握するこの情報は、申請者の細分化されたニーズとホームヘルプサービスメニューの適合性を高めることに資すると考えられる。

　次に、デイサービスについては、第2級から第8級までそれぞれのレベルについて、1日利用か半日利用かでケア費用が設定されており、合計14のパターンでサービス単価が示されている。例えば、第3級で半日

デイサービスを利用すれば420元であり、第6級で1日デイサービスを利用すれば1,130元となっている（衛生福利部［2018d］pp.25～29）。

　日本は、要介護度、サービス提供機関のタイプ、サービス提供の規模、サービス提供時間量などによって細かくサービス単価が決められているが、台湾はその点シンプルである。日本にはない家庭托顧（家庭デイ）もデイサービスと同様の基準で、ケア費用が設定されている。例えば、第5級で1日利用のデイサービスを利用すれば1,045元、第6級で半日家庭托顧を利用すれば480元となる。

　表5－4（160ページ）の右側に示したように、レスパイト・サービスのみ1年間の介護給付限度額が示されている。第2級から第6級までが同じ限度額で32,340元（約139,060円）、第7級および第8級が同じ限度額で48,510元（約208,590円）となっている。

　また、表には示していないが、移送サービスは第4級から第8級まで利用出来、毎月の介護報酬が1,840元（7,900円）で、自己負担比率は負担なし、9％、27％と区分されている。なお、原住民の場合は、同じく第4級から第8級までが利用出来、毎月の介護報酬が2,400元（10,320円）で、自己負担比率は、負担なし、7％、21％と区分されている。

　福祉用具レンタル・購入および住宅改修サービスは、3年間の給付限度額が全等級共通で40,000元（172,000円）と決められ、自己負担比率は収入により、負担なし、10％、30％と決められている。サービスの種類によって自己負担額率が異なるというのが（全部で5パターン）台湾の介護システムの特徴である。

　なお、サービス利用時の自己負担額の支払いとは逆に、介護者家族の経済的負担軽減策として、2019年7月の所得税法改正により、介護者家族は所定の申請手続きを経て年間12万台湾元（約51.6万円）の「介護特別控除」（長期照顧特別控除額）を所得から控除することが出来る。同控除が適用される条件は三つあり、そのいずれかに該当すれば適用可能となる。

❶住み込み型外国人介護労働者（外籍看護工）を雇用し賃金を支払う。

❷2等級から8等級の、いずれかの認定を受けてサービスを利用し、費用を支払う。

❸施設に入所後90日が経過して費用を支払う。

　この三つであるが、高所得者は適用除外となる。2019年度は約34万人が適用を受けている（小島［2021］p.82）。

　ところで、台湾においても、長期照顧2.0のサービスを利用せず、自宅ですべての介護を行っている場合がある。このような場合に支給されるのが「中低所得高齢者特別介護手当（中低收入老人特別照顧津貼）」という家族介護手当であり、2007年に創設されている。

　月額5,000台湾元（約21,500円）であるが、申請条件が要介護高齢者の側だけでなく、介護者側にもある。要介護高齢者については、①低所得である、②重度の要介護である、③介護サービスを利用していない、介護者については、①16歳以上65歳未満である、②仕事をしていない、③同居または同一市区町村に居住している、という条件を満たさなければならない（小島［2021］pp.81〜82）。

　同特別介護手当の受給状況は、2010年7,862人、2015年9,470人、2020年7,640人と推移しており、六つの条件を満たす高齢者と在宅介護者が少ないことが分かる（衛生福利部統計處［2022］）。

6）台湾型地域包括ケアシステムの誕生

（1）地域包括ケアシステムとしての「A拠点 − B拠点 − C拠点モデル」

　長期介護2.0では、サービス対象と項目拡大とともに、革新的施策として地域包括ケアの構築に重点が置かれている。

　前掲した**表5 − 1**（148ページ）には、長期介護2.0の提供サービスリ

ストが掲載されており、⑬に統合型コミュニティケア・サービスネットワークが示されている。ここで言う、「A拠点－B拠点－C拠点モデル」のことである。

　同モデルに基づく地域包括ケアの構築の目的は、よりきめの細かい地域密着型のケアサービスのリソース（資源）を、切れ目なく有機的に提供出来るようにすることである。さらに具体的に言えば、特定範囲の地域内で、A・B・Cという三つのレベルのケアサービス拠点を配置することを通じて地域における介護サービス提供事業者を増やし、拠点密度を高めて、住民に身近な場所で統合的に介護サービスを提供することである。現在、このサービス拠点のネットワークは、「ABCモデル」または「ABCケア拠点」と呼ばれている（荘秀美ほか［2018］p.65）。

（2）A拠点－B拠点－C拠点の誕生

　台湾の衛生福利部は、長期介護2.0に伴う対象者の急拡大に対応するために、三つの拠点から構成される地域包括型のサービス供給システムを構想した。このABC3拠点連携システムは、全国9か所で2016年10月から2017年12月までモデル事業として行われたが、その後、本格実施されている。

　一つ目が、A拠点「コミュニティ統合型サービスセンター」（社区整合型服務中心）である。病院、診療所、居宅介護サービス、デイサービス、訪問看護サービスなどのサービスを提供するセンターで、原則として、市町村ごとに最低1か所を設置すること、長期介護2.0の最終年度である2026年までに全国で合計469か所に設置することが目標となっている。

　A拠点に「ケースマネジャー」が置かれることが最大の特徴となっている。なお、衛生福利部や国家発展委員会の委託研究などの資料には、「A単位」、「A級」、「A級単位」といった表現が使われているが（英語では「TierA」と表記される）、ここでは物理的な建物が前提として然る

べき機能を果たすというニュアンスを含めて「A 拠点」と呼ぶ。また、同様の趣旨から「B 拠点」、「C 拠点」と呼ぶこととする。

　A 拠点を申請できる組織は、公的機関はもとより、公益法人（社会福祉法人など）と医療機関を含む。自治体当局の審査を経て A 拠点として認定されると、施設整備、介護事業所連携のための費用（会議開催費など）、介護サービスの人件費（3 名分）、移送サービス（利用者を地域内の B 拠点や C 拠点の介護事業所に送り届ける目的）の車両購入費、運転手の人件費などが補助される（小島［2018a］p.11）。この内、移送サービス関連の補助は2017年のみである。7 種類の補助項目を合計して最高約502万元（約2,159万円）が補助される（傅従喜［2017］p.121）。

　二つ目が B 拠点「複合型デイサービスセンター」（複合型日間服務中心）であり、デイサービスなどの在宅サービスや地域の衛生所（保健センター）で、生活機能のリハビリテーションなどを行う。中学校区に一つ設置し、2026年までに全国で829か所設置することが予定されている。

　この B 拠点は、多機能かつ専門的な介護サービスを提供する介護拠点として位置付けられており、①自ら介護サービスを 2 種類以上提供、② A 拠点に協力する、③ C 拠点を支援するといった役割を担う。

　具体的には、居宅・地域ケア、認知症および家族介護者支援、相談業務、配食サービス、介護予防、要介護状態悪化防止、地域リハビリの各サービスを提供する。なお、B 拠点の指定を申請出来る組織は、公益法人（社会福祉法人など）、高齢者施設・障がい者施設、医療機関などとなっている。

　B 拠点に指定された場合は、施設整備、介護事業所連携のための費用（会議開催費など）、介護サービスの人件費（2 名分）が補助される（小島［2018a］p.11）。A 拠点よりも補助金額が高く、6 種類の補助項目を合計して、最高約535万元（約2,300万円）が補助される（傅従喜［2017］p.121）。後述するように、B 拠点が異常とも言える数に上ったのは、この補助金額の多さが関係しているのではないかと考える。

　そして三つ目が、C拠点「地元街角介護ステーション」（弄長照站）であり、コミュニティ予防保健、見守り訪問、電話の見守りサービス、介護予防などが行われる。三つの村に一つ設置することとし、2026年までに全国で2,529か所の設置が予定されている（衛生福利部［2016a］p.35）。なお、B拠点とC拠点は、A拠点のサテライトの位置付けとなる。

　C拠点は、介護予防や配食サービスなど身近な介護拠点となり、高齢者の社会参加、活動の場所としての役割が期待されている。C拠点に指定された場合、施設整備、介護事業所連携のための費用（会議開催費など）、介護サービスの人件費（50万台湾元、210万円）が補助される（小島［2018a］p.12）。

　C拠点では地元大学やボランティアとの連携も進んでおり、社会福祉を専攻する大学生の実習場所として機能する場合もある。なお、5種類の補助項目を合計して最高約142万元（596万円）が補助される（傅從喜［2017］p.121）

（3）　3拠点地域包括ネットワークに関する本質的問題

　以上の3種類の拠点に関する認定申請は、義務でも強制でもない。地方政府に申請しなくても、そして拠点として指定を受けなくても、従来からの介護事業者は、こうした分類に関係なく介護サービスを提供することが出来る（小島［2018］p.12）。

　しかし、この任意性は、A、B、Cの3拠点の設置目標数を定め、台湾全体に地域包括型医療福祉ネットワークを構築しようという衛生福利部の国家プロジェクトとしての意気込みからすれば、逆効果である。それゆえ、何故義務化しなかったのかという疑問が残る。

　こうした任意性の問題だけでなく、「A拠点−B拠点−C拠点モデル」の地域的偏在性、すなわち地域格差の問題も深刻である。基幹となるA拠点がごく少数に留まるか、皆無の市町村もあり、中核となる拠点の偏在性も留意しなければならない。

　衛生福利部の方針に関しては、上記の任意性の問題だけでなく、数量
規制の問題が指摘できる。すなわち、衛生福利部は目標値を定め、A拠
点を469か所、B拠点を829か所、C拠点を2,529か所とした。

　衛生福利部の「109年長期照顧十年計畫2.0服務資源佈建一覧表－長照
2.0新増服務項目および109年長照2.0核定本目標値」によれば、2020年7
月現在、A拠点の目標値は469か所であるところ646か所が整備されてお
り、増加率は138％に達している。B拠点は、目標値が829か所であると
ころ同時点で6,001か所に及んでいる。異常なほど増えすぎており、増
加率は724％に達している。C拠点は、目標値が2,529か所であるところ
3,099か所整備され、増加率は123％に及んでいる。

　明らかにB拠点が地域に増えすぎてしまっている状況を踏まえて、
大規模組織で経験年数の長いB拠点を選抜し、ケースマネジメント機
関として委託すべきであろう。

　2021年12月現在では、A拠点は708か所、B拠点は6,815か所、C拠点
は3,621か所と、実績値がさらに大幅に目標値を超えている（衛生福利部
[2021]）。とりわけ、B拠点は6,815か所と、目標値の8.2倍を超えている。

　サービス提供事業者はB拠点として許可を得れば先述の補助金が得
られるので申請をするが、必要以上に認可した結果、サービス提供に至
るまでの競争が激化することになり、決して望ましい状況ではない。こ
のように数量規制をしなかったことで、深刻な構造的問題を招くことに
なった。

　加えて、A拠点－B拠点－C拠点モデル形成に関して、以下のような
本質的な批判もなされている。

❶地域包括ケアというABC計画が追求している目標が定義付けされて
　いない。

❷地域包括というものの、何を（対象）どこまで統合するのか範囲が不
　明である。

❸いかに統合するのかという戦略が見えない。

❹統合する条件は何か、財源、人力などの環境条件が明らかにされていない。

❺政府の役割や機能は何か、方向性が示されていない。

❻介護福祉サービス提供者などの民間団体の位置、能力、相互関係などはどうなっているか、官民の協働関係が明らかにされていない（莊秀美ほか［2018］p.67）。

　こうした多くの批判点について、衛生福利部は全く具体策を示していないことが疑問である。

第 6 章

台湾におけるケアマネジメントの2元化と重層性

1 ケアマネジメントの現状

　ケアマネジメントに関する以下の考察は、行政院の林萬億政務委員
（国立台湾大学教授）に対して行った、2019年8月のインタビューに基
づいている。

　既に述べたように、長期介護管理センターでは要介護度の等級判定の
確認と自己負担額、給付額に関する判断を行っている。申請者の所得に
よって本人の自己負担比率が異なるので、この手続きは不可欠となる。

　ケアマネジャーが申請者の自宅を訪問し、要介護認定調査を行うわけ
だが、結果がタブレットに
表示され、その等級が最終
評価となる点で台湾は日本
や韓国と異なっている。何
故ならば、日本と韓国では
専門家による介護認定審査
会が開催され、この合議体
が最終判断を下すシステム
となっているが、台湾には

林萬億教授

合議体で最終確認するという手続きがないからである。

　長期介護管理センターは、当該申請ケースのその後のケアマネジメントをコミュニティ統合型センターである A 拠点のケースマネジャーに委託する。後述するように、当該地域に A 拠点がなく委託出来ないケースは、長期介護管理センターのケアマネジャー自身が行う。ちなみに、2020年現在、2,022人まで増えてきている。

　同ケースマネジャーが当該申請者の自宅を訪問し、申請者の介護ニーズに基づいてケアプランを作成する。同ケアプランに基づき、実際のサービス提供機関である B 拠点が介護サービスを提供する。

　サービスを提供した後、B 拠点は、サービス利用者の自己負担分を除いた費用を当該地方政府に請求する。サービスを利用した要介護高齢者の等級と所得によって、また利用するサービスによって自己負担比率が決まるが、それ以外の費用が、2018年に開始された「給付および支給の基準」に則って、当該地方政府から B 拠点に支払われる（衛生福利部長照専区［2020a］）。

　台湾の現行介護システムでは、日本のような時間の長さで単位数を決めることはなく、サービス利用の有無でコストが計算されている。この独自の台湾式モデルは、サービスプロバイダーである B 拠点には利益が出やすく、効果的であるかもしれないが、肝心のサービス利用者および家族にとっては、ケアプランに列記されたサービスが果たして満足のいく時間となっているのかがサービスを利用するまで分からないこと、そして、どのサービス項目（カテゴリー）の介護を受けているのかについて丁寧な説明がなければ納得がいかない事態となる。

　このような問題が実際の現場でどのように解決されているのか、あるいは説明もなくサービスを受けているだけなのかが気になる。

　ケースマネジャーやサービス提供事業者による説明がなければニーズも生まれないし、利用者数の増加にもつながっていかない。現場レベルでの不熱心さがニーズの掘り起こしにつながっていない可能性もある。

2　ケアマネジャーの労働環境改善

　前述の通り、長期介護2.0ではサービスの対象者が四つから八つに倍増している。対象者の範囲の拡大に伴い、最初の介護プランでは51.1万人と見込まれていたものが、長期介護2.0では73.8万人と約1.4倍に増加し、約22.7万人も急増することとなった。

　こうした対象者の拡大により、当然の結果として、要介護認定からケアプラン作成、サービス提供、モニタリング、再度の要介護認定までという一連の手続きを行うケアマネジャーの増員が不可欠となる。衛生福利部は、増員するために、2018年にケアマネジャーの資格要件を若干緩和し、給与水準を改善するという政策を展開した。その後、2016年には台湾全体で618人だったものが、2017年には971人まで増加している。

　ケアマネジャーは、原則として200人の対象者を受け持つことになっているが、実態としてはその2倍程度、または2倍以上を受け持っている（台北市、嘉義市でのケアマネジャーへの聞き取り調査による）。

　ケアマネジャーへの過重な負担を軽減するため、政府は2017年より7人のケアマネジャーに対して1人のスーパーバイザーを置くことを決めた。さらに、10人のケアマネジャー、スーパーバイザーに対して1人の行政事務担当アシスタントを付けるようになった。

　2017年には971人まで専門職が増加したわけだが、そのなかには、スーパーバイザーや事務担当アシスタントの増加分も含まれている（Ministry of Health and Welfare［2018］p.66）。その結果、2020年末までにケアマネジャーが1,042人、ケアマネジャーのスーパーバイザーが169人、行政事務担当アシスタント209人という総勢1,420人の体制を整えた。

　加えて、2018年よりケアマネジャーの月額賃金を資格や経験などの条件によって、初任時の38,906台湾元（約16.7万円）から50,878台湾元（約21.9万円）の間とし、過疎地に関しては46,887台湾元（約20.2万円）を初任時の給与とした。

　葉千佳（元東京都立大学大学院博士課程）の調査では、35,000台湾元（約15.1万円）と指摘されていたので、過去の賃金水準に比べて改善されており、ある程度のインセンティブ機能を果たしたものと推測される（Ministry of Health and Welfare［2021］p.72）。

　今後は、担当するケース数を減らし、サービス対象者にとって満足のいく専門的なケアマネジメントをケアマネジャーが遂行出来るように増員をさらに続け、合わせてケアマネジャーの常勤職としての雇用、専門性に見合った賃金の保証が必要不可欠となる。

　A拠点−B拠点−C拠点モデルは着実に増加しているが、まだ参入障壁と地域格差という深刻な問題を抱えていることにも留意したい。長照服務法により、民間事業者が公的介護サービスに参入出来ることとなっているが、三つの拠点の介護事業所の指定に関しては、公営・民営の非営利法人に制限されている（小島［2019］p.23）。

　そのため地域格差も生じており、要介護認定者の数が多いにもかかわらず、公的な介護サービスでカバーされる割合が30％強と低いレベルに留まっている。こうした問題を解決するためには規制緩和が必要であり、ABCの各拠点を民間事業者が開設出来るようにすべきである。

3　長期介護管理センターとA拠点の関係

　ところで、B拠点は、先に確認したように目標値の8倍以上存在しているため、A拠点の周辺に複数ある場合も多い。そうした場合、A拠点のケースマネジャーは、どのような基準でB拠点を選択するのであろうか。さらに言えば、各直轄市や県（市）の地方政府が、サービス提供事業者であるB拠点とあらかじめ契約を結んでおく必要があるわけだが、地方政府は当該地域にあるB拠点すべてと契約するのであろうか。あるいは、サービスの質の高いB拠点のみ選抜して契約するのであろうか。数あるB拠点のなかから、公平にサービス提供事業者が選

抜されることを望む。

　こうした契約上の問題に加えて、ケアマネジメントの実際の運用に関して、以下のような幾つかの構造的問題が指摘出来る。

　社会保障法の研究者である林谷燕（国立空中大学）は、台湾のケアマネジャーとケースマネジャーがケアマネジメント全体に関わることになる2元的構造に焦点を当て、様々な構造的問題点を指摘している。

　次ページの図6－1は台湾の衛生福利部が示したチャート図であり、第三者が日本語に翻訳し、論文として公表されたものである。この図に関して、まず自宅訪問による認定調査のあり方に二つのパターンが存在する点が問題となる。林谷燕によれば、連携スキームは二つあり、一つは共同訪問型、もう一つは別個分担型である（林谷燕［2020］p.46）。

　これは、ケアマネジャーとA拠点ケースマネジャーの2人がサービス申請者宅で認定調査を行い、そのうちケースマネジャーが介護サービスの内容、提供方式、自己負担額などを伝えるやり方である。

　もう一つは別個分担型であり、ケアマネジャーが申請者宅で単独で認定調査を行い、1級から8級までの要介護度を確定した後、A拠点のケースマネジャーが、その後にケアプラン作成からケアマネジメント全般を行うというやり方である（林谷燕［2020］p.44）。

　こうしたケアマネジメントの専門職に関して、サービス利用申請者の居住地にA拠点があれば、そのケースマネジャーがケアプランを作成し、B拠点に委託してサービス提供につなげる。その後は、サービスの質評価などフォローアップを継続して行う。

　他方、申請者の居住地にA拠点がなければ、長期介護管理センターのケアマネジャーがケアプラン作成、サービス提供からその質の監視・コントロールなどフォローアップを行う。つまり、サービス利用希望者とA拠点の物理的距離、つまりA拠点の地理的配置状況がその後のケアマネジメントに関する専門職の役割分担のあり方を規定するという、本末転倒した構造になっていることが問題点として指摘されている。

184

図6-1　長期介護サービスのケアマネジメントの流れ

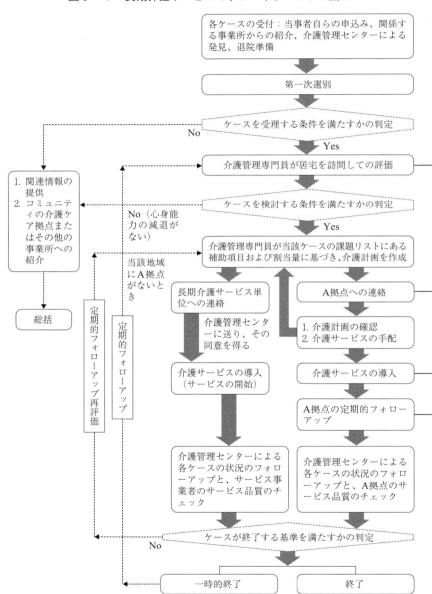

介護管理専門員（ケアマネジャー）とA拠点ケース管理員（ケースマネジャー）の提携スキーム

1. 共同訪問型

(1)介護管理専門員がAケース管理員と共に共同で需要の評価を行い、介護需要者およびその家族にAケース管理員を紹介するとともに担当範囲を説明する。

(2)Aケース管理員が介護計画に関連する内容の評価を行い、各サービス項目の定義、範囲、提供方式および費用の一部負担の支払いを説明する。

2. 別個分担型

介護管理専門員が訪問して評価を行い、心身能力の減退の程度および割当量を決める。Aケース管理員がその評価結果に基づき、介護サービス計画の策定、関連するサービスの組み合わせ、フォローアップ、介護計画の分担の調整を行う。

介護管理センターがA拠点に連絡

1. 介護管理センターは「ケース全体を遂行すること」を原則とし、ケースをA拠点に割り当てる仕組みを定める。また、ケースが割り当てられたA拠点の状況を公表して、情報透明化を強化する。

2. 介護管理センターは評価資料及び確認した結果をA拠点に提供する。関係者に、Aケース管理者によるその後のサービス提供の流れを説明する。

3. その地域にA拠点がない場合には、県市政府が地区の状況に応じて適切な取扱いをする。県市政府の介護管理センターは一般的な長期介護サービスの流れに従い、サービス事業者に連絡する。

長期介護サービスについての連絡

1. A拠点は以下の原則に基づき、B拠点の能力を考慮して、ケースを担当する。①各ケースのサービス選択意志を尊重し、優先する。②サービス能力が充足している事業者を優先する。③速やかにサービスを提供出来るB拠点を優先する。④近くでサービスが提供出来るB拠点を優先する。

2. 定期的にケースが割り当てられたB拠点の状況を公表し、情報透明化を強化する。

サービスのフォローアップ

1. A拠点が長期介護需要者と各サービスの連携状況をフォローアップするとともに、毎月サービス品質をフォローアップする。

2. A拠点が少なくとも6か月に1回家庭訪問を行い、長期介護需要者の需要または長期介護需要の変化に応じて改めて介護計画を調整する。仮に各ケースの介護需要者の体調の変化によりその需要も変化した場合には、介護需要者は自分から介護管理センターに通知し、再評価の仕組みを開始してもらう。

3. 割当量の変更がない場合に、A拠点は、本来の割当量の範囲内で、各ケースの需要に応じてサービス内容を変更し、それを参考のために介護管理センターに提出する。

（出典）林谷燕［2020］p. 46 を筆者加工。

4 ケアマネジメントの重層性

　そもそも長期介護2.0において、要介護認定の調査と認定業務は、その後のケアプラン作成を含めたケアマネジメントと切り離されるはずだった。各自治体の長期介護管理センターが訪問調査を含めた要介護認定を行い、Ａ拠点がケアプラン作成を含めたケアマネジメントを担当するという機能分担システムであったはずである（鳥羽［2020］p.229）。しかし、ここで確認したように、Ａ拠点が存在しなければ、役割を明確に分割したはずの長期介護管理センターがケアマネジメント全般を行うという変則的なパターンが存在してしまう。この点において、構造上の第一の問題がある。

　日本は、全国統一の方法論に従ってケアマネジメントを行っているが、台湾では、長期介護管理センターとＡ拠点の地理的配置状況が原因で、ケアマネジメントは全国一律ではなくアドホックで、状況依存的な性格をもつことになる。

　加えて、根本的な批判も存在する。台湾の莊 秀美（東呉大学）らは、以下のように批判している。

　「長期介護管理センターを補完するためにＡ拠点を設置したが、Ａ拠点に置かれているケースマネジャーが、長期介護管理センターに置かれているケアマネジャーの役割を分担することになった。これは、結局、ケアマネジメントの効率性の向上の役に立つこともないし、両者の協働も困難である。そのため、Ａ拠点の設置よりも長期介護管理センターの増設の方が肝心である」（莊秀美ほか［2018］p.69）

　また、すでに葉千佳が指摘していたが、長期介護管理センターのケアマネジャーの身分が非常勤職員という不安定なまま、少数のケアマネジャーに多くのケースを担当させてきたという構造が問題視されてきた。

　さらに続けて莊らは、台湾の「Ａ拠点、Ｂ拠点、Ｃ拠点モデル」のパ

ッケージから構成される地域包括ケアシステムは、そのパッケージ性に意味がないとして、短期的には同システムの実現可能性は厳しいと断定している（荘秀美ほか［2018］p.69）。

　要は、機能を分化させることでむしろより非効率になったという問題提起を荘は行い、現行のシステムを強く批判しているわけである。

　それ以外にも、以下のような厳しい批判もある。余尚儒（ホームクリニック都蘭、台湾在宅医療学会理事長）らは、実際に台湾東南部で在宅医療を実践するなかで痛感する介護サービス提供の流れに関する問題点として、以下の三つ指摘している。

❶介護管理センターのケアマネジャーと A 拠点のケースマネジャーは、いずれも介護計画を作成することが出来、対象者の区別はなく、両者の業務は重複しており、利用者の誤解を招きやすくなっている。この点に関しては、A 拠点の配置状況が関連してくる。A 拠点の存在する地域で、センターと機関の業務が重複しているとすれば、大きな経済的損失であると言える。

❷B 拠点に関して、機関はヘルパー数人を雇用している場合、一人の監督責任者を設ける必要がある。その場合、同一利用者の介護計画には、ケアマネジャー、ケースマネジャー、監督責任者の介入があり、利用者の負担を増加させる。

❸新たなケースの掘り起こしに関する問題点である。サービス提供機関である B 拠点や C 拠点は、自らサービスを希望するケースを掘り起こした際、管理センターおよび A 拠点に紹介することが出来るが、どの機関に通知すればよいのか窓口がはっきりせず、現場スタッフの困惑と衝突が生じている（余尚儒ほか［2019］pp.10〜11）。

　以上、台湾のケアマネジャーとケースマネジャーの役割の状況依存的で不安定な関係性について指摘したが、実は比較的うまくいっていると思われてきた日本のケアマネジャーによるケアマネジメントに関しても、

厚生労働省が注意喚起するところとなっている。厚生労働省は、2021年
3月31日、「『介護サービス計画書の様式及び課題分析標準項目の提示に
ついて』の一部改正について」を発出した（厚生労働省［2021］）。ケア
プランの標準様式、記載要領の一部見直しを求める通知であった。

　通知の中身を論じるだけの紙幅はないが、同省老健局認知症施策・地
域介護推進課によれば、この度のケアプラン標準様式などの見直しの趣
旨は「ケアプランを作成するケアマネジャーの考えや判断が利用者・家
族はもちろん、保険者である市町村、そして他職種に十分尊重されるよ
うにするため」となっている（シルバー新報［2022］）。

　要するに、日本においてもより質の高いケアプランニングの高みに到
達すべく、PDCAサイクル（84ページ参照）に準拠したケアマネジメ
ントの標準化を模索していなければならないということである。

5　ケアマネジメントの流れと拠点の数値目標

　構造的問題の第2は、**図6-1**のチャートのなかに、「当該地域にA
拠点事業者がいないとき」を想定していることである。そもそもA拠
点は、「コミュニティ統合型センター」として2026年までに郷鎮市区（日
本の市町村）ごとに最低1か所設置することが決まっている。A拠点は、
病院、診療所、デイサービスセンターなどから構成され、訪問看護、デ
イサービス、ショートステイ、食事サービス、訪問看護、移送サービス
など、多種類のサービスを提供する機関である（西下［2019］p.228）。

　しかし、A拠点が地域的に偏在しているのであれば、地域包括ケアを
標榜すること自体が矛盾していると言わざるを得ない。A拠点は、2021
年末現在、目標値の1.5倍の708か所存在する。大都市部だけでなく島嶼
部、山岳地を含め、A拠点を目標値の3倍、4倍まで増やす必要がある
のではないだろうか。

　地域の福祉・医療資源を有機的に連携させ活用するのが「A拠点-B

拠点－C拠点モデル」であったはずである。ところが、「複合型デイサービスセンター」として在宅サービスを提供するB拠点だけが目標値をかなり超えて多数存在しているという現実がある。つまり、B拠点が各地域に普遍的に存在しているという現状を踏まえるならば、A拠点ではなく質の高いB拠点を地方政府が指定し、当該組織にケースマネジャーを配置したほうがスムーズなケアマネジメントの達成となる。

　すでに確認したように、長期介護2.0でサービス利用の対象範囲を拡大させたが、現状ではその拡大に見合うほどのサービス利用者の増加は確認出来ていない。だとすれば、増加していないサービス利用希望者を、多くのB拠点という在宅サービス提供事業者で奪い合う形となる。A拠点がどのB拠点を選ぶのかという判断は、A拠点に所属する担当者、あるいはA拠点の責任者に任されている。とすれば、癒着や不当な競争が生まれる可能性がある。ちなみに、自己負担分以外は地方政府の負担となる。

　このように見てくると、透明性の確保と情報公開は、本当の意味において喫緊の課題となっている。

6 情報公開の透明性および長期介護管理センターの対応

　構造的問題の第3は、**図6－1**の右側（185ページ）、複数のボックスのなかに「情報透明化を強化する」という表現が強調されていることである（上から2番目と下から2番目のボックス）。「ケースが割り当てられたA拠点事業者の状況を公表して」、加えて「ケースが割り当てられたB拠点事業者の状況を公表して」という表現も目に付く。裏を返せば、不透明な割り当てを長期介護管理センターやA拠点がこれまで行ってきたという証左であろう。

　急激には増加することのない利用者を、多くのB拠点の在宅サービス提供事業者で奪い合う形となる。A拠点がどのB拠点を選ぶかとい

う判断は、A拠点に所属する担当者あるいは責任者に任されている。自己負担額分以外は地方政府の負担となることから、ここでも癒着や不当な競争が生まれる素地が生まれる。

　このように見てくると、透明性の確保と情報公開は、前述したように喫緊の課題であることが判明する。

　構造的問題の第4は、要介護高齢者の日常生活動作能力の悪化により介護ニーズが変化した際の長期介護管理センターの対応である。右側下のボックスには、介護需要者（要介護高齢者）の体調変化によってニーズが変化した場合には「高齢者本人が介護管理センターに連絡するように」とあるが、この発想は根本的に間違っている。

　サービス提供事業者およびケースマネジャーが、すべての責任においてニーズの変化を把握すべきであるし、その責任を高齢者本人に転嫁することが決してあってはならない。現状は、パーソン・センタード・ケアマネジメントという目標にはほど遠い発想であると言わざるをえない。

7）ケアマネジメント一元化の課題

　表6−1および**表6−2**は、ケアマネジャーとケースマネジャーが作成するケアプランについて、個人が特定できない形で聞き取った内容を再構成したものである。各表から分かるのは、サービス利用申請者の家族からケアプランについて聞き取る内容、具体的には、当該要介護高齢者の身体的精神的状況の現状や、現在に至るまでの経過や本人が希望するサービスの種類などの聞き取り内容が重複している点である。

　ケアサービス、ケアマネジメントに関わる専門職という社会資源が潤沢に存在するわけではないので、専門職の有効かつ活用という意味でも、またサービス利用当事者や利用者家族への聞き取り時間の軽減という意味でも、聞き取り内容の有機的分業化が不可欠である。

　再構成された一つの事例に関する両表の内容から言えば、ケアプラン

表6－1　ケアマネジャー作成のケアプラン

ケース：再評価の時間が近づいている。前回最後の評価は2017年10月29日、CMS（ケアマネジメントシステム）：第6級　中度失能、評価：レスパイト・サービス。

サービス申請理由：サービス利用者は多種類の言語を理解している。2016年より鬱病と認知症を発症している。内服薬を服用し診察を受けていた。最初はA医院で認知症の診察を受けていた。当該地域のデイサービスを利用した。利用者は生活面の自立が出来ていた。

　利用者の妻は平日に監視カメラを使って利用者に指示を与えており（利用者の妻は台南で仕事し、週末だけ帰宅している）、利用者も指示通りに行動することが出来た。その他には、隣人の協力で世話をしてもらい、規則的な生活を送っていた。

　その後、利用者は健康状態が悪化したため、2017年10月から外国籍の介護労働者を雇って介護サービスを受けた。しかし、外国人介護労働者の言語能力がよくないため、利用者はコミュニケーションが不足し、平日の言葉の刺激がなくなっていった。

　11月から音声に対して過度に敏感になり、情緒不安定で怒りやすく、外出拒否などの症状が出てきた。利用者の精神状況は明らかに悪化し、平日もベッドで横になって休んでいる。音への恐怖、情緒の変化が大きく、突然急に怒り出したり、あるいは急に冷静に戻ったりしている。

　利用者の妻の友人の紹介で、今はA医院から別の医院に移り、診察を定期的に受けている。

　しかし、利用者の最近の状況が悪化した理由について、その医院の医師は見当がつかなかったので、薬物でコントロールするしかなかった。利用者の妻と議論した後、利用者の言語および生活面の刺激をすること、身体のトレーニングをすることをアドバイスした。

　ただし、利用者本人は外出を拒否しているため、在宅の訪問リハビリテーションによるケアを申請するように利用者の妻にアドバイスし、彼女もそれに同意して申し込んだ。

特別な状況の有無：利用者は49歳以下ではない。主な介護者がいる。心身障害者の臨時的および短期的介護サービスの補助を受けていない。特別介護手当も受けていない。外国籍介護者を雇っている。

（出典）筆者作成。

表6-2　ケースマネジャー作成のケアプラン

1．利用者のニーズ

　訪問調査の際、利用者に認知症と鬱病があることが分かった。定期的に台北某医院神経内科で診察を受けている。利用者は今、家族が雇っているインドネシア人の住み込み型介護労働者と一緒に自宅で同居生活をしている。利用者の妻の勤務地は台南にあるため、毎週金曜日に帰宅後利用者に付き添っている。

　利用者の外出拒否の理由については、外出すると両方の耳が周波数の高い刺激によって激しい痛みを感じるためと利用者の妻が説明した。病院の診察を受け異常がないと診断されたが、それでも利用者が今後外出する意欲をもってほしい、と利用者の妻は言う。

　在宅訪問リハビリテーション、在宅レスパイト（主として6時間以内）を申し込み、利用出来ることを利用者の妻が期待している。サービス項目の説明をした後、下に述べたような提案でサービスを提供することになった。その他のサービスは、そのニーズがないためしばらく提供しない。

2．ケースマネジャーによる2種類のサービスの提案

A．訪問リハビリ

　1か月に3回の訪問リハビリテーションサービスを利用する。これは、自宅を訪問し、手段的日常生活動作能力の改善を目指すサービスであり、4,500元である。

B．在宅レスパイト・サービス（全日）

　1年間で14日利用できる在宅レスパイトサービスで6時間利用出来る。その際の費用は1日当たり2,310元である。

3．検討項目：

　介護および専門的なサービスを使用することを望んでいると最初に利用者の妻の確認をした。CMSレベル第6級と認定評価した。インドネシア人の家庭介護労働者を雇っていることを確認したので、介護サービスおよび専門的なサービスの金額の30％だけを給付する。毎月の給付金額は8,421元になる。補助金額を超えた部分は、自費で使用することで利用者の妻が同意した。

　現在はインドネシア人の家庭介護労働者を雇って利用者の日常生活の介護をしているため、制度上在宅サービスを申し込むことは出来ない。在宅

（出典）筆者作成。

訪問リハビリテーションだけを申請した。また、利用者の妻は彼女が雇っているインドネシア人の家庭介護労働者に介護関係の知識を学ぶように指導することを期待している。評価した結果、確かにその必要があることを確認した。

4．その他：

A．このケースでは、交通移送サービスの利用を望んでいないことを確認した。

B．このケースは、福祉用具と住宅改修サービスの利用を望まないことを確認した。

C．このケースは、レスパイト・サービスの利用を望んでいることを確認した。毎年の給付金額は32,340元であり、さらにこのケースは、自分で外国人労働者を雇っている場合のレスパイト・サービス使用に一致したため、台北市政府は自己資金をサポートする。補助金額を超えた部分の自己負担に関しては利用者の妻が同意している。

　　自宅訪問時間：2018年4月26日

　　Ａ拠点：社団法人Ｐ　　　　　　　　ケースマネジャー：Ｑ

5．ケアプラン：

A．ケアマネジャーがアドバイスした申請項目：レスパイトサービスの申請をすすめたところ、利用者の妻もそれに同意し、申請した。

B．利用者家族の意向で申請した項目：介護および専門的サービス、レスパイト・サービス

　　評価日付：2018年4月18日　　　ケアマネジャー：Ｒ

6．変更についてのコメント：

　2017年5月9日、専門スタッフからの連絡により、利用者家族は夜間、休日サービスの必要が生じたので、夜間サービスと土日祝日サービスを新しく選択した。夜間サービスは、20時から24時までの在宅サービスであり、1回当たり385元である。土日祝日サービスは、平日以外の在宅サービスであり、1回当たり770元である。両サービスは、同一日に重ねて利用することはできない。

　　変更日時：2018年5月9日　　　　　ケアマネジャー：Ｒ

ニングおよびケアマネジメントに関する専門職の責任は、Ａ拠点のケースマネジャーに一元化すべきであろう。しかし、すでに確認したように、Ａ拠点の配置がアンバランスなので一元化は難しいということになる。

ところで、台湾の介護システムの最大の問題点は、要介護認定を軸にケアマネジメント全体に関わりをもつケアマネジャーの身分が不安定なために、質の高い人材が集まらないことである。葉千佳がすでに指摘したように、ケアマネジャーの多くが非常勤職で低賃金であるにも関わらず、大量のケースを受け持たざるを得ない過酷な状況は直ちに是正されなければならない（葉千佳［2016］p.13、西下［2017］pp.25〜26）。ケアマネジャーの身分の安定化を図ることで、Ａ拠点におけるケースマネジャーとの有機的な連携が可能となる。

さて、**図6−1**（184ページ）の流れに関連して指摘したことであるが、そして、これは常にありうることであるが、申請者本人の要介護度が悪化した時には、在宅サービス提供事業者がケアマネジャーに連絡し、再度の要介護認定を行うべきである。ところが、現行の長期介護サービス法には再認定に関連する条文がない。これが、サービス法上の問題点の一つとなっている。

実務上は、Ａ拠点の事業者が（地域にＡ拠点がなければ、同自治体のケアマネジャーが）6か月ごとに少なくとも1回は自宅訪問を行い（要介護度の変化の有無にかかわらず）、要介護高齢者のニーズが変化した場合にケアプランを調整する。もし、要介護度が悪化した場合には、後追いで長期介護管理センターに連絡することにならざるをえない（林谷燕［2020］p.45）。

加えて、長期介護サービス法第8条は、長期介護管理センターが措置する認定結果に対して、本人または家族に不服がある場合の救済手段に言及していない。つまり、異議の申し立てが制度化されていないことが確認出来る。このような現状が、サービス法上の二つ目の問題である（林谷燕［2020］p.48）。

第7章

住み込み型外国人
介護労働者の課題

1 外国人介護労働者誕生の背景

　長期介護2.0は、ケアを必要とする高齢者や障がい者に対して、介護職の人々がフォーマル・ケアとして介護サービスを供給するシステムに関する国家プランである。ところが、台湾ではこうしたフォーマル・ケアが発展する以前の段階で、女性の就労が一般化するに伴って、家族・家庭というプライベート空間において、外国人が介護労働者としてフォーマル・ケアを実践するという独特のスタイルが誕生した。現在もそのスタイルが続いており、台湾で一般化しつつある。

　以下では、アジア出身の女性を中心とする外国人介護労働者（外籍家庭看護工）が、介護を含めた家事などのサービスを提供する特徴的なシステムに関する仕組みや実態、および問題点について考察する。なお、このシステムは、台湾だけでなく、シンガポールや香港などにも広く存在している。

　台湾では1970年代、1980年代に急速な経済発展が進み、高学歴化、国民所得の増加、女性の社会進出が進行した。また、こうした社会変化に加えて平均寿命の伸長による介護サービスへのニーズも強まったため、介護労働力不足を補うために台湾政府は、1992年5月に就業服務法を制

表7－1　台湾における国別外国人労働者の推移

	産業外労						
	インドネシア	フィリピン	タイ	ベトナム	その他	小計	
2005	3.9 (7,188)	33.1 (60,656)	51.9 (95,265)	11.0 (20,229)	0.0 (43)	100.0 (183,381)	
2010	11.0 (21,313)	28.0 (54,218)	33.3 (64,516)	27.6 (53,488)	0.0 (10)	100.0 (193,545)	
2015	16.3 (59,261)	15.9 (95,445)	15.9 (57,815)	41.5 (151,062)	0.0 (1)	100.0 (363,584)	
2020	15.6 (71,141)	26.7 (121,890)	12.6 (57,728)	45.2 (206,500)	0.0 (8)	100.0 (457,267)	
2021	14.8 (65,653)	26.1 (115,702)	12.8 (56,583)	46.3 (205,159)	0.0 (7)	100.0 (443,104)	

（出典）労働部労働力発展署［2022］　https://statdb.mol.gov.tw/html/mon/i0120020620e.htm

定し、外籍勞工（外国人労働者）の導入を決定した（青木［2013］p.35）。

　介護分野での外国人労働者の門戸を開放した背景には、女性の社会進出によって家族機能が縮小化した点が指摘できる。こうした家族役割の変化が見られる時、例えば日本のように、介護の社会化を志向する政策を展開するのが一つの重要な選択肢である。台湾の場合は、介護の社会化に見合うだけの在宅サービスおよび施設サービスの基盤整備が1990年頃まで進んでいなかったため、法改正によって外国人介護労働者を受け入れることになったと考えられる。

　外国人労働者（外籍勞工）は、産業外籍勞工（以下、産業外労と略す）と社福外籍勞工（以下、社福外労と略す）から構成される。社福外労は、①施設で働く看護工、②個人の自宅に住み込みで働く家庭看護工（以下、住み込み型外国人介護労働者と表記する）、③個人の自宅で働く通いの家庭幇雇（家政婦）に分けられている。就業服務法が制定された1992年当時は、産業外労が15,255人、社福外労が669人であった。

　表7－1が示すように、2021年では産業外労が443,104人、社福外労

単位：％、（　　　）内実数

社福外労						総計
インドネシア	フィリピン	タイ	ベトナム	その他	小計	
29.1 （41,906）	24.3 （35,047）	2.1 （3,057）	44.4 （63,956）	0.0 （49）	100.0 （144,015）	327,396
72.5 （135,019）	12.5 （23,320）	0.7 （1,226）	14.3 （26,542）	0.0 （1）	100.0 （186,108）	379,653
79.0 （177,265）	12.3 （27,613）	0.2 （557）	8.4 （18,919）	0.0 （2）	100.0 （224,356）	587,940
76.3 （192,217）	11.5 （28,896）	0.2 （407）	12.0 （30,335）	0.0 （1）	100.0 （251,856）	709,123
75.6 （171,515）	11.5 （26,106）	0.2 （371）	12.7 （28,895）	0.0 （1）	100.0 （226,888）	669,992

が226,888人となり、過去29年間に、産業外労が約29倍、社福外労は339倍と著しく増えている。

　産業外労のうち最も多い国はベトナムで約20.5万人、以下フィリピンの約11.6万人、インドネシアの約6.6万人と続いている。一方、上記②の住み込み型外国人介護労働者については、2021年時点でインドネシアが75.6％（171,515人）と最も多く、以下ベトナムの12.7％（28,895人）、フィリピンの11.5％（26,106人）と続いている（労働部労働力発展署［2022］pp.204～205）。

　台湾にとって、インドネシア、ベトナム、フィリピンの３か国からの労働力は必要不可欠なものとなっているが、2021年にかけてコロナ禍の影響により、全体として従事する外国人の数が若干減少している。

　労働部が2022年に公表した「110年移工管理および運用調査報告」（以下、110年移工管理調査と略）によれば、2021年現在、住み込み型外国人介護労働者について最も多いインドネシアの場合、全体で178,860人であり、女性が99.7％を占めている。その内訳は、25歳未満が6.9％

（12,279人）、25歳以上34歳未満が33.7％（60,248人）、35歳以上44歳未満が46.2％（82,691人）、45歳以上が13.2％（23,642人）となっている。

　2番目に多いフィリピンに関しては、全体で26,063人、女性が96.3％を占める。その内訳は、25歳未満が0.2％（50人）、25歳以上34歳未満が27.9％（7,274人）、35歳以上44歳未満が55.6％（12,819人）、45歳以上が22.7％（5,920人）という分布であった。

　3番目のベトナムの場合は、全体で19,066人、女性が96.3％を占める。その内訳は、25歳未満が0.4％（85人）、25歳以上34歳未満が13.9％（2,642人）、35歳以上44歳未満が39.9％（7,603人）、45歳以上が45.8％（8,736人）という分布であった（労働部［2022］p.107）。

　インドネシアおよびフィリピンは、30代後半から40代前半の女性の占める割合が最も多いが、ベトナムは40代後半が最も多くなっており、年齢層における分布の差が確認出来る。なお、タイは全体で359人と極少数に留まっている。

2　外国人介護労働者増加の理由

　では、何故こうした住み込み型の外国人介護労働者は、今後も増え続けると予測されるのであろうか。宮本義信（同志社女子大学教授）によれば、家族による扶養をうたう台湾の「伝統的」価値観と、本国の家族を守るために海外で出稼ぎする在宅介護ヘルパーの「自己犠牲的」価値観が結合して、外国人介護労働者を浸透させやすくする土壌が醸成されている、とされている（宮本［2015］p.60）。

　確かに、受け入れる台湾側のプル要因とインドネシアやベトナムなどの主要な送り出し国のプッシュ要因が結合した結果であると言うことが出来る。

　宮本の言う「家族による扶養をうたう台湾の伝統的価値観」が、そのままの形で実践されるわけではない。女性の社会進出が進み、就労する

なかで在宅介護が不可能となり、かといって施設に老親を入所させることを••よしとしない、いわば「中程度の親孝行」として外国人介護労働者を雇い入れ、契約によって住み込んでもらうことによって伝統的な価値観が擬制されていると解釈出来る。

　宮本自身はこの関係性を「ねじれた構図」と呼び、女性の社会進出が著しく進行し、社会構造的な矛盾を緩和するために、外国人居宅介護ヘルパーが家族の家事労働の全般を代替・補完していると、分析している（宮本［2015］p.60）。

　以上が宮本の解釈であるが、城本るみ（弘前大学教授）も同様の考え方をしている。

「台湾では高齢者の施設入所に対して、心理的抵抗感が依然として根強い。高齢者自身もさることながら、親を入所させることによって『親不孝』のレッテルを貼られてしまうことを子ども世代も善しとしない風潮がある。家庭内における外国人の雇用は、子ども世代による親の在宅介護を可能にし、高齢者にも子ども世代にも『心理的安心感・満足感』と『時間的利便性』を与えるものとして機能している」（城本［2010］p.61）

　すなわち、外国人介護労働者を雇い入れることで、ベストではないけれども同居という形は継続でき、中程度の親孝行を実践出来ると見ている。雇い主である子どもにとって、住み込み型の家庭看護工は誠に都合のよい存在なのである。

　子ども側にとってたいそう都合のよいこのシステムは、影の部分も包み込んでいる。雇い主が住み込み型外国人介護労働者を虐待したり、逆に外国人介護労働者が雇い主の親である要介護高齢者や障がいをもつ家族を虐待するといったケースもある（岡村［2015］p.122）。

　虐待の可能性についてはひとまず置くとして、以上のことから言えることは、台湾政府が介護保険制度を導入するとしても、その時期までに解決しなければならない課題の一つが、こうした住み込み型外国人介護

労働者を個人で雇用している約23万世帯への対応である。おそらく、介護保険制度が導入されても、こうした住み込み型外国人介護労働者を雇用する世帯には、原則的に保険サービスは給付されないであろう。

　2021年末現在、高齢者をはじめ介護を必要としている人々約85.5万人のうち、住み込み型外国人介護労働者（家庭看護工）を雇用しているケースが約24.7万人に上っている。29％の世帯が、介護保険制度が発足した場合、制度の埒外に置かれることになる。つまり、多くの家族が、完全私費で自宅の介護や家事・子どもの世話などを30代、40代の東南アジア人女性に委ねるという選択をしている事実を鑑みると、制度を導入する際、国民的なコンセンサスが得られるとは到底考えられない。

　こうして台湾の介護システムに大きな影響を及ぼし続ける住み込み型外国人介護労働者であるが、彼女達は台湾に永住出来るわけではない。1回につき就労期間は3年が上限となっており（1年間の延長が可能）、少なくとも1日は出国することを条件に再入国すれば就労の更新が可能である。また、累計で12年まで許容されることとなった（宮本［2015］p.68）。

　なお、出国規制は2016年に廃止されたが、住み込み型外国人介護労働者は、行政機関にその資格および条件が認められれば労働滞在期間をさらに2年間延長出来るほか、2015年以降では、最大14年間台湾で働くことが可能となっている（鄭安君［2021］p.12）。

③　外国人介護労働者の雇用手続き

　雇用手続きは、幾つかのステップに分かれている。最初のステップは、外国人介護労働者を雇用する家庭からの申請がなされることである。第2ステップは、病院の医師が「本人が24時間体制のケアを必要とするか否か」を判断し、「病気または心身機能喪失の診断証明書」を作成する。その場合の根拠は、2015年よりバーセルインデクス（168ページ参照）

に基づいている。

　第3のステップとして、2005年より長期介護管理センターを通じて台湾人介護労働者に対して求人を行う。しかしながら、こうした求人は、形骸化しているだけでなく、実際、この分野は常に人手不足であるため、雇用手続きの前提となる台湾人介護労働者が見つかる可能性が極めて低い（城本［2010］p.38）。

　有名無実化している理由は明白である。24時間体制のケアを必要とする要介護高齢者の介護は明らかに重労働であるため、台湾人の介護労働者が希望することはありえないのである。

　第4のステップでは、雇用主は四つの書類を整える。書類審査をパスした後に職業訓練局が外籍家庭看護工募集許可書を発行するので、雇用主は、斡旋会社に外国人介護労働者斡旋の依頼をする。このような手続きを経て、雇い主は外国人介護労働者の住み込みを契約条件に記して雇用している。

　では、雇用主の自宅という閉ざされた空間で働く外国人介護労働者への研修はどうなっているのであろうか。城本によれば、外国人介護労働者は国外で100時間、台湾に入国後90時間の研修を受けることになっており、ある程度は介護労働者の質を維持することが可能である。

　しかし、台湾での研修を受けるには言語や文化習慣という問題も存在し、実施には困難が伴う。そのため、外国人介護労働者に対して台湾国内での研修を強制はしていない（城本［2010］p.37）。確かに、言語の習得には大きな困難を伴うので、研修そのものが成立しにくい状態となっているようだ。

　とはいえ、今後事情が大きく変わることが予想される。家庭での介護労働に従事している外国人介護労働者などが台湾における介護サービスの重要な担い手になっていることを重視し、その訓練を制度的に実施することが長期介護サービス法第64条に定められた（岡村［2015］p.124）。

　具体的には、「個人看護者は、中央主管機関が公告で指定する訓練を

受けなければならない。この法律の施行後初めて入国する外国人であっ
て、障がい者の家庭に雇用され介護業務に従事する者について、雇用主
は、申請の上中央主管機関の定める補充訓練を受けさせることが出来る。
前項の補充訓練の過程内容、有料項目、申請手続及びその他順守事項に
係る規則は、中央主管機関が定める」（岡村［2015］pp.138〜139）と、同
法第64条について説明されている。

4）外国人介護労働者の過酷な労働条件

　2008年の住み込み型外国人介護労働者の月額総収入は、平均18,000元
（約7.7万円）であり（2008年の最低賃金は17,280元）、高齢者が施設入居
時にかかる費用の3万元から6万元に比べてかなり安くなっている。ま
た、台湾人介護労働者のホームヘルプサービス利用料の6万元よりも安
くなっている（城本［2010］p.38）。

　労働部の「110年移工管理調査」によれば、2021年の外籍家庭看護工
の平均賃金（総給与）は20,209元（約86,900円）である。ちなみに、
2021年の最低賃金（基本工資）は24,000元（約103,200円）であった（2022
年は25,250元）。同時期の製造業の外国人労働者の平均は30,537元（約
131,300円）なので、住み込み型外国人介護労働者の給与は製造業の外
国人労働者の給与の3分の2程度とかなり低くなっている。

　なお、2008年当時だけでなく、現時点においても、住み込み型外国人
介護労働者の平均給与が台湾の最低賃金額をかなり下回っていることが
確認出来る。

　では、何故インドネシア人、ベトナム人、フィリピン人を中心とする
住み込み型外国人介護労働者の賃金は、台湾の最低賃金を下回るほど低
額なのであろうか。実は、台湾の労働基準法では、介護施設で働く外国
人介護労働者の場合は同法の対象となるが、「住み込み型外籍看護工の
場合は家族の一員と見なされる」ため同法の対象とならないのである。

　その解釈から、住み込み外国人介護労働者は労基法の対象外となって最低賃金が適用されず、その結果として、最低賃金以下で働く者が大多数となっている。これが理由で、最大の送り出し国であるインドネシア政府は、自国の労働者を台湾で就労させることを2017年中に禁ずる政策を打ち出していた（小島［2016b］p.10）。

　台湾政府にしてみれば、インドネシア政府の要求に合わせて、最低賃金を超えた月給を契約の最低条件にすれば、一般世帯が住み込み型外国人介護労働者を雇用するケースが確実に減っていくので、介護保険制度創設に向けてのホームヘルプサービスのニーズを結果的に拡大させていくことになってしまう。

　そもそも、外国人労働者を自国の最低賃金額よりも安く労働させることは、外国人の人権尊重という国際的観点から見て大きな問題である。事実、アメリカ国務省の国・地域別の「2016年人権報告書」では、台湾における外国人労働者の労働者権利搾取問題や、仲介者による搾取問題が取り上げられている。

　もちろん、外国人労働者全般の人権侵害をアメリカは問題視しているが、台湾の外国人在宅介護労働者は労働基準法に基づく保護が受けられないという点で最も過酷であり、この点に注目していると考えてよい（鄭安君［2021］p.17）

　この際、台湾政府は適切な対応をすべきであるが、住み込み型外国人介護労働者に労働基準法を適用することは、先の法律の解釈からすれば困難であろう。安里和晃（京都大学准教授）によれば、外国人介護労働者は長時間の就労にもかかわらず、単位時間当たりの賃金は建設業・製造業労働者よりも低く、仮に外国人介護労働者に労働基準法を適用すると賃金は現在の2倍近くに上昇してしまう（安里［2006］p.11）、とされている。

　驚くことに、台湾政府は1998年4月に住み込み型外国人労働者をいったん労働基準法の適用対象にしていた。その結果、賃金が高騰したため、

コラム 6	台北駅スクエアの外国人介護労働者

　毎週日曜日、台北駅の中央にある大きな広場は、外国と見間違うほど
インドネシアやフィリピンの人々で埋め尽くされる。そのほとんどが女
性である。3人、5人、10人と様々な規模のグループが地面に腰を下ろし、
持参した食べ物を食べながら一時のリフレッシュに勤しんでいる。彼女
たちは、台湾各地で契約した家族の家に住み込み、要介護の高齢者や認
知症の高齢者の介護をしている。

　日頃の苦労をお互いに労い、賃金の安さという不満をぶつけ合い、情
報交換をし、大笑いしながら楽しく数時間を過ごしている。

　ここで、知り合いに会える外国人介護労働者はそれなりにストレスの
解消が出来るが、休みがないか、あっても時間がもらえず、駅まで往復
する時間がない人々も多い。

筆者と外国人介護労働者

雇用主の支払い能力を超えた経済的負担につながるとの理由で1999年1
月、再び同労働者を適用対象外としてしまった（安里［2006］p.11、鄭安
君［2021］p.66）。

　住み込み型外国人介護労働者に対する過酷な労働環境は、最低賃金よ
り低い賃金であることに加えて、休日が少ないという問題がある。先に
触れた「110年移工管理調査」（202ページ）によれば、1日の労働時間

を規定していない雇用者が82.4％と極めて多い。その結果、介護労働者が休日を確保することが難しく、オーバーワークになっている。労働者としての人権が守られていないもう一つの側面である。

　こうした住み込み型外国人介護労働者の労働条件を改善するためには、三つの方法があると指摘されている。

❶労働基準法の適用。

❷家事労働者保護法の制定。

❸労働部の外局である労働力発展署が提示する約款（定型化契約）に基づき、労使に契約を締結させることによって当該労働者の労働条件保護を図る。

　既に三つ目の方法が取られており、一定の評価はされているものの、政府は10項目に及ぶ約款を強制する根拠法をもたないため、約款に従わない使用者に対しては対策を講じることが出来ない（根岸［2020］pp.237〜238）。そのため、先に指摘したような過酷な労働環境に置かれる住み込み型外国人介護労働者が多数に上っているという現状がある。

　今後の課題としては、家事労働者保護法の制定に期待がかかるわけだが、現状では実現の可能性が低いようである。

　国際労働機関（ILO）がかねてより提唱する「decent work（適切な労働、まともな労働）の観点から、そしてグローバル・スタンダードとしてのSDGsの視点から、台湾をはじめとするいくつかの国で見られる外国人介護・家事労働者における過酷労働の捉え直しと是正が進むことを期待したい。

第8章

台湾の認知症ケア

1 認知症ケアと認知症予防・介護行動計画2.0

　台湾政府は2013年に「認知症予防・介護行動計画1.0」（失智症防治照護政策綱領暨行動方案）をスタートさせ（以下、行動計画1.0と略）、2016年に終了した。そして、翌2017年に「長期介護2.0」をスタートさせた。「長期介護2.0」が「長期介護1.0」と決定的に異なる点が二つある。

　一つは、介護サービス利用の5番目の対象者として「50歳以上の認知症患者（失智症）」が入ったことであり、もう一つは、提供されるサービスの9番目として「認知症ケア」が導入されたことである（西下[2019] p.222）。

「認知症予防・介護計画1.0」により、ある程度の認知症ケアサービスの基盤整備を台湾全体で進めたうえで、「長期介護2.0」において50歳以上の認知症高齢者をケアサービスの対象に加えている。極めてスムーズな計画に基づく展開となっていることが分かる。

　この流れを受けて、2018年6月には「認知症予防・介護行動計画2.0」（失智症防治照護政策綱領暨行動方案2.0）という国家プランをスタートさせ（衛生福利部[2017b]、以下、行動計画2.0と略）、認知症医療・介護に特化した2種類の地域センターを構築した。その一つが「認知症総合

ケアセンター」（失智症共同照護中心・Integrated Dementia Care Center：IDCC）であり、2021年現在、全国に103か所配置されている。もう一つは、地域密着型のサービス拠点として、「認知症地域サービス拠点」（失智症社区服務拠点・Support Center for People with Dementia and their families：SPDF）であり、2021年現在、全国に506か所配置されている。

　前者の認知症総合ケアセンターは、地域ごとの医療および福祉の中核となるセンターであり、今後の認知症ケアを発展させる貴重な機関である。同センターは、地域の総合病院に置かれる場合が多い。台北市で初期に整備された五つのセンターの場合、三つが台北市総合医院の各分院であった。

　同センターは日本には存在しない組織であるが、認知症医療という点では日本の「認知症疾患医療センター」が近いと考えられる。同センターは、医療以外にも、以下のように多機能型になっているところがユニークである。

❶ケースマネジメントであり、利用者本位のアセスメントを行っている。

❷認知症介護に関わる人材の育成並びに研修を行っている。

❸社会教育機能で一般の人々を対象に、認知症に関する講座を開設している。

❹地域密着型の認知症ケアサービスを実際に提供している。

　後者の「認知症地域サービス拠点」は、認知症の理解を促進し、認知症の症状を緩和すること、安全に見守ること、認知症関連団体の支援、在宅介護者の支援などを主な機能としている（衛生福利部長期照顧司［2020c］）。

　ちなみに2021年時点では、大都市部のうち台北市には「認知症総合ケアセンター」が11所、「認知症地域サービス拠点」が45か所あり、新北市では、同じくセンターが11か所、拠点が43か所出来ている。また台

<ruby>中<rt>ツォン</rt></ruby> 市では、同じくセンターが10か所、拠点が39か所あり、<ruby>高雄<rt>ガオシォン</rt></ruby> 市では
センターが 9 か所、拠点が55か所出来ている（衛生福利部長照専区［2022］）。

　さて、前述の「認知症予防・介護計画2.0」は2025年が終了年度であ
るが、それまでに達成されるべき七つの戦略、数値目標が設定されてい
る。七つの戦略などについてはすでに別稿で紹介しているので参照され
たい（西下［2019］pp.232～233）。

　こうした認知症ケアに関する国家プランが2013年以降二つ続けて展開
された背景には、認知症高齢者数の多さおよび将来の認知症患者の急増
と、認知症家族の団体が行っている積極的な活動、認知症の老親や老配
偶者を在宅で介護することの困難さ、認知症予防の重要性への気付きな
どがあった。加えて、日本が2012年に「認知症施策推進 5 か年計画」、
2015年に「認知症施策推進総合戦略」、2019年に「認知症施策推進大綱」
をそれぞれ展開したことも大きく影響している。

2）認知症予防・介護行動計画の今後

　認知症高齢者や若年性認知症患者は、記憶障がいや見当識障がい（時
間や季節、場所などが分からなくなる状態）などを中核症状とし、さら
に BPSD（認知症の心理・行動症状）など周辺症状を有する存在である。
症状が悪化し、<ruby>事理弁識能力<rt>じりべんしきのうりょく</rt></ruby>（法的責任が生じることを認識できる能
力）を喪失した場合に本人の人権が保護出来るように成年後見制度など
で社会的に保護する仕組みをもつ国も多い。

　以上の点を背景に「長期介護2.0」では、前掲した**表 5 − 1**（148ペー
ジ）の右側上部で示すように、対象者が 2 倍に広がるなかで、⑤50歳以
上の認知症患者（失智症）が含められた。高齢期の認知症患者に留まら
ず、若年性認知症患者が介護サービスを利用出来る点が特徴となってお
り、日本と同じである。

　異なる点は、日本が40歳以上の第 2 号被保険者として認知症に関する

サービスを利用出来るのに対して、台湾では50歳以上の認知症患者に限定されている点である。また、提供サービスメニューも倍増している。同表の右側下部から分かるように、同プランの⑨として、認知症ケアサービスが位置付けられている。

　台湾の認知症政策は、衛生福利部と台湾失智症協会（Taiwan Alzheimer's Disease Association：TADA）が連携しながら進めてきている。2013年から2016年の行動計画1.0を経て、2018年〜2025年を範囲とする行動計画2.0では、以下の七つの戦略が設定されている。

戦略1——2020年までに認知症を全ての基礎自治体（地方政府）のアクションプランとして認識すること。

戦略2——2025年までに全国民の「7％以上」が認知症を正しく理解して認知症に優しくなること。

戦略3——中央政府が認知症のリスクを制御して出現率を低下させること。

戦略4——2025年までに認知症高齢者および若年性認知症患者の「70％以上」が診断を受け、適切にサポートやサービスを利用することが出来るようにすること。

戦略5——2025年までに、家族介護者の「70％以上」がサポートや研修を受けられるようにすること。

戦略6——2019年までに、国家認知症登録システムおよびモニタリングシステムを完備すること。

戦略7——認知症研究を促進し、認知症に関するケア・テクノロジーを開発すること。

　認知症高齢者や若年性認知症に対する在宅ケア、施設ケアの基盤整備という観点から見ると、七つの戦略のうち「戦略4」が特に重要となる。「戦略4」に含まれる指標のうち、本書のテーマに関連する指標は以下の5指標である。

❶認知症高齢者や若年性認知症がケアサービスを利用する割合を40％にすること。

❷認知症を対象とする施設のベッド数を2,300床とすること。

❸認知症統合ケアセンターを63か所設置すること。

❹認知症混合型デイサービス、認知症グループホーム、小規模多機能施設を含めて500か所整備すること。

❺住み込み型外国人介護労働者に対する認知症研修と教材作成に関する比率を5％以上にすること。

　これらが具体的な目標として設定されているわけだが、このうち❸に関しては既に目標値を上回っている。

　以上の、極めて多角的で詳細な行動計画2.0を遂行するために、2018年は約21.3億元、2019年は19.7億元の予算を計上していた。

3）台湾における新しいエンドオブライフ・ケア

（１）患者自主権利法の成立

　我々は、心身の衰えとともに長期介護サービスを受けるなかで、あるいは介護サービスを利用することなく、人生のある段階で医療と接点をもつことがある。人生における最期の段階の生き方について、あるいは医療との向き合い方について、自己決定出来る権利を行使しながら何かを選択出来るという社会システムが構築されている状態、それが望ましい社会と言える。

　台湾は、このような望ましい社会を目指して「病人自主權利法」（Patient Right to Autonomy Act、以下、患者自主権利法と表記する）を2019年1月6日に施行した（2015年12月18日立法院で可決）。この法律制定に台湾社会の先進性を見ることが出来る。

　患者が重篤な疾患に罹りつつ、「エンドオブライフ」を自己決定して一つのライフを選択することは果たして可能なのだろうか。その自己決定という判断をめぐる社会的課題は存在しないのだろうか。ここでは、長期介護サービスの、決してそう遠くではないであろう未来に横たわる、深刻だが避けて通れない重要な課題について論じたい。言葉を換えるならば、台湾において「善終」がいかにして可能かを論じることにしたい。善終とは、善い終焉のことを意味する（鍾宜錚［2015］p.120）。

　なお、病人自主権利法に先立ち、2000年には「安寧緩和医療法」が成立している。同法は、当事者本人の事前指示、または家族の代理決定による延命治療の差し替えや中止を認める法律であり（鍾宜錚［2015］p.123）、病人自主権利法が成立する立法論理の前提となった法律として注目する必要がある。さらに同法は、家族の代理決定を認めた点で明らかな限界を有しており、この問題点を改善するための法律の制定が望まれていた。

　岡村志嘉子（国立国会図書館主任調査員）によれば、病人自主権利法の立法目的は、「医療に対する患者の自主権の尊重、天寿を全うする権利の保障、患者と医師の良好な関係の促進である」とされ、また、基本原則として「患者は、病状、医療の選択肢及び各選択肢の効果とリスクについて知る権利を有し、医師の提供する医療の選択肢について選択し決定を行う権利を有する」とされている（岡村［2016］p.1）。

（2）医療の事前指示書作成

　自らの終末期の医療を選択する権利を行使する希望をもち、かつ完全な行為能力を有する患者（20歳以上または20歳未満で結婚している人）が、定められた医療機関を訪問し、「医療の事前指示書（Advance Directive：AD）」に関する相談（Advance Care Planning：ACP）を行う。その際、当該患者だけではなく、完全な行為能力を有する証人2人の同席が必要となる。また、当該証人のうち2親等以内の親族が1人以上必

要であり、当該患者が決めた「医療委任代理人（Health Care Agent：HCA）」が同席しなければならない。

　医療機関側からは、ソーシャルワーカー、医師、看護師が参加し、医療の事前指示書を作成するための相談を行う。この相談は「カウンセリング」と呼ばれ、当該医療機関には手数料として2,900台湾元（約1.2万円程度）を支払うことになる。

　しかし、読売新聞によれば、エンドオブライフの自己決定の権利を得るための病院が77か所と少なく、これらの病院でしか事前指示書が作成出来ない、とされている。同新聞によれば、2020年2月現在、事前指示書を作成した人は約12,000人に留まっている（読売新聞［2020]）。

　なお、2019年現在、台湾には公立病院が82、市立病院が398、合計して480か所存在しているので、77か所がいかに少ないかが分かる（衛生福利［2020d]）。2020年9月時点では、事前指示書の作成者は16,360人に増えている（Yi-Jhen He,Ming-Hwai Lin et al［2021] p.2）。

（3）延命治療等医療行為を終了できる条件

　カウンセリングを通じて、あらかじめ医療の事前指示書を作成することになるわけだが、次ページに記した①から⑤のいずれかになった場合、延命治療を受けるかどうかを決めることになる。

　具体的には、延命治療を構成する生命維持治療および人工栄養投与について、「受け入れ」、「拒絶」、「意識がない、もしくは、はっきりと意志を伝えられない」、「しばらく治療を受けた後で治療を停止」という選択肢のなかから一つを選択する。

　なお、3番目の「意識がない、もしくは、はっきりと意志を伝えられない」の場合には「医療委任代理人」が決定する。しかし、この3番目の選択肢の置き方は間違っており、改善が必要である。何故ならば、医療の事前指示書を作成しうるのは、完全な行為能力を有する患者に限られるからである。

　結局は、生命維持治療および人工栄養投与のそれぞれに関して、「受け入れ」、「拒絶」、「しばらく治療を受けた後で治療を停止」という選択肢のなかから選択を行い、医療の事前指示書を医療機関に作成してもらうことになる。また、同医療機関で、患者本人の健康保険カードに内容を登録することになる。

　患者自主権利法の第14条において、以下の①から⑤の状態のいずれかであれば、医療の事前指示書に基づいて、延命治療・生命維持治療または人工栄養補給などの医療行為を終了することが出来ると規定している（全國法規資料庫［2019］）。

①末期患者——「安寧緩和医療条例（ホスピス緩和医療条例）」で定められる「末期病人（末期患者）」。

②回復不能の昏睡状態——外傷により6か月以上意識が回復しない、もしくは外傷以外で3か月以上意識が回復しないなどの「不可逆転昏迷（不可逆性昏睡）」。

③永久的な植物状態——外傷による「植物状態」が6か月以上続く、もしくは外傷以外での「植物状態」が3か月以上続く「永久植物人状態（遷延性意識障害）」。

④極度の知能喪失——「臨床的認知症尺度表（Clinical Dementia Rating：CDR）」で3点以上、もしくは「生活機能評価（Functional Assessment Staging Test：FAST）」で7点以上の「極重度失智（極めて重篤な認知症）」。

⑤その他、政府の公布する症状、もしくは耐えられない痛苦、不治の病において、現在の医療水準では治療出来ないケースを衛生福利部が公告した場合。

　台湾政府が開設しているニュースサイト「TAIWAN TODAY」（2019年1月7日付）によれば、患者自主権利法施行細則の主な要点は以下の通りとなっている。

❶現場での治療を決定するうえでは、「患者本人の同意を優先し、関係者の同意はそれを補う形」とする。

❷患者は、同時に複数の医療委任代理人を指定し、その順位や権限を決めることが出来る。

❸「医療の事前指示書」をスキャンした電子ファイルは、原本と同じ法的効力をもつ。

❹患者が治療を受けるなか（臨床）で行った書面の決定と「事前の指示」が異なる際には、書面が明示する意思に従う。しかし、その書面が生命維持治療や人工栄養投与の拒絶を選択している場合は、「事前指示」の撤回や変更が行われるまで「事前指示」の医療内容が執行される。

❺「末期病人」、「不可逆性昏迷」、「永久植物人状態」、「極重度失智」、そして「その他、政府の公布する症状、もしくは耐えられない痛苦、不治の病で現在の医療水準では治療できないケース」という五つの判定基準を明確に定める。

❻医療機関あるいは医師が患者の「事前の指示」を執行しない場合は、その患者の転院に協力し、本人が自らの終末期の医療を選択する権利を保障すること。

（4）患者自主権利法の問題点

患者自主権利法は、あらかじめ作成された事前指示書に基づく医療行為終了について条件を定めている。

第14条では、専門医師 2 名が前掲の①から⑤のいずれかの状態であることを確認し、かつ緩和ケア職員が少なくとも 2 回当該の状態を確認した後、医療機関または医師が患者本人の事前指示書に基づき、生命維持治療または人工栄養などの全部または一部を終了することが出来る、と明記されている。さらに、同医療機関または同医師は、刑事責任を問われないことも明記されている。

また、同法第16条では、事前指示書に基づき医療行為を終了した患者

に対して、「緩和ケアその他の適切な処置を行わなければならない」と
している。

　ここで直ちに問題になるのは、新しい法律である患者自主権利法が患
者の自己決定の権利を保護するのは、ACPのカウンセリングを通じて
「拒絶」を自己決定し、2親等内の親族および医療委任代理人の同席の
もとで「拒絶」を確認した医療行為終了時点までという事実である（受
け入れて、治療を継続する場合はこうした問題は発生しない）。

　つまり、延命治療・生命維持治療などの医療行為終了までは、患者が
自己決定権を行使することが出来るが、医療行為終了後の「緩和ケアお
よびその他の適切なケア」は同法第16条が保障しているところであるた
め、死の直前のターミナル段階では、これまでと同様、相変わらず医療
機関または医師の判断に委ねられ、適切なケアが行われることになる。

　第16条の規定は、患者自主権利法が保障する患者の自己決定の権利を、
本当のターミナル段階で阻害していると解釈することも出来るため、当
該法律の立法理念が成就出来ないと言える。その意味で、当該法律の整
合性が保たれていないと判断出来る。

　2019年の1年にわたって、台北退役軍人一般病院において事前指示書
を作成した946名を調査した結果、以下のことを知見として明らかにし
ている（Yi-Jhen He, Ming-Hwai Lin et al［2021］pp.1〜12）。

　患者自主権利法においては、医療委任代理人が同席しなければならな
いことになっているが、退役軍人の病院という特性からか、946人中、
医療委任代理人を設定したのは35人（3.7%）と極めて少数であった。
費用についても、退役軍人、低所得者、同病院関係者の場合は無料とな
っている。

　患者という意味では、一般国民も退役軍人も同じ条件において自主的
な権利が守られて然るべきなのだが、この研究結果を見る限り、一般国
民と退役軍人の間には著しい格差が存在している。

4）今後の課題

　あらかじめ設定したいくつかの目的に関してはある程度達成出来たが、依然として達成されないままの論点も少なくない。以下では、そうした論点を四つまとめ、今後の課題としたい。

（1）新しい介護システムの導入と介護保険制度導入の可能性

　台湾は、長期介護に関する二つの国家プランを展開するなかで、サービス対象者の種類を2倍に拡大させたうえに、提供サービスについても2倍以上に拡げることが出来た。そして、プランの展開過程のなかで、ほとんどの在宅サービスにおいて量的基盤がある程度整備される傾向にあること、しかしながら事業者数の急増に見合うほどの利用者の増加が見られなかったことが確認出来た。

　衛生福利部は、コミュニティの介護資源を有機的に活用出来るように「A拠点−B拠点−C拠点モデル」を設定し（西下［2019］pp.227〜229）、2元型ケアマネジメントシステムを開発した。そして、**表5−4**（160ページ）で示したように、各種の在宅サービスを四つのカテゴリーに分け、7種類に拡がる要介護度の介護報酬および自己負担額を具体的に理解出来るように明示してきた。

　同表は、四つのカテゴリーに及ぶ各サービスを利用する場合、自己負担額がいくらぐらいになるのか、高齢者だけでなく一般の人々が計算出来るような利用者に寄り添った情報の提供をしている。

　なお、長期介護2.0のプランのなかで、「認知症予防・介護計画2.0」と「A拠点−B拠点−C拠点モデル」がどのような関係性にあるのかについては、中央政府、衛生福利部のサイトに説明がないので現状では把握することが出来ない。例えば、認知症予防・介護計画2.0では、認知症総合ケアセンターおよび認知症地域サービス拠点の設置が急務となっているが、これらの機関が「A拠点−B拠点−C拠点モデル」とどのよう

な関係にあるのかが不明である。こうした関係性について、ホームページなどで分かりやすく説明されていれば、国民の理解と賛同が得られるであろう。

　私見では、各自治体の総合病院が設置する認知症総合ケアセンターとA拠点が有機的に連携すべきであろうし、総合病院や財団法人が設置する認知症地域サービス拠点はC拠点と連携すべきである。要介護高齢者のうち、一定程度は認知症を罹患すると考えるのであれば、こうした二つの組織の不経済な分立は避けるべきである。

　認知症総合ケアセンターおよび認知症地域サービス拠点は、認知症高齢者および若年性認知症患者のみが対象となっているが、ケアプランを作成するA拠点の対象者が認知症高齢者や若年性認知症患者の場合もあるし、軽度認知症（MCI）の場合もある。医療サービス機関と福祉サービス機関が、認知症の人をめぐって情報を共有し、可能ならば、スウェーデンや韓国のような認知症登録システムを設けることが不可欠である。

　さて、介護保険制度導入の可能性に関しては、諸外国のケアマネジメントにも詳しい白澤政和（65ページ参照）が、「蔡 (ツァイ)政権で介護保険制度の創設には至っていないが、長期介護10か年計画での変化は、日本からの仕組みを相当取り入れながら、介護保険制度創設の準備をしているように思える」と指摘している（白澤［2019］p.198）。

　2018年1月にスタートした新システムだが、結果として、介護保険制度創設の準備であると解釈出来る。そう判断した時、前任者の馬 (マー)総統の政権時に介護保険制度創設を見据えて策定した「長期介護サービス法」の条文のなかで、住み込み型外国人介護労働者の問題をどのように位置付けていたのか、あるいは条文に明文化されていないとしても、前政権において介護保険制度下における外国人介護労働者の位置付けについてどのように検討していたかを遡及的に調査することも必要不可欠な作業となる。

（2）在宅サービスが拡大しない背景と介護保険導入による権利意識の醸成

　台湾の各種の在宅サービスの利用者が長期介護2.0の意気込みに呼応するほどの勢いで増加していかないとするならば、その理由として想定出来るのは以下の二つとなる。

❶家族だけで老親のあるいは老配偶者の介護する文化的意識が強いため、外部の介護サービスを利用しない。

❷家族内の在宅介護だけでなく、子どもの世話、掃除、洗濯、炊事などの家事全般、仕事の手伝い、農作業の手伝い、親戚の用事、ペットの世話など、様々な仕事に対応出来る住み込み型外国人介護労働者を雇用したほうが安上がりになる。

　表1−3（5ページ参照）で確認したように、台湾は今後10年で急激に高齢化し、35年後には日本の高齢化を追い抜くことが推計として示されている。まず、高齢化が進行するなかで喫緊の課題となるのが、要介護高齢者や認知症高齢者、若年性認知症などへの介護サービスの提供に伴う財源問題である。現在は、たばこ税や相続税などの各種税金を財源にして賄っているが、安定的な財源確保は今後困難になるであろう。

　事実、これまでの「長期介護計画1.0」では費用が横ばいであったが、長期介護計画2.0をスタートさせ、介護サービスの対象者を2倍に拡大し、2018年1月からは、新介護システムを導入以後、介護システムの運用にかかわる費用は急激に上昇している（Cheng-fen Chen, Tsung-hsi Fu [2020] pp.187〜194)、という報告もある。要するに、従来のたばこ税や相続税だけでは捻出出来ないところまで来ているということだ。

（3）認知症高齢者の増加と成年後見制度

　日本の介護保険制度はサービス提供事業者を主体的に選択し、契約行為を実行するという点に特徴がある。契約行為を行うことが出来ない被

保険者・サービス利用者に対し、新成年後見制度を同時に開始することで対応してきた。台湾が日本型の介護保険制度を創設するならば、同様の成年後見制度の同時創設も今後の大きな課題の一つとなろう。

　幸い台湾では、2009年11月23日に新しい成年後見制度が施行されている。改正成年後見法では、日本と違い任意成年後見制度が導入されないままになっており、後見制度の体系が異なっているが、重度の認知症などで後見宣告を受けた場合には成年後見人が被後見人の法定代理人になることから、契約行為が成立し、介護サービスを利用することが可能である（江涛［2015］pp.28〜40）。

（4）患者自主権利法と同法の課題

　台湾で制定された患者自主権利法は、エンドオブライフ・ケアにおける究極の法律であると言える。しかしながら、運用上の問題点がないわけではない。今後の課題として、以下の二つが指摘できる。

　一つ目として、患者自主権利法は第8条で「完全な行為能力を有する満20歳以上の者および20歳未満で結婚している者」が、本人の受ける医療に関して事前指示書を作成することが出来るとした。また、患者自らが指定した医療判断委任代理人および2親等以内の親族2名以上を証人として、同席のもとで決められた医療機関で事前指示書を作成することが出来るとした。すなわち、本人はもとより、医療判断委任代理人および証人としての2親等以内の親族も「完全な行為能力を有する者」が必須条件となっている。

　しかし、完全な行為能力を有するかどうかを誰がどのような基準で判断するのだろうか。患者の自己決定権の保障という理念は尊重されるべきであるが、その理念を保障する条件が明確に示されることが不可欠である。これは、同法が今後改正していかなければならない課題の一つとなる。

　課題の二つ目は、極めて重篤な認知症に関するものである。患者自主

権利法の第14条で、事前指示書に基づく医療行為終了が可能な患者の条件（状態）として五つを示しているのは前述した通りである。このうち4番目は、「極度の認知症を罹患している状態」を示している。

極度の認知症を罹患している状態に関する判断の根拠になるのは、臨床的認知症尺度表（Clinical Dementia Rating：CDR）において3点以上、もしくは生活機能評価（Functional Assessment Staging Test：FAST）で7点以上の極重度失智症（極めて重篤な認知症）である。両尺度および点数については、患者自主権利法施行細則第13条に明記されている。

今後の課題として残るのは、認知症という疾患を、延命治療・生命維持治療の終了を事前に自己決定する患者のエンドオブライフの一つの状態として措定することに問題がないかという点である。措定の正当性根拠はどこにあるのだろうか。臨床的認知症尺度表で3点以上、あるいは生活機能評価で7点以上という条件が、果たして極重度失智症（極めて重篤な認知症）と判断するに相応しい基準であるかどうか再検討することが今後の重要な課題となる。

なお、臨床的認知症尺度表（CDR）は、1982年にヒューズ・C・P（Hughes C. P、ワシントン大学）らによって開発された尺度で、「記憶」、「見当識」、「問題解決と判断力」、「社会適応」、「家族状況および趣味や関心」、「介護状況」の六つの領域それぞれに関して、健康を CDR ＝ 0、軽微を CDR ＝0.5、軽度を CDR ＝ 1、中度を CDR ＝ 2、重度を CDR ＝ 3 と評定するものである。同法施行細則第13条に明記されてはいないが、6領域のうち少なくとも4領域以上で「重度」という評価がなされることが条件であると推察するが、明確な説明はない。

他方、生活機能評価（FAST）はライスバーク・B（Reisberg B、ニューヨーク大学）が1986年に開発した尺度である。認知機能を7段階に分けており、第1段階は通常の機能、第2段階は非常に軽度、第3段階を軽度、第4段階を中等度、第5段階をやや重度、第6段階を重度、第7段階を非常に重度と区分している。しかし、第6段階（6点）に関して、

尿失禁や便失禁の頻出が状態像として明記されている。つまり、前述の CDR で重度とされる 3 点の段階は FAST の第 6 段階と重なる部分があり、この二つの尺度について、前述の施行細則第13条が同等とする 3 点と 7 点は、実は同等ではなく、食い違う部分があると判断する。

　私見では、CDR の重度に対応するのは、FAST の第 6 段階および第 7 段階である。

東アジアの高齢者
介護政策の未来

　日本、韓国、台湾の介護政策を特に在宅サービスに焦点を当て比較した結果、各国とも政策の長所と短所が明らかとなった。比較的バランスが取れた介護システムを構築しているのは日本であるが、介護予防給付を制度に組み込んだフルスペック型の介護保険システムにしてきたことの弊害が現れつつある。国は、予防給付の位置付け、軽度者の生活援助サービスの利用可能性、ケアプランの有料化などについて再検討を重ねてきている。そのような再検討が必要になるのは、介護保険の財源が逼迫しているからである。財源の半分は国、都道府県、市町村の税金であり、残りの半分は第1号被保険者、第2号被保険者が支払う保険料である。

　コロナ禍において、国全体として全産業の経済成長がなかなか見込めないなか、税収は減少する一方である。被保険者の保険料を上げることも難しい。財政逼迫を悪化させない方法はいくつか考えられてきたが、いずれも効果的ではなかった。その方法の一つとして、今後「要支援1」、「要支援2」だけでなく、さらに「要介護1」、「要介護2」といった軽度者に対する生活援助サービスが介護保険サービスから切り離される可能性があるが、この切り離しを行えば、介護の社会化を理念とする介護保険制度の大幅な後退となる。

　戦後のベビーブーマー世代である団塊の世代が2025年には75歳以上と

なり、後期高齢者の仲間入りをする。その後、80歳、85歳と有病率も要介護認定率も上昇していく。したがって、介護保険の総費用も、今後2025年には15.3兆円、2040年には25.8兆円と急激に増加していくことになる。こうした総費用問題は、今後、急速に高齢化が進行する韓国や台湾もいずれ直面する大きな課題である。

　また、要介護認定の方法論に関しても、増加しつつある認知症高齢者を視野に入れた要介護度が設定されていないことは、韓国の5等級、認知支援等級の創設と比較して「遅れている」と言わざるを得ない。日常生活動作能力を維持しつつも、認知症疾患により手段的日常生活動作能力が低下した認知症高齢者を介護保険制度のなかでどのようにして適切に位置付けるか、そして適切なサービスをどのような形で提供できるのか、23年目を迎えた介護保険制度の真価が問われている。

　台湾の長期介護計画2.0では、既に障がい者の介護が含まれており、そうした全対象者包括型の介護システムを日本において展開することの是非や可能性についても真剣に議論すべき時が来ている。一方、韓国の課題については、在宅サービスの拡大や地域密着型サービスの導入を検討する段階にある。訪問看護の拡大や訪問リハビリテーション、居宅療養管理指導などのサービス創設についても議論すべきである。

　在宅生活を継続するには、日本のように住宅改修サービスを介護保険の対象に含めることも必要である。また、スウェーデンや日本にあるような認知症高齢者に対する個室型ユニットケアやグループホームも介護保険制度に組み込むことが必要不可欠である。また、サービスが多様化すれば、サービス利用希望者の多様なニーズを満たすケアプランニングを行うケアマネジャーが必要となる。利用者が15人以上いる事業所やセンターには社会福祉士が必置なので、こうした社会福祉士がケアマネジャーの研修を経てケアマネジメント出来るような制度が必要となろう。

　既に見てきたように、在宅サービス、施設サービスの個人経営を法的に規制し、法人経営を増やすべきである。保険料が安すぎることに加え

て政府の税金投入が20％であるため介護報酬が低く、サービスを十分に
利用することが出来ないことも深刻な問題である。

　台湾に関しては、在宅サービスを４カテゴリーに分け、要介護度別に
自己負担比率を三つに分類し、厳密化している点は評価出来る。また、
ホームヘルプサービスを中心に在宅サービスの細分化に伴う専門性の確
保を図る体系化を試みるなど、極めてチャレンジングである。

　その一方で２元型ケアマネジメントが実態として展開されており、財
源が不足するなか、極めて非効率的になっていることも問題である。さ
らに、20万人を超える住み込み型外国人介護労働者が台湾の中流家庭を
中心に家庭内で就労しているわけだが、その過酷な労働条件は国際人権
法上も問題視されている。

　こうした家族機能を代替する外国人労働者が多く、文化として台湾社
会に浸透しているため、台湾人による在宅サービスの供給体制が拡大せ
ず、その結果として利用者数が爆発的に増えない構造となっている。

　最後にひと言。本書の最初に日本の介護保険制度が「フルスペック型」
であると論じた。確かに、サービスのメニューは豊富である。しかし、
メニューが豊富であっても運用ルールで制限をかけているならば、見か
け倒しと言わざるをえない。

　介護保険制度がスタートして23年目を迎える。第１号被保険者の居住
形態が大きく変化し、老夫婦世帯が著しく増えた。夫婦の一人が要介護
で、配偶者が要支援であったり、二人とも要介護という場合もある。厚
生労働省は、「同居者がいる場合には生活援助サービスを利用すること
が出来ない」というルールを設けている。同居者が要介護、要支援とい
う状態でも、このルールは適用されるのだろうか。

　厚生労働省は老夫婦のこうしたケースについてガイドラインを示して
いないので、各保険者により判断がまちまちとなり、結果として自治体
格差が生じている。「フルスペック」という形容が空しく感じられるよ
うな構造的な問題がここにもある。

あとがき

　2012年に出版した前著『揺れるスウェーデン』から10年の歳月を経て、この度『東アジアの高齢者ケア──韓国と台湾のチャレンジ』をこれまでと同じく新評論から出版出来たことはすこぶる嬉しくありがたいことである。新評論の武市一幸氏には、2007年以来現在に至るまでお世話になり続けている。ここに記して感謝する次第である。

　本書はスウェーデンではなく、韓国と台湾を対象にしている。海外の介護政策を比較するという視点は1998年頃からもっているが、東アジアに研究の焦点を当て始めたのは2003年あたりからである。

　東アジアに関する私の研究は、「ひょんなきっかけ」の連続である。東京経済大学現代法学部に、社会福祉、社会調査担当の教員として奉職したのが2004年。2000年に現代法学部が創設され、大学院現代法学研究科を2004年に開設するためのメンバーとして着任した。その2年目に、ソウルで日韓高齢者福祉政策のシンポジウムが開催されることとなり、何故か私が3人目のシンポジストを務めることになった。すでに決まっている2人は、地域福祉学の大御所の先生。どうも私は、3人目の大御所先生が急にキャンセルされた後のピンチヒッターだったようで、シンポジウムのレジュメを2週間で作成するように指示された。うろ覚えであるが、ベビーブーマー世代リタイア後の社会参加について発表したと記憶している。

　その時に同時通訳を務めたのが、現在も交流が続いている三育大学校（ソウル）の鄭 鐘 和教授である。鄭先生は、日本社会事業大学大学院を修了されており、日本語が流暢である。ご専門の障がい者福祉だけで

なく、社会保障全般に造詣が深い。鄭先生に出会ったのが、韓国の高齢者介護政策を研究する大きなきっかけになった。

ひょんなきっかけは、これだけではない。当時ルーテル学院大学に留学されていた大学院生の紹介で、ソウルの中浪老人療養院を訪問できることになった。2007年頃だったろうか。訪問時に、介護職員数名の方と一緒にお昼をいただくことになったが、私の目の前に日本語の流暢な男性の介護職員が座られた。何でも、茨城県で介護の仕事をされた経験があるとかで、こちらからメールアドレスをうかがった。現在も交流が続いており、大変お世話になっている金誠圭氏（キムソンギュ）である。現在は仁川市にある老人療養院の院長で、ソウルに行けば必ず時間をつくって、直接情報交流をするようにしている。

この7、8年ほどお世話になっているのが公団職員の金泰均（キムテギュン）氏である。8年前、1月という厳冬の時期に原州市にある国民健康保険公団本部を訪問した際、長期療養担当職員とともにこちらの質問に日本語で詳しく教えていただいた。その縁がきっかけで、今でも交流を続けている。金氏は、金沢大学大学院に留学されていた。

実は、同氏を紹介してくださったのが公団幹部の金道勲氏（ソウル江北支社長）である。金道勲氏とは、小生が韓国研究を始めた頃に鄭鐘和教授から紹介していただいた。その後、金道勲（キムドフン）氏には、昌原市にある喜縁病院をご紹介いただき、病院理事長の金秀洪（キムスーホン）氏と交流を続けている。

そして、ここ数年お世話になっているのが、カトリック大学校の金燦佑（キムチャンウ）教授と申壽卿（シンスギョン）さん（同大学非常勤講師）である。

このように、ひょんなことの連続のなかで多彩なエキスパートと出会い、そして交流のなかで本書の問題意識が生まれ、継続して研究を行ってきた。

私の韓国介護政策研究を、日本国内でも支えていただいているのが文京学院大学准教授の高橋明美先生である。高橋先生には、韓国の介護政策についてご教示いただくだけでなく、コロナ以前は毎年夏の韓国ゼミ

228

研修旅行に何度も帯同していただき、通訳までしていただくなど大変お世話になってきた。

　なお、高橋先生との初対面はソウルであり、件の鄭鐘和教授のご紹介である。今から10年ほど前になるだろうか。高橋先生のご紹介で恩平区社会福祉法人幸福創造理事長の金玄勲先生および松波区にある療養院理事長であり、韓国認知症家族の会会長の李聖姫先生と面識もできた。

　そして、もう一人は、共栄大学の宣賢奎先生である。共同研究者として研究交流を続けている。

　もう一つの国、台湾。九州大学の知り合いにご紹介いただいた莊秀美先生（東呉大学教授）には2010年頃からお世話になっている。士林にある東呉大学の研究室には３度ほど訪問している。

　2017年に本学で私が責任者となって開催した国際学術シンポジウムの申し込みをきっかけに知り合ったのがＴ氏である。介護系のソフトウエアを開発する会社に務め、台湾の在宅サービス事業者団体である台湾居家服務策略連盟元理事長の涂心寧氏を紹介していただいた。台湾の研究出張に２度同行していただいたほか、通訳もしていただいた。しばらくして転職されたので交流がなくなってしまったが、台湾研究のネットワークが拡がったのは彼のおかげである。

　こうして面識を得ることができた韓国と台湾の研究者や実践者の皆様を国際学術シンポジウムにお招きし、発表していただけたことは望外の幸せである。なお、校正のチェックは本学大学院生の髙山善文氏（福祉・医療コンサルティング会社代表取締役）にお手伝いいただいた。

　最後に、妻・美輝子さんには44年間迷惑をかけ通しである。絶えず応援してもらっていることに感謝したい。本当にありがとう。

　2022年７月

　　　　　　　　　　　　　　　　　　　　　西下彰俊

［付記］

　本書の研究内容は、2010年から2018年の 9 年間、筆者が研究代表者として採択された三つの科学研究費補助金（基盤研究 C）、および2012年度に代表者として採択された学術研究振興資金（日本私立学校振興・共済事業団）の研究成果に基づいている。加えて、第 3 章の一部および第 6 章の一部は、2021年度東京経済大学個人研究助成費の補助を受けて行った研究に基づいている。記して感謝する次第である。

引用参考文献一覧

・伊藤周平［2019］『「保険化」する社会保障の法政策』法律文化社

・伊藤周平［2019］「高齢者福祉と介護保険法」『賃金と社会保障』、1727号、pp.4～30。

・李玲珠［2019］『韓国認知症政策のセオリー評価』晃洋書房

・衛生福利部［2007］『我国長期照顧十年計画摘要本』（核定本）
https://1966.gov.tw/LTC/cp-3989-42402-201.html

・衛生福利部［2014a］「失智症防治照護政策綱領暨行動方案103年至105年」失智症
防治照護政策網領 _0046372001.pdf

・衛生福利部［2014b］「中華民国 102年老人状況調査報告」
https://www.mohw.gov.tw/

・衛生福利部［2016］「長期照顧十年計画2.0報告」
https://ltc.mmc.edu.tw/ImgMmcEdu/20160803083657.pdf

・衛生福利部［2017a］「照顧管理評估量表」
https://www.mohw.gov.tw/dl-15878-85fb3fa5-9172-431a-986e-35d16c6ff701.html

・衛生福利部［2017b］「失智症防治照護政策綱領暨行動方案2.0　2018至2025年」
https://www.mohw.gov.tw/Public/Images/201712/3671712301753dbfe0.Jpg
失智症防治照護政策網領 _0046372001.pdf

・衛生福利部社会及家庭署［2017c］「106年度社区整體照顧服務體系行政説明」

・衛生福利部［2018a］「2025年達成失智友善台湾（2018年版）」
附件３―民眾版失智症防治照護政策綱領暨行動方案 2.0（2018年版）.pdf

・衛生福利部［2018b］修正「長期照顧（照顧服務、専業服務、交通接送服務、輔具
服務及居家無障礙環境改善服務）給付及支付基準」
https://www.mohw.gov.tw/cp-18-44235-1.html
長期照顧給付及支付基準（1071101公告版）.pdf
https://www.mohw.gov.tw/dl-48489-4440aa52-7efb-4000-b9f8-5aa7b1195f5.html

・衛生福利部［2018c］「長期照顧給付及支付基準修正對照表」1071005.pdf
https://www.mohw.gov.tw/dl-48500-426d8514-bc1a-4ef6-8eab-87cb35f2332.html/

・衛生福利部［2018d］「新制長期顧給付及支付基準問答集新増部分」
https://www.mohw.gov.tw/dl-46538-89627cbf-1782-42a1-9c69-bf0f3270014a.html

・衛生福利部［2019a］「長照2.0、照顧的長路上更安心（行政院全球資訊網－重要政策）」
https://www.ey.gov.tw/Page/5A8A0CB5B41DA11E/dd4675bb-b78d-4bd8-8be5-
e3d6a6558d8d

・衛生福利部長照専区［2019b］「長照十年計畫2.0成果報告（行政院第3667次会議）」第3667次行政院院會議案「長照十年計畫2.0成果報告＋」懶人包.pdf
・衛生福利部［2019c］https://1966.gov.tw/LTC/cp-4015-42461-01.html
　照顧管理評估量表－衛福部長照専区（1966専線）
・衛生福利部長照専区［2019d］「失智共同照護中心及社區服務據點参考手冊」
・衛生福利部社会及家庭署［2020a］「長期照顧（照顧服務、専業服務、交通接送服務、輔具服務及居家無障礙環境改善服務）給付及支付基準」
・衛生福利部［2021］「長期照顧十年計画2.0－長照人力」
・衛生福利部［2022a］「長期照顧服務申請及給付辦法」
　https://www.mohw.gov.tw/cp-18-65663-1.html
・衛福部長照専区［2022b］「失智照護資源布建及聯絡資訊」
　https://1966.gov.tw/LTC/cp-4022-42471-201.html
・衛生福利部統計處［2022c］「中低收入老人特別照顧津貼」https://dep.mohw.gov.tw/dos/mp-113.html
・岡村志嘉子［2015］「台湾の長期介護サービス法」国立国会図書館調査及び立法考査局編『外国の立法』266号、pp.121〜139
・輿水めぐみほか［2015］「ソーシャルキャピタルにもとづく介護予防活動に関する一考察：韓国における『敬老堂』の視察から」、滋賀医科大学看護学ジャーナル、13巻1号、pp.58〜61
・会計検査院［2018］「地域支援事業交付金における介護自立支援事業に係わる交付金交付対象者について」
　https://www.jbaudit.go.jp/report/new/all/pdf/fy29_05_08_38.pdf
・金戸幸子［2006］「人口と家族変容から見えてくる台湾の高齢者問題」国立社会保障・人口問題研究所編、『海外社会保障研究』、No.157、pp.71〜79
・川久保寛［2019］「高齢者の介護サービス利用支援と法」社会保障法学会編『社会保障法』第3号、pp.37〜59、法律文化社
・韓国法制研究院［2008］「2008.7.1から施行される老人長期療養保険制度の入法過程と内容」（2008.7.1부터 시행되는 인장기요양보험제도의 입법과정과 내용）
　https://sejong.nl.go.kr/search/searchDetail.do?rec_key=SH1_KMO201336829&menuId=
・株本千鶴［2007］「持続可能なセーフティネット構築に向けての課題」奥田聡編『経済危機後の韓国』アジア経済研究所、pp.103〜129

・株本千鶴［2009］「韓国の老人長期療養保険制度」『健保連海外医療情報』No.83、pp.22〜27

・株本千鶴［2017］「韓国の高齢者ケア」『健保連海外医療保障』116号、pp.8〜20

・菊池いずみ［2010］『家族介護への現金支払い』公職研

・金光錫［2015］「韓国の老人長期療養関連法制度」『社会保障法研究』5号、pp.37〜71

・金圓景［2020］「韓国の認知症対策」『日本認知症ケア学会誌』Vol.19、no.3、pp.514〜521

・金貞任［2009］「韓国の介護保険制度」国立社会保障・人口問題研究所編『海外社会保障研究』No.167、pp.67〜78

・김지미（金智美）［2018］「한일 복지체제 재편과 가족의 위상 변화」（日韓の福祉システムの再組織化と家族の状況）『사 회보장연구』（社会保障研究）34(4)、pp.61〜91

・金聖龍他［2020］「ソウル市における自立高齢者支援施設（敬老堂）の整備・利用実態」日本建築学会技術報告集、第26巻、第64号、pp.1090〜1095

・金淏垣［2020］「韓国の介護保険改革」芝田英昭編『検証介護保険施行20年』自治体研究社、pp.169〜195

・金明中［2016］「韓国における老人長期療養保険制度の現状や今後の課題」ニッセイ基礎研究所基礎研レポート、pp.1〜19

・金明中［2019a］「老人長期療養保険制度の概要（上）」『厚生福祉』6515、pp.2〜8

・金明中［2019b］「老人長期療養保険制度の概要（下）」『厚生福祉』6521、pp.2〜7

・行政院長期照顧制度推動小組［2007］「長期照顧服務個案評估量表」pp.1〜16

・健康保険組合連合会［2020］「公的介護保険に関する国際比較調査報告書」

・原住民族委員会［2016］http://www.apc.gov.tw/portal/docList.html?CID=940F9579765AC6A0

・国民健康保険公団［2019］「2018市・郡・区別給与種類別長期療養機関現況」http://www.nhis.or.kr/menu/boardRetriveMenuSet.xx?menuId=F332a.

・国民健康保険公団［2019］長期療養保険HP、老人長期療養保険の等級判定結果現況資料（2019年7月基準）http://www.longtermcare.or.kr/npbs/d/m/000/moveBoardView?menuId=npe0000000950&bKey=B0019).

・國家發展委員會人口推估查詢系統https://pop-proj.ndc.gov.tw/dataSearch2.aspx?r=2&uid=2104&pid=59

・厚生労働省［2004］「『痴呆』に替わる用語に関する検討会報告書」https://www.mhlw.go.jp/shingi/2004/12/s1224-17.html

・厚生労働省［2019］「認知症施策推進大綱」
　https://www.mhlw.go.jp/content/000522832.pdf
・厚生労働省老健局［2021］「居宅介護支援事業所単位で抽出するケアプラン検証等
　について（周知）」介護最新情報、Vol.1009
　https://www.mhlw.go.jp/content/000835001.pdf
・厚生労働省［2022a］「令和2年介護サービス施設・事業所調査の概況」
　https://www.mhlw.go.jp/toukei/saikin/hw/kaigo/service20/index.html
・厚生労働省［2022b］「介護職員の処遇改善」
　https://www.mhlw.go.jp/stf/seisakunitsuite/bunya/0000202201_42226.html
・厚生労働省［2022c］ケアの質の向上に向けた科学的介護情報シス
　テム（LIFE）利活用の手引き
　https://www.mhlw.go.jp/content/12301000/000949387.pdf
・国立社会保障・人口問題研究所［2017］「日本の将来推計人口（平
　成29年推計）」
　https://www.ipss.go.jp/pp-zenkoku/j/zenkoku2017/pp29_gaiyou.pdf
・KOSIS［2020］「サービス提供機関別利用状況」
・KOSIS［2021］「敬老堂」
・小島克久［2014］「台湾・シンガポールの介護保障」増田雅暢編『世
　界の介護保障（第2版）』法律文化社、pp.154〜170
・小島克久［2015a］「台湾」増田雅暢・金貞任編『アジアの社会保障』
　法律文化社、pp.81〜107
・小島克久［2015b］「台湾における介護保障の動向」健康保険組合連合会社会保障
　研究グループ編『健保連海外医療保障』No.106、pp.1〜12
・小島克久［2017a］「台湾」金成垣他編『アジアにおける高齢者の生活保障』明石
　書店、pp.184〜204
・小島克久［2017b］「台湾の社会保障（第1回）台湾の人口・経済の状況と社会保
　障制度の概要」国立社会保障人口問題研究所『社会保障研究』Vol.2、No.2・3、
　pp.412〜415
・小島克久［2018a］「台湾における地域密着の高齢者介護ケア提供体制構築の動向」
　国際経済労働研究所編『国際経済労働研究』1085号、pp.7〜16
・小島克久［2018b］「台湾の社会保障（第3回）台湾の人高齢者介護制度について」
　国立社会保障人口問題研究所『社会保障研究』Vol.2、No.4、pp.595〜598
・小島克久［2019］「アジアの公的医療および介護制度－台湾」『健保連海外医療保

234

障』No.124、pp.15〜24

・小島克久［2021］「東アジアにおける介護者支援をめぐる状況」国立社会保障人口問題研究所『社会保障研究』Vol.6、No.1、pp.75〜89

・コ・ヨンイン［2022］（高永寅）고영인

・斎藤嘉孝ほか［2007］「韓国における高齢者向け地域福祉施策——「敬老堂」からの示唆」国立社会保障・人口問題研究所編『海外社会保障研究』159号、pp.76〜84

https://warp.da.ndl.go.jp/info:ndljp/pid/233124/www.ipss.go.jp/syoushika/bunken/data/pdf/18429307.pdf

・崔銀珠［2019］「韓国における老人長期療養保険制度の現状と課題」社会政策学会編『社会政策』第11巻第2号、pp.39〜53

・嶋亜弥子［2018］「長期介護十年計画2.0で介護をより安心に（台湾）」地域・分析レポート、JETRO、pp.1〜7

https://www.jetro.go.jp/biz/areareports/2018/1eafcc551f81eee3.html

・下野恵子［2019］『介護保険解体の危機』法政大学出版局

・白澤政和［2019］『介護保険制度とケアマネジメント』中央法規出版

・江涛［2015］「台湾における成年後見制度に関する一考察」千葉大学大学院人文社会科学研究科編『人文社会科学研究』第29号、pp.28〜40

・SveDem［2022］https://www.ucr.uu.se/svedem/om-svedem/styrgruppens-medlemmar

・全国法規資料庫［2015］［2022］「長期照顧服務法」

・全国老人福祉施設協議会［2022］『月刊老施協』Vol.626、3月号

・荘秀美［2015］「台湾の介護保険制度案をめぐる議論と課題」介護保険白書編集委員会編『介護保険白書』本の泉社、pp.206〜216

・荘秀美・洪春旬［2018］「台湾における地域包括ケアシステム構築に向けた課題分析」『西日本社会学会年報』No.16、pp.61〜71

・宜賢奎［2016］「韓国の長期療養保険制度の最新動向と課題」『共栄大学研究論集』第14号、pp.1〜37

・宜賢奎［2021］「韓国における介護サービスの地域差」東洋大学国際学部『国際地域学研究』第24号、pp.41〜61

・高橋明美［2019］「韓国高齢者福祉の最新動向」『明治学院大学社会学部付属研究所年報』第49号、pp.103〜115

・高橋明美［2020］「韓国の老人長期療養施設におけるサービス提供計画の実態と今後の課題」『明治学院大学社会学部付属研究所年報』第50号、pp.67〜78

・高橋明美［2021］「韓国における「社会サービス院」設立と運営に関する一考察」
『明治学院大学社会学部付属研究所年報』第51号、pp.65〜77

・鄭丞媛ほか［2015］「韓国における認知症対策および家族介護者支援の取り組みの
現状と課題」国立社会保障・人口問題研究所編『海外社会保障研究』No.192、
pp.46〜51

・鄭雅文・莊秀美［2010］「老人家庭托顧服務」『社区發展季刊』131期、pp.13〜24

・陳正芬［2011］「管理或剝削？」『台湾社会研究』季刊、第85期、pp.89〜155

・陳正芬［2018］「台湾の高齢者ケア政策とケアワーカーの『内』と『外』」須田木
綿子・平岡公一・森川美絵編『東アジアの高齢者ケア』東信堂、pp.177〜212

・Cheng-fen Chen, Tsung-hsi Fu［2020］Policies and Transformation of Long-Term
Care Systemin Taiwan, Annals of Geriatric Medicine and Research, 24(3), pp.187〜
194.

・Chih-Ching Yang et.al［2020］Current Status of Long-term Care In Taiwan:
Transition of Long-term care Plan From 1.0to 2.0, International Journal of Health
Policy and Management, 9(8), pp.363〜364.

・鄭安君［2018］「台湾における外国人介護労働者増加の背景」宇都宮大学国際学部
『研究論集』第46号、pp.143〜157

・鄭安君［2019］「台湾の介護分野における外国人労働者受け入れに関する問題」
https://uuair.repo.nii.ac.jp/?action=pages_view_main&active_action=repository_
view_main_item_detail&item_id=12022&item_no=1&page_id=13&block_id=58

・鄭安君［2021］『台湾の外国人介護労働者』明石書店

・鍾宜錚［2015］「台湾における終末期医療の法と倫理」『Core Ethics』Vol.11、
pp.123〜134

・鍾宜錚［2017］「台湾における終末期医療の議論と『善終』の法制化」『生命倫理』
Vol.29、No.1、pp.113〜121

・鍾宜錚［2019］「台湾における終末期医療の法と倫理」『死生学・応用倫理研究』
24号、pp.58〜69

・Dementia News［2022］
https://www.dementianews.co.kr/news/articleView.html?idxno=5003

・鳥羽美香・高橋明美［2019］「日本と韓国における高齢者デイサービスの一考察」
文京学院大学人間学部『研究紀要』第20巻、pp.251〜259

・鳥羽美香［2020］「台湾の長期介護十年計画とケアマネジメント」文京学院大学人
間学部『研究紀要』第21巻、pp.223〜231

・中山徹・山田理恵子［2014］「台湾における社会救助法と遊民支援策」大阪府立大学人間社会学部編『社会問題研究』第63巻、pp.53〜68

・西下彰俊［1992］「老人問題からみた家族福祉」野々山久也編『家族福祉の視点』ミネルヴァ書房、pp.69〜90

・西下彰俊［2007］『スウェーデンの高齢者ケア』新評論

・西下彰俊［2008］「韓国の高齢者長期療養保険の概要と課題」高齢者住宅財団編『いい住まいいいシニアライフ』Vol.84、pp.17〜25

・西下彰俊［2009］「韓国老人長期療養保険制度の現在」高齢者住宅財団編『いい住まいいいシニアライフ』Vol.93、pp.1〜14

・西下彰俊［2011］「韓国の老人長期療養保険制度におけるケアマネジメントの課題—在宅ケアを中心に」東京経済大学現代法学会編『現代法学』第20号、pp.175〜195

・西下彰俊［2012］『揺れるスウェーデン』新評論

・西下彰俊［2014］「韓国の老人長期療養保険制度における新枠組の誕生」高齢者住宅財団編『いい住まい　いいシニアライフ』Vol.122、pp.37〜42

・西下彰俊［2017］「台湾における高齢者介護システムと外国人介護労働者の特殊性」東京経済大学現代法学会編『現代法学』第32号、pp.3〜28

・西下彰俊［2018a］「書評」須田木綿子他編『東アジアの高齢者ケア』日本老年社会科学会編『老年社会科学』Vol.40-3、p.318

・西下彰俊［2018b］「韓国の老人長期療養保険制度下における認知症ケアと齢者虐待の課題」東京経済大学現代法学会編『現代法学』第34号、pp.103〜140

・西下彰俊［2019a］「台湾における2つの長期介護プランの展開」東京経済大学現代法学会編『現代法学』第36号、pp.217〜261

・西下彰俊［2020］「日本と韓国における介護保険制度および在宅高齢者に対するケアマネジメントの比較分析」『東京女子大学社会学年報』第8号、pp.17〜37

・西下彰俊［2021］「台湾における高齢者介護システム、ケアマネジメント、エンドオブライフ・ケアの新展開」東京経済大学現代法学会編『現代法学』第40号、pp.53〜93

・西下彰俊［2022］「韓国における介護の質に関する定期評価及び昼・夜間保護サービス提供の研究」『東京女子大学社会学年報』第10号、pp.1〜26

・日本経済団体連合会［2021］「今後の医療・介護制度改革に向けて（概要）」https://www.keidanren.or.jp/policy/2021/091_gaiyo.pdf

・藤崎宏子［2009］「介護保険制度と介護の社会化再家族化」福祉社会学会編『福祉社会学研究』第6号、pp.41〜57

・藤原夏人［2018］「認知症管理法の改正」国立国会図書館調査及び立法考査局『外国の立法』No.2772-2

・傅從喜［2017］「長期照顧10年型計画2.0効益評価報告」國家發展委員会委託研究

・傅從喜［2019］「長期照顧2.0初期的資源佈建與服務發展」國家發展委員会編『國士及公共治理季刊』第7巻第3期、pp.60～71

・保健福祉部［2012］「認知症管理法」
http://www.law.go.kr/lsInfoP.do?lsiSeq=167747&lsId=011442&chrClsCd=010202&urlMode=lsEfInfoR&viewCls=lsPtnThdCmp#AJAX

・保健福祉部［2017］「2016年高齢者虐待状況報告書」

・保健福祉部［2018a］「第2次 長期療養基本計画（2018 – 2022）」
제2차 장기요양기본계획
https://www.korea.kr/archive/expDocView.do?docId=38113

・保健福祉部［2018b］「長期療養給与提供基準および給与費用算定方法などに関する告示」 http://www.law.go.kr/LSW//admRulInfoP.do?admRulSeq=2100000134489&chrClsCd=010201#J56:0）.

・保健福祉部［2019］「長期療養給与提供基準、給与費用算定方法等に関する告示（保健福祉部告示第2019-309号）」（2019年12月27日）http://www.mohw.go.kr/react/modules/viewHtmlConv.jsp?BOARD_ID=5900&CONT_SEQ=352090&FILE_SEQ=272981.

・保健福祉部［2020］「第4次認知症管理総合計画」

・保健福祉部［2021a］ 9月13日プレスリリース。

・保健福祉部［2021b］「痴呆用語に対する国民認識調査の結果発表」
'치매' 용어에 대한 대국민 인식조사 결과 발표,
http://www.mohw.go.kr/react/al/sal0301vw.jsp?PAR_MENU_ID=04&MENU_ID=0403&CONT_SEQ=366187　pp.1-7

・保健福祉部［2021c］告示第2021-324号（211227）
http://www.mohw.go.kr/react/jb/sjb0406vw.jsp

・保健福祉部［2021d］『2020年高齢者虐待状況報告書』

・保健福祉部［2022］『2021長期療養保険統計年鑑』

・洪シネ［2021］「文在寅政権の老人長期療養保険改革の検討」『神戸大学大学院人間発達環境学研究科研究紀要』 第15巻第1号、pp.11～29

・Ministry of Health and Welfare［2016］The 3rd National Dementia Plan

238

・Ministry of Health and Welfare［2018a］Taiwan Health and Welfare Report 2017
　https://www.mohw.gov.tw/cp-137-40301-2.html
・Ministry of Health and Welfare［2018b］Promoting the "Taiwan Dementia Policy:
　A Framework for Prevention and Care 2.0"to Jointly Create a "Dementia-Friendly
　Taiwan!"　https://www.mohw.gov.tw/cp-3775-43174-2.html
・Ministry of Health and Welfare［2021］Taiwan Health and Welfare Report 2020
　https://www.mohw.gov.tw/cp-137-59511-2.html
・Ministry of Health and Welfare［2022］Taiwan Health and Welfare Report 2021
　https://www.mohw.gov.tw/cp-137-69198-2.html
・増田雅暢［2014］「韓国の家族介護療養保護士の現在」『週刊社会保障』Vol.2767、
　pp.32〜33、法研
・増田雅暢［2016］『介護保険の検証』法律文化社
・増田雅暢［2022］『介護保険はどのようにしてつくられたか』TAC出版
・森川美絵・金智美［2018］「ケアの市場化に伴うケアワークの規制」『社会政策』
　10(2)、pp.117〜128
・葉千佳［2016］「台湾長期介護管理センターにおけるケアメンジメントの現状と課
　題」関東社会福祉学会編『社会福祉学評論』第17号、pp.16〜27
・労働部労働力発展署［2021a］「家庭看護雇主申請聘僱移工作業流
　程圖」
・労働部労働力発展署［2021b］
　https://english.mol.gov.tw/6387/
・勞働部［2022］「110年移工管理及運用調査統計結果」
　https://www.mol.gov.tw/1607/1632/1633/48118/post
・呂實静［2016］『長期講堂』南堂
・宮本義信［2015］「台湾の介護を担う東南アジアからの出稼ぎ労働者たち」同志社
　女子大学『総合文化研究所紀要』第32巻、pp.54〜69
・林谷燕［2020］「東アジア諸国における高齢者介護システム」社会保障法学会編『社
　会保障法研究』第11号、pp.37〜59、信山社
・林春植・宣賢奎・住居広士［2010］『韓国介護保険制度の創設と展開』ミネルヴァ
　書房
・柳愛貞［2018］「韓国における介護する家族への支援事業の推進状況と課題」須田
　木綿子他編『東アジアの高齢者ケア』東信堂、pp.237〜253

〈付録〉 長期療養保険認定調査票（改訂2020年9月）

1．一般事項

<table>
<tr>
<td rowspan="2">①区分</td>
<td colspan="6">□長期療養認定申請　□更新申請　□等級変更申請
□審査請求</td>
</tr>
</table>

①区分	□長期療養認定申請　□更新申請　□等級変更申請 □審査請求					
②調査員	名前			所属（支社）		
	調査場所			調査日時		
③申請者 （本人）	名前			生年月日		
	電話番号			島・僻地 対象者		□島地域 □僻地地域
	住民登録地					
	実際居住地					
	長期療養等級			認定有効期間		
	保護者もしくは 世話人姓名（関 係）		（　　　　）	保護者もしくは 世話人の電話番 号		
④同席者	名前		申請人と の関係		電話 番号	
⑤住居状態	□自宅　　　　　　　□老人療養施設　　　　□短期保護施設 □養老施設　　　　　□療養病院　　　　　　□その他病院 □その他（　　　　　　　　　　　　）					
⑥同居人	現在申請人と同居している者に対して複数チェック可能					
	□単身　　□夫婦　　□父母　　　　□子ども（嫁、婿含む） □孫　　　□親戚　　□友達・隣人　□入所施設関係者 □その他（　　　　　　　　　　　　）					

⑦現在受けているサービス（過去3か月間の平均回数・日数を記入）	在宅サービス	□訪問療養（　　回／週） □訪問入浴（　　回／週） □訪問看護（　　回／週）	□短期保護　　（　　日／週） □昼・夜間保護（　　日／週） □昼・夜間保護施設内認知症専担室利用（　　日／週） □福祉用具（購入・レンタル）
	施設サービス	□老人療養施設　　　□老人療養施設内認知症専担室 □老人療養共同生活家庭 □認知症専担型老人療養共同生活家庭	
	特別現金給付	□家族療養費　　　　　□特別療養費 □療養病院看護費	
	その他のサービス	□老人ドルボミ　　　　□家事看病ドウミ（助っ人） □保健所事業（　　　）□個人看病人 □認知症相談センター　□その他（　　　）	
⑧希望するサービスの種類	現在申請人が希望するサービスに対して複数チェック可能		
	在宅サービス	□訪問療養　　□訪問入浴　　　□訪問看護 □昼・夜間保護 □昼・夜間保護内認知症専担室利用 □短期保護　　□福祉用具（購入・レンタル）	
	施設サービス	□老人療養施設　　　□老人療養施設内認知症専担室 □老人療養共同生活家庭 □認知症専担型老人療養共同生活家庭	
	特別現金給付	□家族療養費　　　　□特別療養費 □療養病院看護費	
	第1希望サービス		
⑨等級外判定時の希望サービス	□ドルボミ　　　□保健所事業　　　□老人就業斡旋事業 □認知症相談センター　□住宅改善事業　　□無料診療連携 □給食及び弁当のおかず　□健康運動教室 □家事・看護訪問援助　　□活動補助　　　□入浴・理髪 □余暇・文化教育　□話し相手　□その他（　　　）□拒否		
⑩登録障害	※障害の種類および等級記入		
〈参考事項〉			

2．長期療養認定・ニーズ事項

> ○申請者の心身状態に対する情報を総合的に判断して以下の該当欄に✓マークしてください．
> ○各項目の下の空欄に特記すべき事項があれば記載してください．

a．身体機能（基本的日常生活活動）領域

1）最近1か月間の状況を総合的に判断して、日常生活で次のような動作を行う時、他人の助けを借りる程度と助けが必要な理由（障害の原因）に✓をしてください．

項　目	機能自立程度		
	完全自立	一部介助	全介助
①衣服着脱			
②洗顔			
③口腔清潔（歯磨き）			
④入浴（洗身）			
⑤食事（摂取）			
⑥体位変換			
⑦立ち上がりと座り			
⑧移って座ること、移乗			
⑨部屋の外に出ること			
⑩トイレの使用			
⑪排便の調節			
⑫排尿の調節			
⑬洗髪			

２）日常生活自立度

障害老人 （寝たきり度）	□正常	□生活自立	□準寝たきり状態	□完全寝たきり状態
認知症老人 （認知症）	□自立	□不完全自立	□部分依存	□完全依存

※申請者の普段の日常生活自立程度を総合的に判断してそれぞれの項目該当欄に✓マークしてください.

b. 社会生活機能（手段的日常生活機能）領域

　最近１か月間の状況を総合的に判断して、日常生活で次のような動作を行う時、他人の助けを借りる程度を評価し該当欄に✓マークしてください.

項　　目	機能自立程度		
	完全自立	一部介助	全介助
①家事			
②食事の準備			
③洗濯			
④金銭管理			
⑤買い物			
⑥電話の使用			
⑦交通手段の利用			
⑧近距離の外出			
⑨身なり			
⑩薬の管理・摂取			

c. 認知機能領域

最近 1 か月間の状況を総合的に判断して、申請者に見られる症状に✓マークをしてください.

項　　　目	症状の有無	
	はい	いいえ
①直前に聞いた話や出来事を忘れる		
②今日が何月か今がどの季節なのか分からない		
③自分のいる場所が分からない		
④自分の年齢や生年月日が分からない		
⑤指示が理解できない		
⑥与えられた状況に対する判断力が鈍っている		
⑦意思疎通や伝達に障害がある		
⑧計算ができない		
⑨一日の日程が理解できない		
⑩家族や親戚を認知できない		

d. 行動変化領域

最近 1 か間の状況を総合的に判断して、申請者に見られた症状に✓マークしてください.

項　　　目	症状の有無	
	はい	いいえ
①他の人が何かを盗んだと思ったり、自分を傷つけようと思ったりする		
②実際には無いものが見えたり、聞こえたりすることがある		
③悲しく見えたり気持ちが落ち込んだり、時々泣いたりする		
④夜中に起きて周り人を起こすとか、朝あまりにも早く起きる。または、夜間不眠あるいは昼夜が逆転している		
⑤周りの人が手伝ってあげようとする時、手伝ってもらうことに抵抗する		
⑥じっといることができずにぶらつくとか行ったり来たりしながらそわそわする（落ち着きがない）		
⑦道に迷ったことがある。 外出すれば家や病院、施設に一人で帰って来ることができない		
⑧怒って暴言や暴行をするなど脅迫的な行動を見せる		

⑨一人で外に出たがり、目を離なすことができない		
⑩ものを壊したり破損する		
⑪意味のない不適切な行動がよくある		
⑫お金や物をタンスのような捜しにくい所に隠す		
⑬不適切な服を着ている（ふさわしくない服を着ている）		
⑭大小便を壁や服に塗るなど不潔な行為をする		
⑮ガスの火や煙草の火、煉炭の火のような火器を管理することができない		
⑯一人でいることを恐れて誰かそばにいなければならない		
⑰理由もなく大声を出す		
⑱公衆の面前で不適切な性的行動を取る		
⑲食べられない物を食べる		
⑳他人にやたら干渉したり、おせっかいしたりする		
㉑食習慣や食欲が変化したり、理由もなく食事を拒否する		
㉒相手が面倒だと思うほど、まとわりつく		

e. 看護処置領域

最近2週間の状況を総合的に判断して該当欄に✓してください.

項　　　　目	症状の有無		項　　　　目	症状の有無	
	はい	いいえ		はい	いいえ
①気管切開のケア			⑥疼痛のケア		
②吸引			⑦導尿管理		
③酸素療法			⑧腸瘻ケア		
④褥瘡のケア			⑨透析ケア		
⑤経管栄養			⑩糖尿ケア		

※疼痛のケアに当たらない疼痛がある場合には、特記事項に記録する.
※糖尿ケアに当たらない傷がある場合には、特記事項に記録する.

f.　リハビリ領域

　　申請者が必ず以下の各部位について直接遂行した後、該当欄に✓マークしてください.

項　　　　目	運動障害程度		
	運動障害なし	不完全運動障害	完全運動障害
①右上肢			
②左上肢			
③右下肢			
④左下肢			

項　　　　目	関節制限程度		
	制限なし	片方関節制限	両関節制限
⑤肩関節			
⑥肘関節			
⑦手首や筋関節			
⑧股関節			
⑨膝関節			
⑩足関節			

g. 福祉用具

現在持っているかどうか、現在持っていないが利用を希望する福祉用具に✓してください.

用　具	保有	希望	用　具	保有		希望	
				購入	レンタル	購入	レンタル
①移動式トイレ			⑩尿失禁パンツ				
②風呂用椅子			⑪電動車いす				
③歩行器			⑫電動ベッド				
④安全手すり			⑬手動ベッド				
⑤滑り防止用品*			⑭褥瘡予防マットレス				
⑥簡易トイレ			⑮移動浴槽				
⑦杖			⑯風呂用リフト				
⑧褥瘡予防クッション			⑰徘徊感知器				
⑨体位変換用具			⑱スロープ				
＊滑り防止用品：滑り防止マット、滑り防止液、滑り防止靴下							

※申請者が必要だと思うがサービスの利用を希望しない場合やその他意見があれば特記事項に記録する.

h. 支援形態

①主介護者	□なし　□配偶者　　□親　　□子ども（嫁、婿含む） □孫　　□その他親戚　□友達・隣人　　□看病人 □ボランティア　　□その他（　　　　）	
②主介護者の介助領域	□身体機能　　□社会生活機能　　□情緒的支持	
③一日中独りで過ごす	□はい	□いいえ

i. 環境評価

　居住状況が健康に対して害があるかどうか、過ごしにくい環境を生むかどうかの判断をするための評価

①照明（眩しさ、陰、スイッチの位置等）	☐良好	☐不良
②床と壁紙（床、壁紙の状態）	☐良好	☐不良
③階段（手すりの位置）	☐良好	☐不良
④厨房（ガス器具の位置、調理器具の位置）	☐良好	☐不良
⑤段差（玄関、部屋、トイレ）	☐あり	☐なし
⑥冷暖房と換気（最適な温度と換気）	☐良好	☐不良
⑦トイレと洗面台の設置（有無）	☐あり	☐なし
⑧洋式便器の有無	☐あり	☐なし
⑨温水の有無	☐あり	☐なし
⑩浴槽の有無	☐あり	☐なし

j. 視力・聴力の状態

1 視力 状態	☐ア．普通（正常） ☐イ．1 m離れているカレンダーは読めるが、それ以上の遠い距離は見えない ☐ウ．目の前に近接した字は読めるがもっと遠い距離は見えない ☐エ．ほとんど見えない ☐オ．見えているのか判断不能
2 聴力 状態	☐ア．普通（正常） ☐イ．普通の音が聴き取れたり、聴き取れなかったりする ☐ウ．かなり大きな声なら何とか聴き取れる ☐エ．ほとんど聴こえない ☐オ．聴こえているのか判断不能

k. 疾患および症状

申請者の現在の疾患または症状について、✓マークしてください.

①疾患および症状	□ア．なし □イ．認知症　　□ウ．認知症および脳卒中 □エ．高血圧　　□オ．糖尿病 □カ．関節炎（退行性、リウマチ） □キ．腰痛、骨痛 □ク．日常生活に支障が出るほどの呼吸混乱（心不全、慢性肺疾患、喘息） □ケ．難聴　　　□コ．白内障, 緑内障などの視覚障害 □サ．骨折、脱臼など事故による後遺症 □シ．がん（診断名：　　　　　　　　　） □ス．その他（診断名：　　　　　　　　　）

②主な疾患および症状

「①疾患および症状」の内容の中で現在申請者の機能状態低下に最も直接的な原因になっている項目を一つだけ✓をしてください.

□ア．認知症　　　□イ．脳卒中　　　□ウ．認知症＋脳卒中
□エ．高血圧　　　□オ．糖尿病　　　□カ．関節炎（退行性、リウマチ）
□キ．腰痛、骨痛
□ク．日常生活に支障が出るほどの呼吸混乱（心不全、慢性肺疾患、喘息）
□ケ．難聴　　　□コ．白内障、緑内障などの視覚障害
□サ．骨折、脱臼など事故による後遺症
□シ．がん（診断名：　　　　　　　　　）
□ス．その他（診断名：　　　　　　　　　）

※一つの診断名のみ記入すること。

著者紹介

西下彰俊（にしした・あきとし）

1955年　愛知県春日井市生まれ
1979年　京都府立大学文学部社会福祉学科卒業
1982年　財団法人東京都老人総合研究所社会学部
1984年　東京都立大学社会科学研究科社会学専攻博士課程単位取得
1987年　神戸山手女子短期大学生活学科
1990年　金城学院大学現代文化学部
1998年　スウェーデン・リンショーピング大学テマ研究所客員研究
　　　　員（１年間）
2004年　東京経済大学現代法学部教授（現在に至る）
専門は高齢者福祉論、福祉社会学

主著　『少子化社会の家族と福祉』（共著、ミネルヴァ書房、2004年）
　　　『スウェーデンの高齢者ケア』（新評論、2007年）
　　　『スウェーデン：高齢者福祉改革の原点』（イヴァル・ロー＝
　　　ヨハンソン、共訳、新評論、2012年）
　　　『「スウェーデン・モデル」は有効か』（共著、ノルディック出版、
　　　2012年）
　　　『揺れるスウェーデン』（新評論、2012年）
　　　『世界の介護保障（第２版）』（共著、法律文化社、2014年）

E-mail：nisisita@tku.ac.jp
ブログ：http://blog.goo.ne.jp/kyotonc

東アジアの高齢者ケア
──韓国・台湾のチャレンジ──

2022年９月15日　初版第１刷発行

著　者　西　下　彰　俊
発行者　武　市　一　幸

発行所　株式会社　新　評　論

　　　　　　　　　　電話　03（3202）7391
〒169-0051　　　　　振替　00160-1-113487
東京都新宿区西早稲田3-16-28　　http://www.shinhyoron.co.jp

装丁　山　田　英　春
定価はカバーに表示してあります。　印刷　フォレスト
落丁・乱丁本はお取り替えします。　製本　松　岳　社

©西下彰俊　2022年　　　ISBN978-4-7948-1218-6
Printed in Japan

＊QRコードは（株）デンソーウェーブの登録商標です。

エイジング・イン・プレイス（地域居住）と高齢者住宅

松岡洋子

日本とデンマークの実証的比較研究

「住み慣れた地域で最期まで」を実現するための方策とは？
北欧・欧米の豊富な事例を基に、日本の課題を実証解明。

A5上製　360頁　3850円　　ISBN978-4-7948-0850-9

松岡洋子

オランダ・ミラクル

人と地域の「力」を信じる高齢者福祉

「単に公助を放棄するだけの棄民政策ではない」、「その人の幸福」に
立脚する高齢者福祉の世界最先端を詳細報告！

四六並製　382頁　3740円　　ISBN978-4-7948-1190-5

松岡洋子

デンマークの高齢者福祉と地域居住

最期まで住み切る住宅力・ケア力・地域力

「施設」から「住宅」へ、さらに「地域」へ！「地域居住継続」への
先進的取り組みと課題を詳細報告！

四六上製　384頁　3520円　　ISBN4-7948-0676-0

河本佳子

スウェーデンの作業療法士

大変なんです、でも最高におもしろいんです

スウェーデンという自由と平等の国で仕事が出来る楽しさ、大変さ。
福祉先進国で作業療法士として働く現場から、21世紀の日本の福祉行政へ。

四六上製　256頁　2200円　　ISBN4-7948-0475-X

河本佳子編著

スヌーズレンを利用しよう！

資格がなくても簡単にできる

感覚を刺激する「バリアフリーの部屋」スヌーズレン。
日本での需要の高まりを受け、実践方法を詳しく紹介する待望の指南書！

四六上製　208頁　2200円　　ISBN978-4-7948-1030-4

山口真人

日本の理学療法士が見たスウェーデン

福祉先進国の臨床現場をレポート

重度の二次障害を防ぐ独自の療法とは。
日本のケアの課題を照らす現場からの報告。

四六上製　256頁　2420円　　ISBN4-7948-0698-1

＊表示価格はすべて税込み価格です。

ペール・ブルーメー＆ピルッコ・ヨンソン／石原俊時訳

スウェーデンの高齢者福祉
過去・現在・未来

スウェーデンの 200 年にわたる高齢者福祉の歩みを一貫した視角から辿り、
未来を展望する。

四六上製　188 頁　2200 円　　ISBN4-7948-0665-5

太田美幸

スウェーデン・デザインと福祉国家
住まいと人づくりの文化史

世界的人気を誇る北欧インテリアの意匠と豊かな福祉国家の形成は
どのように関連しているのか？ 鋭い視点から描くユニークな文化史。

四六並製　304 頁　3080 円　　ISBN978-4-7948-1105-9

河本佳子

スウェーデンにおける医療福祉の舞台裏
障害者の権利とその実態

スウェーデン在住 40 年余・職歴 38 年の著者が、久々の「患者の立場」から
医療福祉の最新事情を紹介！ 日本の課題への示唆に満ちたルポ。

四六上製　232 頁　2200 円　　ISBN978-4-7948-0926-1

サーラ・クリストッフェション／太田美幸訳

イケアとスウェーデン
福祉国家イメージの文化史

「裕福な人のためでなく、賢い人のために」。世界最大の家具販売店の
デザイン・経営戦略は、福祉先進国の理念と深く結びついていた！

四六並製　316 頁　3080 円　　ISBN978-4-7948-1019-9

森元誠二

スウェーデンが見えてくる
「ヨーロッパの中の日本」

「優れた規範意識、革新精神、高福祉」など正の面だけでなく、
現在生じている歪みにも着目した外交官ならではの観察記録。

四六並製　272 頁　2640 円　　ISBN978-4-7948-1071-7

山口真人

真冬のスウェーデンに生きる障害者
日本の理学療法士が見た福祉国家

重い障害を抱える人々も、極寒の真冬でも生き生きと暮らすことを
可能にする「環境因子」の紹介を通じ、厚みある福祉社会像を提示。

四六上製　316 頁　3080 円　　ISBN978-4-7948-0908-7

＊表示価格はすべて税込み価格です。

西下彰俊

スウェーデンの 高齢者ケア

その光と影を追って

福祉先進国の高齢者ケアの実情を精緻なデータ分析によって解明し、日本の課題をも探る問題提起の書!!

Ａ５上製　260頁　2750円

ISBN978-4-7948-0744-1

西下彰俊

揺れるスウェーデン

高齢者ケア：発展と停滞の交錯

多角的なデータ分析と地道なインタビュー調査をもとに、発展志向型福祉国家の「光と陰」を精緻に分析、高齢者ケアの要諦に迫る労作。

Ａ５上製　256頁　2750円

ISBN978-4-7948-0915-5

イヴァル・ロー＝ヨハンソン／
西下彰俊・渡辺博明・兼松麻紀子　訳

スウェーデン： 高齢者福祉改革の原点

ルポルタージュからの問題提起

高齢者と行政・自治体との関係性、「する福祉国家」について多大な示唆を含む優れたルポルタージュ！　福祉・介護の必読書。

Ａ５上製　236頁　3080円

ISBN978-4-7948-0923-0

＊表示価格はすべて税込み価格です。